Hinrich C. G. Westphal (Hg.)
Das Helmut Thielicke Lesebuch

Hinrich C. G. Westphal (Hg.)

Das Helmut Thielicke Lesebuch

Quell

ISBN 3-7918-1750-7

Lektorat: Andrea Scholz-Rieker
Umschlaggestaltung: Kaselow Design
Umschlagfoto: Rainer Thielicke
Gesamtherstellung: Maisch & Queck

Inhalt

Von einem Liebenden durchschaut – Leiden und Vergebung

Das Salz der Erde – Nachfolge und Gottesdienst

Segnende Berührung – Neuer Geist und letzte Heimkehr

Vorwort

Helmut Thielicke wurde im Advent geboren, am 4. Dezember 1908. Zu seinem siebzigsten Geburtstag kaufte ich ihm einige der unvermeidlichen Zigarren, mit denen er uns und seine herrlichen Anekdoten gern einzunebeln pflegte. »Darf ich sie auch in Weihnachtspapier einwickeln?« fragte die Verkäuferin. »Sie sind zwar für einen Geburtstag«, antwortete ich, »aber im Grunde genommen ist Weihnachten ja auch ein Geburtstag.« »Ja«, meinte sie, »ich kenne auch Leute, die haben Weihnachten Geburtstag.« Ich versuchte es noch einmal: »Am Heiligen Abend feiern wir tatsächlich einen Geburtstag.« »Ja, das gibt es wirklich«, beteuerte sie. »Aber eines sage ich Ihnen: Wer am 24. geboren wurde, der ist arm dran.« Da nahm ich mein Geburtstagsgeschenk und ging nachdenklich davon.

Mein Gespräch über den Ladentisch bestätigte einmal mehr, was Helmut Thielicke seit jeher behauptet hatte: Es ist längst nicht mehr selbstverständlich, über Jesus, die Bibel und den christlichen Glauben Bescheid zu wissen. Der Information über die Grundlagen des Glaubens galt darum das Lebenswerk des Theologieprofessors: seine siebenbändige Systematik wie seine Vorlesungen über Dogmatik, Ethik oder Glauben und Denken in der Neuzeit; seine Vorträge in den bombenbedrohten Stuttgarter Gottesdiensten wie die Jahrzehnte vielbeachteter Predigten im Hamburger Michel; seine Reisetagebücher ebenso wie die Predigtmeditationen für die »Projektgruppe Glaubensinformation«, die wir an Thielickes sechzigstem Geburtstag gründeten und deren Gemeinschaft er als Reichtum seiner späten Jahre empfand.

Zu Thielickes Lebenswerk gehört aber auch seine treue Seelsorge im Gefängnis, an Krankenbetten, in unzähligen Briefen und Gesprächen. Diese Einsätze geschahen in dem stillen Bereich seiner persönlichen Frömmigkeit, die ihn durch die vielen dramatischen Prüfungen in Krankheit, Verfolgung und Kämpfen trug. In seinen Erinnerungen »Zu Gast auf einem schönen Stern« läßt er uns einiges davon miterleben.

Die Möglichkeiten dieses Lesebuchs sind natürlich begrenzt. Es stellt Auszüge aus den dreizehn im Quell Verlag erschienenen Büchern vor, die Thielickes Predigten, Meditationen und Reisetagebücher enthalten. Vielleicht machen die ausgewählten Abschnitte Appetit, sich ausführlicher damit zu beschäftigen.

Auch wenn einige der Texte bereits fünfzig Jahre alt sind und Thielicke manche Aussagen heute anders formuliert hätte, so bleibt doch ihre Grundaussage höchst aktuell: Gott ist nicht der erhabene Lenker, der hoch über unserem Leben thront. Er begegnet uns vielmehr in unseren alltäglichen Nöten und Ängsten durch Jesus Christus, der auch unsere tiefsten Tiefen mitgelitten hat. Er will in unser Herz kommen, denn nur so können wir die Welt erneuern. Er wird auch an unserem Ende stehen, um uns wie der Vater des verlorenen Sohnes nach Hause zu lieben.

Als Theologieprofessor hat Helmut Thielicke diese Grundüberzeugung auch sehr abstrakt entwickelt und in gesellschaftliche Grenzfälle detailliert durchbuchstabiert. Uns geht es hier um den Theologen, der seine Einsichten an die Zeitgenossen adressierte und in »kleiner Münze« weitergab.

»Man muß dem Prediger anmerken, daß er die Limonade, die er auf der Kanzel ausschenkt, auch selber trinkt«, forderte Thielicke und lebte danach. Nicht ohne Grund war das Gleichnis vom verlorenen Sohn eine seiner Lieblingsgeschichten. Und mit Bedacht hatte er sich als Text für seine Beerdigungspredigt den Satz gewünscht: »Da hatte der Herr Erbarmen mit diesem Knecht und ließ ihn frei, und seine Schuld erließ er ihm auch« (Matthäus 18,27).

Helmut Thielicke sah sich und uns mit leeren Händen vor Gott stehen, aber er lebte aus der Hoffnung auf die weit geöffneten Türen des Elternhauses. So beendet er seine Autobiographie mit den Sätzen: »Das Land, in das wir gerufen werden, ist eine Terra incognita, ein unbekanntes, ja unvorstellbares Land. Nur eine Stimme gibt es, die wir wiedererkennen werden, weil sie uns hier schon vertraut war: die Stimme des guten Hirten.«

Hamburg, im März 1998 Hinrich C. G. Westphal

Krone der Schöpfung?

Gott und Ebenbild

Von »Fußspuren« Gottes in der Natur
mag zwar einiges zu bemerken sein,
und es gibt vieles, was uns als Wunder berührt
und zur Ehrfurcht stimmt.
Aber wir erfahren so nicht, *wer* vorübergegangen ist
und auf *wen* jene Spuren deuten.

Sag mir, wie erhaben du dir Gott vorstellst,
und ich will dir sagen, wie egal er dir ist.

Ich weiß wirklich nicht,
was Gott mit diesem oder jenem Rätselhaften will,
aber ich vertraue dem, der es weiß.

Gottesfrage

Warum fühle ich mich denn einsam und unverstanden? In der Regel lasse ich dieses Gefühl ja nicht aufkommen. Da ist der Fernsehapparat am Abend, und morgen habe ich eine Party. Ich fühle mich natürlich sehr äußerlich, nur an der Peripherie meines Wesens dadurch engagiert, aber immerhin: man vergißt sich dabei etwas. Doch auf einmal ist der Apparat kaputt, oder ich habe einen Schnupfen und kann nicht ausgehen. So muß ich allein sein. Dann weiß ich nichts mehr mit mir anzufangen, und die Leere meines Lebens elendet mich an und läßt mich ins Grübeln kommen. Wer steht mir denn eigentlich wirklich nahe? Wer wäre denn wirklich für mich da, wenn es mir einmal dreckig ginge, wo entstände denn wirklich eine Lücke, eine unausgefüllte Stelle, wenn ich ausfiele? Vielleicht stelle ich dann, wie es mir neulich jemand erzählte, die Zeitansage des Telefons an, nur um eine menschliche Stimme zu hören.

Wie anders wäre das, wenn ich beten könnte, wenn also ein Du da wäre, das mir sagt: »Fürchte dich nicht«, oder »Ich habe dich bei deinem Namen gerufen, du bist mein«, oder »Friede sei mit dir«. Ob also meine Einsamkeit nicht wirklich etwas damit zu tun hat, daß ich Gott verloren habe? Und ob nicht auch meine Ehe, meine Freundschaften, die ich nicht habe und die ich doch so gerne schlösse, nicht anders würden, wenn ich gelassener wäre, wenn ich mehr in mir selber ruhte, wenn ich weniger mißtrauisch und verkrampft wäre, kurz: wenn ich aus dem Frieden Gottes käme und wenn von mir die Gelöstheit eines Menschen ausstrahlte, der sich von Gott versorgt und mit einem befreiten Gewissen beschenkt weiß? Ob nicht wirklich alles ganz anders aussähe, wenn *diese* Frage, wenn die *Gottesfrage* bei mir bereinigt wäre?

[I,140]

Fußspuren

Wer die großen Schöpfungs- und Naturpsalmen liest (etwa Psalm 104), empfängt sofort den Eindruck, daß hier alles andere als ein romantisches Verhältnis zur Natur, als lyrische Naturseligkeit vorliegt. Das Meer zum Beispiel ist ein Symbol des Schreckens, und auch vom Aufstand der Elemente, von Sturm, Feuerflammen und Erdbeben ist die Rede. Charakteristisch für die biblischen Naturaussagen ist aber vor allem dies: In ihnen wird nicht die Natur, auch nicht die Schöpfung insgesamt, sondern der Schöpfer angesprochen: »*Du* lässest uns die Kinder geboren werden wie den Tau aus der Morgenröte« (Psalm 110,3); »*du* lässest deinen Odem ausgehen oder versagst ihn uns« (Psalm 104,29); »*du* lässest regnen über Gerechte und Ungerechte« (Matthäus 5,45).

Wer sich nur mit der Natur beschäftigt, sieht sich dem Schrecken von lauter Widersprüchen ausgesetzt: Da ist das Wunder von Zeugung und Geburt; aber da ist auch tausendfaches Sterben. Da ist ein leuchtendes Frühlingstal; aber mitten darin ist auch ein Jagen und Gejagtwerden, ein Fressen und Gefressenwerden, ist die Lust des Beuteschlagens und der Todesschrei der Beute.

Was »Segen« ist, erfährt man nicht aus der bloßen Begegnung mit der Schöpfung (nicht aus der »natürlichen Theologie«), sondern das erfährt man nur vor dem Angesicht des Segnenden selbst und unter seinem Wort, das uns die höheren Gedanken kund werden läßt und die Rätsel der Widersprüche auflichtet. Von »Fußspuren« Gottes in der Natur mag zwar einiges zu bemerken sein, und es gibt vieles, was uns als Wunder berührt und zur Ehrfurcht stimmt. Aber wir erfahren so nicht, *wer* vorübergegangen ist und auf *wen* jene Spuren deuten.

[XII,152–154]

Die Macht der Sterne

Der Schöpfungsbericht spricht in eine Welt hinein, die ganz von der Astrologie und vom Glauben an das Horoskop bestimmt ist. Das ist ähnlich wie heute, wenn wir an die astrologischen Ratgeber unserer Zeitungen und an das Schlagwort »Die Sterne lügen nicht« denken. Wie viele lesen heute ihre Tagesprophezeiungen, wie man in frömmeren Zeiten die Losungen der Brüdergemeine las.

Dieser astrologische Glaube sagt, daß der Lauf der Gestirne das Leben auf unserer Erde bis ins kleinste bestimmt und daß auch unser Leben unter der Herrschaft der Gestirne steht. Wir leben also unter der Diktatur von kosmischen Zwangsläufigkeiten und haben nur sehr begrenzte Spielräume für unser Handeln zur Verfügung. So sehen die damaligen und die heutigen Menschen in ihre Horoskope, um herauszubekommen, was ihnen bevorstehe und was man vielleicht machen könne, um die Chancen einer günstigen Konstellation noch besser auszunutzen oder einem drohenden Planeten noch halbwegs zu entkommen. Heute ist es in mancher Hinsicht noch schlimmer als damals, denn heutzutage sorgt ein Heer von geschäftstüchtigen und windigen Schreiberlingen – die sich heimlich ins Fäustchen lachen – dafür, dem armen und verirrten Häuflein Mensch ein bißchen verlogenen Optimismus auf diesem Weg einzuträufeln und seiner Lebensangst einige kümmerliche Trösterchen zuteil werden zu lassen.

Gegen diese Schicksalsangst angesichts der Planeten, gegen diese Diktatur des vergötzten Kosmos protestiert der Schöpfungsbericht der Bibel, wenn er uns sagt: Die Sterne haben keine Macht. Sie haben bestimmte Funktionen zu erfüllen, haben Tag und Nacht abzuteilen – und damit basta! Von dort her ist wohl auch der abwertende Unterton zu verstehen, mit dem die Bibel von Sonne und Mond als bloßen Lampen spricht. »Die Gestirne sind in keiner Weise lichtschöpferisch, sondern durchaus nur Zwischenträger eines Lichtes, das auch ohne sie und vor ihnen da war« (Gerhard von

Rad). Sie haben also nur etwas weiterzugeben, was sie selbst gar nicht erzeugt haben. Sie sind bloße Treuhänder des Lichtes, sozusagen kosmische Diakone, die in Dienst gestellt sind und keinen eigenen Willen haben.

Das Licht selbst aber stammt von Gott. Er ist es, der seine Hand *unmittelbar* im Spiele hat, und er ist von keinem Planeten und auch von keinen anderen Kräften der Natur abhängig.

Ob wir das Tröstliche dieser Botschaft recht verstehen? Ich will es in einigen Sätzen zu verdeutlichen suchen: Das Schicksal meiner Kinder, meine berufliche Karriere, der Verlauf meiner Krankheit – das alles hängt nicht von dem toten Kreislauf der Gestirne oder von sonstigen anonymen Zwischenmächten, von schwarzen Katzen, Glückszahlen, Maskottchen oder nächtlichen Träumen ab, sondern das alles stammt – genau wie das Licht der Welt – von dem Herrn ab, der sein majestätisches »Es werde« spricht. »Es kann mir nichts geschehen, als was er hat ersehen und was mir selig ist.«

Was mir also auch immer geschehen mag – es ist einer da, der sich etwas dabei denkt. Und dieser Eine ist kein gefühlloser Feuerball wie die Sonne, sondern er hat ein Herz, das mich sucht und das auch seinerseits meine heimlichsten Worte und Seufzer, meine Sehnsüchte und meine Ängste annimmt.

[XI,35f]

Erhabenheit

Wer seinen Gott in der Natur und im Kosmos sucht, begegnet im Grunde einem unwirklichen Gespenst. Dieser Gott ist so groß und so fern, daß er mich kaum noch angeht. Wer hat denn schon (Hand aufs Herz!), wenn er eine sonnendurchflutete Waldlichtung betrat oder wenn ihn abends das Heer der Sterne mit ihren Lichtjahren überwältigte, wer hat da schon jemals gelobt, daß er sein Leben ändern wolle? Wem hat hier schon je das Gewissen geschlagen? Wer ist hier irgendwann einmal von seiner Erbärmlichkeit überwältigt worden und ist als eine neue Kreatur in seine Familie und an seine Arbeitsstelle zurückgekehrt? Ein paar fromme Schäuerchen, die einem da kommen können (das sei gerne eingeräumt), können die Weichen meines Lebens nicht umstellen. Und wenn sie verflogen sind, bin ich der gleiche alte Adam, und meiner Sünden Maienblüte duftet und wuchert wie eh und je. Sag mir, wie erhaben du dir Gott vorstellst, und ich will dir sagen, wie egal er dir ist. Das könnte ein theologischer Lehrsatz sein. Der Gott der Erhabenheit ist auch erhaben über mein Privatleben.

Es ist ja merkwürdig, aber es ist so: Nur weil Gott sich *kleiner* macht als die Milchstraßen, weil er in meinem kleinen Krankenzimmer ist, wenn ich keine Luft kriege, weil er meine kleinen Sorgen versteht, die ich auf ihn werfen darf, weil ihm die Bitte eines Kindes um einen Roller mit Ballonreifen nicht zu gering ist, weil Jesus Christus mein bißchen Angst und meine persönliche Schuld auf sich lädt, *darum* wird Gott für mich etwas, das mich angeht.

[II,52]

Krone der Schöpfung?

Ich glaube nicht, daß es nur Einbildung ist, wenn ich meine: An der Stelle der Schöpfungsgeschichte, wo das Thema »Mensch« zum ersten Mal auftaucht, gibt es so etwas wie eine Stockung im Fluß der Erzählung. Da rastet gleichsam etwas ein. Vorher hieß es in monumentaler Eintönigkeit immer: Gott sprach, Gott schuf, Gott machte. Nun aber geht die Komposition dieser Geschichte gleichsam in eine andere Tonart über. Gott hält nämlich inne; er führt ein Selbstgespräch mit sich und sagt: Lasset uns Menschen machen, ein Bild, das uns gleich sei.

Man könnte fast so etwas wie ein Zögern oder gar ein Zurückzucken herausspüren. Auf jeden Fall aber ist es eine Art verhaltenen Atemholens, wie wir es von uns selbst kennen, wenn wir an das entscheidende Stück irgendeiner Arbeit herangehen, auf deren Gelingen uns alles ankommt. Da halten wir inne und nehmen Abstand. Vielleicht erlebt es ein Dachdecker so, der einen Kirchturm mit Schindeln bedeckt hat und nun noch in einer letzten riskanten Anstrengung den Hahn auf seiner Spitze anzubringen hat; oder ein Dichter, der darangeht, die Haupt- und Schlüsselszene in sein Drama hineinzukomponieren.

Wenn Gott innehält, ehe er den Menschen in die Schöpfung einfügt, dann spüren wir das Risiko, das damit verbunden ist:

Geht es bei den Menschen um die Krönung der Schöpfung oder geht es um ihre Kreuzigung? Erreicht die Schöpfung ihren Gipfel, wenn ihren Kreaturen jetzt ein Wesen zugesellt wird, das sich über die Dumpfheit des Unbewußten erhebt, das wissend und willensbegabt, das als Partner und Mitarbeiter Gottes unter seinem Schöpfer leben darf – oder ist mit der Erschaffung dieses Wesens »Mensch« die erste Stufe in einem unerhörten Gefälle betreten –, in einem Gefälle, das aus dem Garten Eden zu einer verwüsteten und beunruhigten Erde führt, das aus dem Kind und Ebenbild Gottes einen Räuber und Rebellen werden und durch ihn Krieg und Kriegsgeschrei auf die fernsten Planeten tragen läßt?

Krönung oder Kreuzigung der Schöpfung – das ist hier die Frage. Und man begreift das Innehalten, man versteht das Zögern Gottes. Gott steht vor einem Risiko. Ist es nicht ein atemraubender Gedanke, ist es nicht fast blasphemisch, so etwas auch nur zu denken?

Und doch ist es ja so. Indem Gott sich ein Wesen gegenüberstellt, dem er Freiheit und Macht schenkt, riskiert er es, daß aus dem Kind ein Nebenbuhler, daß aus dem Geschöpf ein größenwahnsinniger Konkurrent des Schöpfers wird. Dann kommt es vielleicht zu jenem Augenblick, der uns in Goethes »Faust« geschildert wird, wo der Mensch sich durchaus nicht dankbar dessen erinnert, daß er Ebenbild seines Schöpfers sein darf, sondern wo er sich in die Brust wirft: »Ich Ebenbild der Gottheit!«, oder wo er gar wie Prometheus von seiner Gottebenbürtigkeit schwärmt.

In diesem Wagnis Gottes, durch das er sich an den Menschen bindet und sich der Möglichkeit aussetzt, von ihm geschmäht, mißachtet, verleugnet, übersehen zu werden, in diesem Wagnis blitzt zum ersten Male seine *Liebe* auf. Gott setzt sich gleichsam selbst ein. Er ist bereit zu jenem Schmerz, den der Vater leidet, wenn er den verlorenen Sohn in die Fremde ziehen, wenn er seinem Herzen tiefe Wunden beibringen läßt und wenn er das Kind seiner Schmerzen dennoch nicht aufgibt. In Jesus Christus ist diese Linie vollendet. Da hat sich Gott selbst seinen rebellischen Kindern ausgesetzt, hat sich ihnen preisgegeben und hat sein Liebstes an ihnen und für sie sterben lassen.

[XI,60f]

Störenfried

Auf See
Sonntag, 1. November 1976

Die weißen Schaumkronen glitzern im Sonnenlicht. Das uralte Schauspiel des Wellengangs zieht mich immer neu in seinen Bann. Es ist der Zauber der Urgewalt, die wegen ihrer Grenzenlosigkeit nicht ohne dämonische Züge ist.

Unser Verhältnis zu den Elementen hat sich ja eigentümlich gewandelt. Früher bekämpfte man sie. Sie galten, wie etwa die stoicheia des Kolosserbriefes, als Feindmächte, und in den Mythen tragen sie oft die Namen aufständischer Titanen. Sie sind das, was als Chaosmacht überwunden werden muß. Jetzt dagegen flüchtet man sich in die Bereiche des Elementaren: zu gigantischen Wasserfällen, zum donnernden Aufschlagen gischtiger Brecher an den Stränden, zu Stürmen, in denen man sich nicht mehr halten kann, in leere und lebensfeindliche Wüsten, auf unzugängliche, dem vertrauten Klima entragende Gebirgshöhen, zu rasenden Wald- und Steppenbränden, die aller technischen Raffinesse des Widerstandes spotten. Das sind die Äußerungen urtümlicher Wildheit, die unsere Phantasie mit der Gloriole der Romantik umwebt und deren Widerschein auf den Bildschirmen wir hingerissen verfolgen. Habe ich mich nicht auf diese Reise gefreut, weil ich wieder einmal den ozeanischen Elementen und später hie und da wohl auch dem wilden, archaischen Afrika nahe sein würde? Woher rührt dieser Wandel, der die ungebändigten Elemente aus den Feinden von einst zu Freundmächten gewandelt hat, von denen wir uns Erholung und neue, kreative Impulse erhoffen?

Diese Frage treibt mich auch als Theologen um, weil sie auf einen Wandel deutet, der sich in unserm Verhältnis zu den Fundamenten des Lebens zugetragen hat. Wahrscheinlich ist als negatives Moment ein gewisser Zivilisationsüberdruß wirksam: Wir fliehen aus den »sekundären Systemen«, aus all dem Manipulierten, Gemachten, aus all dem Indirekten und durch Menschenhand Isolierten hin zu den Urbeständen, aus denen wir kommen und die durch den Fingerabdruck der menschlichen Hand noch nicht entstellt sind. Liegt in dem Trend zum Elementaren nicht eine Verdrossenheit über den Menschen, ein Instinkt dafür, daß der Mensch als kosmischer Ingenieur die wilde Gegebenheit der Natur nicht nur urbar gemacht, sondern auch verdorben, daß er sie nicht nur über sich emporgehoben, sondern auch depotenziert, entmächtigt und ausgelaugt hat? Beginnt man nicht plötzlich vor den Möglichkeiten der Luft- und Wasserverpestung zu zittern, die sich als schauerliches Nebenprodukt aus den technischen Übersteigerungen der Natur ergeben und unseren Lebensraum dezimieren?

Gewiß gehört es zum Schöpfungsauftrag des Menschen, sich die Erde untertan zu machen. Und das bedeutet doch zunächst nichts anderes als die Weigerung, die Natur einfach hinzunehmen, und den Entschluß, in sie einzugreifen, sie zu wandeln und zu humanisieren. Sollte dieser Auftrag in der technischen Zivilisation nun gleichsam übererfüllt worden sein und in einen Fluch umschlagen? Oder ist dieser Auftrag vielleicht nur falsch und mit prometheischer Aufsässigkeit erfüllt und darum gerade *nicht* erfüllt worden? Offenbar trägt der Mensch seine Zwielichtigkeit mit in alle Bereiche, die er erobert, und er wird sie – wie in Dürrenmatts Hörspiel »Unternehmen Wega« – bei seinen kosmischen Odysseen auch einmal mit auf die Gestirne nehmen. Er hat den Sündenfall im Rücken, und nun wird Kain immer dabeisein. Die dorischen Säulen werden nun nicht zustande kommen können ohne die Fron antiker Sklaven, und die Wunder dessen, was wir als »moderne Kultur« bezeichnen, sind ohne die Fron heimischer und fremder Proletariate nicht denkbar.

Der Mensch hat die Würde, ein Gesandter in höchstem Auftrag zu sein, und zugleich veruntreut er seine Sendung. Das Wissen darum könnte vor jenen utopischen Träumereien schützen, die von kommenden Paradiesen zu faseln wagen und den Menschen in seinem Jetztzustand für unüberbietbar halten. Der Mensch ist jedenfalls nicht nur Krone der Schöpfung, sondern auch ihr Fremdkörper. Das macht seine Zweideutigkeit aus, und das ist es wohl auch, was den Psalmisten am Ende einer strahlenden Schöpfungshymne – Wind und Feuerflammen, Berge und Meere, Saat und Ernte werden darin gerühmt – in das merkwürdige Wort ausbrechen läßt: »Die Sünder sollen ein Ende nehmen auf Erden« (Psalm 104). Der Mensch als Störenfried und Fremdkörper – das ist ein Aspekt der Anthropologie, ohne den wir den ärgsten Illusionen verfallen müssen und der zugleich in Verzweiflung stürzen müßte, falls er das einzige sein sollte, was wir über den Menschen zu sagen hätten.

[VIII, 14f]

Geheimnis des Bildes

Singapore, 13. August 1958

Das Photographieren der Menschen, um die es mir ja vor allem geht, ist eine aufregende Sache. Da die Chinesen sehr scheu gegenüber dem Abgelichtetwerden sind, geht mein Begleiter zu dem einen oder anderen »Charakterkopf« hin, um ihn höflich und unter der Schützenhilfe von Trinkgeld und amerikanischen Zigaretten zur Duldung zu bewegen und so jeden Trouble zu vermeiden. Aber solche Bilder werden nichts, auch wenn wir schließlich den einen oder anderen tatsächlich zu einer Objektrolle breitschlagen. Denn entweder werfen sie sich dann in Photographierpose, oder sie machen ein verklemmtes Gesicht wie beim Zahnarzt, weil sie offenbar mit dem Gefühl des Unheimlichen zu kämpfen haben. Immerhin sind die Kinder an meinen Apparaturen sehr interessiert und kommen in Scharen herbeigelaufen, um mich zu beobachten, wenn ich ins Weite photographiere. Natürlich möchte ich gern auch die Kinder selbst auf dem Bilde haben. Darum stelle ich unbemerkt die Entfernung anders ein und halte den Apparat plötzlich auf die Kinderschar um mich herum. Man kann kaum beschreiben, wie jäh sich nun die Szene verändert: Unter ohrenbetäubendem Geschrei spritzen sie nach allen Seiten auseinander, eins purzelt über das andere; es sieht aus, wie wenn eine Handgranate explodiert wäre. Leider wird das knappe Licht in dieser Gasse eine zu lange Belichtungszeit erfordert haben, als daß diese kleine Panik korrekt auf den Film hätte kommen können.

Immer wieder frage ich meine Freunde, woher diese Scheu vor dem Photographiertwerden wohl rühre und was sich die ängstlichen Mütter wohl denken, wenn sie vor meinem Apparat wie vor einem entsicherten Maschinengewehr weglaufen und ihre Kleinen wie eine Glucke unter die Flügel nehmen. Die Antwort lautet immer nur in stichwortartiger Kürze: »Aberglaube«.

Doch ist diese Antwort wohl allzu pauschal. Ob hier nicht unter der Maske des Aberglaubens ein echtes Wissen um das Geheimnis des Bildes wirksam ist? Ich kann mir jedenfalls nicht denken, daß es nur die blitzenden Apparate und das Befremdende der Technik ist, was sie schockiert. Mir fällt ein altes chinesisches Sprichwort ein: »Wer sich selbst sieht, leuchtet nicht.« Das meint doch offenbar: Wir leuchten nur dann, wenn wir uns unserer selbst unbewußt sind, jedenfalls in bestimmten Schichten. Sobald wir unser selbst zu genau kennen, sind wir durch Reflexion verdorben und verlieren die höhere Naivität. Wir wissen dann, wie wir wirken, und taktieren so auch mit bestimmten Effekten.

Ganz in diesem Sinne schildert Kleist in seinem Essay über das Marionettentheater, wie ein junger Tänzer seine unbewußte Grazie unversehens verliert, als er vor dem Spiegel eine bestimmte Pose einübt. In dem Augenblick, wo er sich selbst in Subjekt und Objekt, in den Handelnden und den Betrachtenden aufspaltet, ist die ästhetische Unschuld dahin. Nun wird man an jeder seiner Bewegungen die Absicht merken und verstimmt sein. Man muß, so meint Kleist, wenn einmal das Paradies verlassen ist, um die ganze Welt herumfahren, um von der anderen Seite und durch ein Hinterpförtchen wieder in das verlorene Paradies einzudringen. Man muß die Schallmauer der immer mehr sich verdichtenden und darum auch gefährdenden Reflexion durchbrechen, um ins Freie einer neuen Kindlichkeit, einer Naivität zweiten Grades sozusagen, zu gelangen.

Spüren wir selber nicht den Fluch dieser Bewußtwerdung unserer selbst? Wie oft sehen wir uns im Spiegel – und sei es auch nur beim Rasieren –, auf wie vielen Photos haben wir uns erblickt, und wenn man mit dem Rundfunk zu tun hat, dann hat man auch oft genug seine eigene Stimme gehört. Wir benutzen das alles geradezu als Training für eine gewisse Selbstformung (und machen in unseren akademischen Seminaren teilweise eine Unterrichtsmethode daraus): für die Verbesserung einer Geste oder für die Entschlackung unserer Aussprache, für die Beseitigung von Dialektanklängen oder eine bestimmte Kultur der Artikulation oder des Satzgefälles.

Ist das alles aber eine wirkliche Verbesserung, oder genauer: ist es *nur* eine Verbesserung? Ist es nicht zugleich der Sündenfall in eine selbstzerstörerische Reflexion hinein – und sind wir nicht froh, wenn wir von einem Thema oder einer Leidenschaft so erfüllt sind, daß wir diesen Fesseln entnommen werden und wirklich von der anderen Seite für Augenblicke wieder in das Paradies der reinen und selbstvergessenen Hingenommenheit versetzt werden? Ob das, was die chinesische Weisheit hier gesehen hat, in der Scheu der Gassenkinder vor dem Photoapparat nachwirkt? Oder ist das zu hoch gegriffen und eine Hineindeutung?

Das ist gewiß möglich. Und vielleicht steht ein ganz anderes Geheimnis der Bildlichkeit hinter jener Scheu: Sartre spricht gern davon, daß die »andern« – die Menschen – unsere Feinde seien, weil sie uns »ansähen« und im Ansehen »fixierten«. Das Wort »fixieren« schillert zwischen der Bedeutung »betrachten« und »festlegen«. Indem wir von unserer Umgebung beobachtet werden, sind wir von den Erwartungen und Postulaten dieser Umgebung angerührt und sozusagen festgelegt. Wir werden durch bestimmte Wertvorstellungen »fixiert«, mit denen unsere Umgebung uns forschend gegenübertritt, zum Beispiel durch die Mode. Auch wenn wir Lust haben sollten, an einem heißen Sommertag einmal in der Badehose über den Jungfernstieg zu spazieren, tun wir das doch keinesfalls, weil »man« es eben nicht tut und weil uns die Passanten des Jungfernstiegs durch ihre Fixierungen zwingen, diejenigen Textilien zu verwenden, die »man« hier eben zu sehen wünscht.

Ist das Photographieren nun nicht eine gesteigerte Form des Fixierens? Man sieht nicht nur an, sondern »legt im Bilde fest« (und sagt das auch so!). Die Königin von England darf außer in ihrem Privatsalon nicht wagen, zu gähnen oder zu niesen, um nicht als Gähnende oder Niesende durch einen Reporter festgelegt oder, wie es in der Fachsprache heißt: »festgehalten« zu werden.

Wenn man weiß, welche Rolle das Bannen und Festhalten in den Religionen spielt, kann man sich schon einen Reim auf die chinesische Photoangst machen. Warum darf Israel kein Bildnis und Gleichnis von Jahwe erstellen? Weil es Gott damit festlegt und also den Unbegrenzten beschränkt. Das ist Frevel. Und warum darf es seinen Namen nicht aussprechen? Weil auch das Wissen und Aussprechen des Namens so etwas wie ein Akt der Bemächtigung ist. Noch unsere Märchen lassen durchblicken, daß der, der den Namen weiß (»Sesam, öffne dich!«), magische Macht hat, daß er Riegel sprengen und Türen verschließen kann und daß der so beim Namen Genannte in seiner Verfügung ist.

So könnte ich mir denken, daß der Chinese in der Vorstellung lebt: Der weiße Teufel will mich mit seinem Apparat »einfangen« – drückt unsere Sprache das nicht wiederum so aus! –; er will mich in den kleinen Kasten hineinbannen. Er will mich zum Bilde erstarren lassen und auf seinem Film festhalten.

Daß wir alle diese Befürchtungen in symbolhaltigen Vokabeln unserer eigenen Sprache aussagen können, zeigt vielleicht an, daß hier ein Menschheitswissen vorliegen könnte, das auch in den Kellern, in den unterschwelligen Schichten unseres Kollektivbewußtseins, verwahrt und gespeichert ist.

So könnte sich in der Tat im Medium des Aberglaubens eine uralte Weisheit ausdrücken. Seit mir das klar ist, habe ich ein schlechtes Gewissen beim Photographieren dieser Menschen. Denn ich muß die alte Weisheit ehren. Die Jagdleidenschaft kämpft mit der Scheu vor diesem Wissen.

Die Lösung, die der technische Mensch in derart delikaten Situationen findet, besteht darin, daß er – ein Teleobjektiv auf seinen Apparat schraubt. Das ist der etwas degenerierte Respekt der Technik vor dem Numinosen!

[XIII,56–60]

Dunkle Schwelle

Ich erinnere mich noch genau an eine Nacht des letzten Krieges. Auf einer Höhe bei Stuttgart lagen etwa zwanzig Jungen eines Gymnasiums in Stellung und bedienten eine Flakbatterie. Sie wollten gerne, daß ich ihnen Religionsunterricht gäbe. Weil das aber verboten war und sie ihre Bitte nicht erfüllt bekamen, waren sie bis zu einem hohen Befehlshaber vorgedrungen und hatten schließlich durch ihren Schwung und ihre Unverdrossenheit die Zustimmung des hohen Herrn erreicht. So wanderte ich nun immer zu ihnen hinaus; wir saßen um die Kanone herum und sprachen über die letzten Dinge.

Diesmal hatten sie mich aus einem anderen Grund rufen lassen. Ihre Stellung war von einem Tiefflieger angegriffen worden, und der Vater eines der Flakhelfer, der gerade zu Besuch dort weilte, war tödlich getroffen worden, während sein Junge die Kanone bediente.

In einem Leiterwägelchen fuhr der Junge seinen toten Vater weg. Die kleinen Kerle – denn das waren sie doch – drängten sich nun in tiefer Erschütterung um mich herum, beinahe wie Küchlein. Sie waren ganz durcheinander und suchten bei einem Älteren Schutz vor einer Welt, deren dunkles Rätsel sie auf einmal und zum ersten Mal angesprungen hatte. Ich redete ihnen gut zu, obwohl ich selbst recht hilflos war.

Aber nun kam das, dessentwegen ich diese Erinnerung überhaupt berichte: Bei meinem Heimweg lag das Mondlicht über dem stillen Tal, die weißen Blüten der Bäume schimmerten in seinem Licht auf, und es war namenlos still. Die Welt war wie »eine stille Kammer, wo ihr des Tages Jammer verschlafen und vergessen sollt«.

Ich erwähne das nicht aus Romantik, oder um einen sentimentalen Effekt zu erzielen, sondern weil diese Stunde für mich ein Gleichnis war für die dunkle Schwelle, die der Mensch nach dem Bericht vom Sündenfall überschritten hat.

Vor mir lag die scheinbar so heile Welt einer Frühlingsnacht, aber ihr Friede tat mir in jenem Augenblick geradezu weh. Ich wußte nämlich, daß der Friede der Natur trügt und daß ich eben noch, umgeben von einem Blütenmeer, mit Jungen geredet hatte, in deren Augen das Grauen stand und die tapfer ihre Tränen hinunterschluckten.

Nein, diese Welt war nicht heil. Sie war es deshalb nicht, weil der Mensch mit seinen Mordinstrumenten in sie eingebrochen war und ihr den Frieden geraubt hatte. Und wird es nicht immer so weitergehen: Wie lange werden die Menschen, wenn sie von Angst gepeinigt sind, sich noch im Anblick des gestirnten Himmels und seiner majestätischen Ruhe erholen können? Wird der Mensch nicht mit Raumschiffen und kosmischen Spionen auch *diese* Ruhe stören?

[XI,121f]

Ursache des Bösen

Wer die Frage aufwirft, wie das Böse in die Welt gekommen sei, fragt von sich weg. Er will die *Ursache* des Bösen finden. Ein Böses aber, das verursacht ist, ist ja gar kein Böses mehr, sondern ist nur noch Schicksal und zwangsläufiger Prozeß.

Ich frage also letzten Endes gerade *nicht* nach der Ursache des Bösen – obwohl ich so tue –, sondern ich will das Böse mit dieser Frage aus der Welt schaffen, ich will sagen: Es hat sich eben so »ergeben«. Wenn es sich aber ergeben hat, dann bin ich nicht mehr die Ursache, dann bin ich nur noch Wirkung eines Schicksalsprozesses und bin Opfer tragischer Verkettungen. Ich will mich selbst rechtfertigen, ich will von mir selbst ablenken.

Nur unter einer einzigen Bedingung nehme ich meine Schuld und also das Böse ernst. Wenn ich nämlich sage: Ich, ich allein bin die erste Ursache. Ich bin es, den seine Leidenschaft über die Leiche seines Nächsten gehen läßt; ich bin es, der lügt und tötet, der seinem wilden Blut freie Bahn gibt, der seinen Nächsten für sein bißchen Glück zu opfern bereit ist. Ich bin es, ich allein.

Ich muß eben »ich« zu meiner Erbmasse und zu jenem Nervenbündel sagen, das ich vielleicht bin. Das ist unser *menschliches Geheimnis.*

Auf die Frage, wie das Böse in die Welt gekommen sei, kann es also deshalb keine Antwort geben, weil die Frage selbst falsch gestellt ist, mehr noch, weil sie eine raffinierte Tendenzfrage ist, mit deren Hilfe ich einen Druckposten zu beziehen wünsche. Ich will das Böse »ableiten« und es darum zum Schicksal machen. Ich will Opfer und will kein Angeklagter sein. Ich will rufen »Haltet den Dieb!« und derweilen in fröhlicher Unschuld weiterstehlen.

Darum ist der echteste Augenblick der Sündenfall-Geschichte nicht jene Szene, wo Adam und Eva ihre Schuld »abzuleiten« versuchen, wo sie nach Ursachen angeln und mit der Kausalität herummanipulieren. Indem sie so die Schuld abzuleiten versuchen, fahnden sie nur nach einem Blitzableiter für das göttliche Gericht.

Nein, der echteste Augenblick in unserer Geschichte ist jener Moment, wo die beiden getarnt und mit schlechtem Gewissen hinter dem Gebüsch versteckt sind und wo sie ganz genau wissen: Ich, und ich allein, bin es, der jetzt gemeint ist, wenn Gott ruft: »Adam, Mensch, wo bist du?« Ich, und ich allein, bin des Gerichtes schuldig. Das große Verschiebespiel, das wir nun als letzten Verzweiflungsakt versuchen wollten, ist schon im Ansatz verloren …

Im Garten Eden waren zwei Menschen, die sich verteidigten, weil Gott ihr Angreifer war.

Wo Jesus Christus ist, da wird das alles anders. Da ist es mein eigenes Gewissen, das mich verklagt, und Jesus Christus ist mein Verteidiger (Luther). Und weil er dieser Verteidiger ist, brauche *ich* mich nicht mehr zu verteidigen. Darum brauche ich mir keine Illusionen mehr über mich selbst zu machen und kann auf das große Verschiebespiel verzichten. Er ist es ja, der mich vor meinem eigenen Gewissen in Schutz nimmt, denn er sagt mir: Das, was hinter dir liegt, und die peinlichen Verzeichnisse über das, was in deinem Leben nicht stimmt, die habe ich alle zerrissen. Ich habe die Fetzen deiner verfehlten Lebensgeschichte an mein Kreuz geheftet. Mich interessiert es einfach nicht mehr, was du hinter dir hast. Mich interessiert nur noch, was ich aus dir machen will. Verklage dich nur selbst, aber vertraue darauf, daß ich zu dir halte, *auch* und gerade *dann*, wenn du dich selbst verachten mußt. Wenn man für jemanden stirbt, dann gibt man ihn nicht mehr her.

Hier hört dann das Verschiebespiel unseres Lebens *wirklich* auf, hier verstummt auch die Frage, wie das Böse in die Welt gekommen ist.

Nicht, daß die Frage »gelöst« wäre. Für eine Frage, die falsch gestellt ist, kann es ja gar keine Lösung geben. Aber ich bin davon »erlöst«.

Ich kann jetzt nur noch fragen: Wer ist diese geheimnisvolle Gestalt, die meinen Schuldschein zerreißt, die die Anklage meines Gewissens niederkämpft und zunichte macht, die mir eine neue und unbelastete Zukunft schenkt und mich wieder frei atmen läßt? Wer ist diese Gestalt, die mir Mut macht, hinter dem Gebüsch hervorzukommen und ehrlich gegen mich selbst zu sein, die es möglich macht, daß ich keine tragischen Illusionen mehr nötig habe? »Fragst du, wer der ist? Er heißt Jesus Christ.«

»Ich bin gewiß, daß weder Tod noch Leben, weder Engel noch Fürstentümer noch Gewalten, weder Gegenwärtiges noch Zukünftiges, weder Hohes noch Tiefes noch keine andere Kreatur mag mich scheiden von der Liebe Gottes, die in Christus Jesus ist, unserem Herrn.«

[XI, 168–171]

Gottes Schuld?

Wie kann Gott das zulassen? Ich habe noch im Ohr, wie mir während des Bombenkrieges diese Frage manchmal in größter Traurigkeit und manchmal auch in frechem Hohn gestellt wurde. Ein Flammenmeer wütete über der Stadt. Menschen rannten als lebendige Fackeln über die Straße. In den Kellern erstickten die Kinder. Die »Gustloff« mit Tausenden von Flüchtlingen versank. Dresden ging in Grauen und Todesangst unter. Und immer kam todsicher diese eine Frage: Wie kann Gott das zulassen?

Haben wir einmal darüber nachgedacht, daß alle derartigen Hexensabbate nichts anderes waren und sind – und in vielleicht kommenden Atomkatastrophen auch wieder sein werden – als eben Ausdrucksformen jenes Schindluders, das der Mensch mit seinem Geschenk der Freiheit treibt? Daß das alles mißbrauchte Vollmachten sind, daß es das verpraßte Kapital des Vaters und im Grunde nichts anderes als die geschändete Gabe Gottes ist?

Die Frage »Wie kann Gott das zulassen?« könnte für uns auch eine sehr aktuelle Zuspitzung gewinnen und etwa so geäußert werden: »Warum läßt Gott die Tyrannen und großen Quälgeister der Menschheit zu, warum schlägt er sie nicht tot?« Doch das wäre eigentlich, wie Dorothy Sayers, die bekannte Kriminalautorin sagt, »eine etwas fernliegende Frage. Warum, meine Dame, hat er Sie nicht mit Stummheit und Blödsinn bestraft, bevor Sie vorgestern jene unbegründete und ungütige Verleumdung in die Welt setzten? Oder mich, bevor ich mich meinem wohlmeinenden Freund gegenüber so peinlich rücksichtslos benehmen konnte? Und warum, mein Herr, ließ er Ihre Hand nicht über dem Gelenk abfaulen, bevor Sie Ihren Namen zu jenem schmutzigen, kleinen Betrug hergaben? – So war es nicht gemeint, sagen Sie? Aber warum eigentlich nicht? Sind etwa Ihre Missetaten und die meinigen weniger häßlich, weil unsere Möglichkeiten, Schaden anzurichten, weniger ins Auge fallen als die gewisser anderer Leute? Oder wollen Sie behaupten, daß Ihre Taten und die meinigen Gott zu unbedeutend sind, als daß er sich damit plagen wollte? Das könnte eine zweischneidige Sache sein, denn in diesem Fall dürfte es für seine Schöpfung wunderbar wenig ausmachen, wenn er uns beide morgen auslöschte.«

Wenn wir also fragen: »Wie kann Gott das zulassen?«, wenn wir uns heimlich zuraunen, daß Gott der Hauptschuldige sei, daß die von ihm gelieferte Ware »Schöpfung« nichts tauge und daß er vor ein Gericht zu zerren sei, wo die Mütter der Erschlagenen, wo die Waisen und Witwen der jämmerlich Zugrundegegangenen ihn verklagen könnten – ich meine, wenn wir uns dies alles zuraunen, dann verrät sich hier wiederum jenes verhängnisvolle Talent des Menschen, einen Blitzableiter für seine eigene Schuld zu suchen: Gott ist schuldig, Gott ist schuldig! Es ist immer dieselbe Tour und derselbe Ton.

Müßte nicht eigentlich auch der verlorene Sohn an seinem Schweinetrog rufen: Warum hat der Vater mich gehen lassen? Warum hat er mir mein Erbe ausgezahlt? Warum hat er mich nicht an eine bewahrende Kette gelegt? Nun ersticke ich an meiner Freiheit, die ich mißbrauchte.

Aber gerade weil der verlorene Sohn das *nicht* versuchte und das Verschiebespiel mit der Schuld *nicht* betrieb, krallte er sich nicht in der Fremde fest. Eben deshalb, weil er sagen konnte: »Ich bin hinfort nicht mehr wert, daß ich dein Sohn heiße«, durfte er heimkommen, und der Vater kam ihm sogar entgegen.

[XI,255f]

Ironie

In dem Augenblick, wo der babylonische Turm fertig ist und der Mensch die Legitimation für seinen Götterrang erbracht zu haben scheint, bricht in der alten Bibel zum ersten Male so etwas wie ein Anflug von Humor durch, und ich kann das hier nur mit einem gewissen christlichen Vergnügen sichtbar machen:

Gott der Herr hat es nämlich spitzbekommen, daß die Menschen ihm auf den Leib zu rücken gedenken und seinen Thron besetzen wollen. Und nun kommt's: »Da fuhr der Herr hernieder, daß er sähe die Stadt und den Turm, die die Menschenkinder bauten.«

Ob wir das Gelächter Gottes aus diesen Zeilen herausspüren?

Nicht wahr: Gott ist doch eigentlich »allwissend« und muß folglich wissen, was auf der Erde vorgeht. Er kennt doch jedes Haar, das von unserem Haupt, und jeden Sperling, der vom Dach fällt. Aber trotz aller Allwissenheit wird er nun doch nicht klug aus dem, was den Menschen mit ihrem Riesenbauprojekt, mit der Idee von einem Himmelsturm, in den Sinn gekommen ist. Nein, Gott wird wirklich nicht klug daraus, denn – dieser Turm ist zu weit weg. Er wirkt vom wirklichen Himmel aus zu klein, und Gott kann ihn mit bloßem Auge nicht sehen. Er muß wirklich sehr winzig sein, dieser Turm, wenn selbst der allwissende Gott ihn nicht ohne Brille und Fernrohr zu sehen vermag.

So berät er sich denn mit seinem himmlischen Königshof und faßt den Entschluß, sich extra hinunterzubemühen, um eine Lokalinspektion auf Erden vorzunehmen.

Wenn das keine Ironie ist, dann weiß ich nicht, was überhaupt Ironie sein soll. Die Menschen hatten doch gemeint, so riesig gebaut zu haben, daß Gott der Atemraum zu eng würde und ihm die Luft wegbliebe. Sie meinten doch: Wir tollen prometheischen Burschen brechen mit unserer Turmspitze in die himmlische Domäne Gottes ein.

Vom *wirklichen* Himmel aus gesehen aber, ist das alles so mikroskopisch klein, so wichtelmännisch und so winzig, daß er es mit bloßem Auge nicht sehen kann. »Aber der im Himmel wohnt, lachet ihrer, und der Herr spottet ihrer.« Von Gott aus gesehen, sieht alles ganz anders aus. Das ist ein bleibender Trost, den uns diese alte Chronik mit ihrem hintergründigen Lächeln zuwinkt.

[XI,277f]

Herz aller Dinge

Es ist im Grunde ganz einfach: Wenn die Welt das Werk Gottes ist, dann kann ich dieses Werk eben nur von seinem Autor her verstehen. Vieles bleibt mir dann freilich *auch* noch rätselhaft. Ich werde es zum Beispiel nie verstehen können, warum Menschen, die ein Leben voller Liebe und Sinn gelebt haben, verkalkt und schauerlich reduziert in den Altersheimen dahindämmern müssen. Ich werde es nie verstehen, warum eine junge Mutter von ihren Kindern wegstirbt und ein großer Künstler mit seinem Wagen an irgendeinem Chausseestein zerschellt. Wenn ich nur das sehe und dann bemüht bin, aus solchen Rätseln einen göttlichen Sinn herauszuquetschen, kann mich nur Verzweiflung packen; oder aber ich flüchte mich in deutende Illusionen, weil ich die schreckliche Härte des Gegebenen nicht ertrage.

Mache ich es dagegen, wie gesagt, umgekehrt, wage ich also jenem *Herzen* zu vertrauen, das Gedanken des Friedens über uns denkt, dann ist mir zwar nicht verheißen, daß ich den Zusammenhang »verstehen« könnte, in dem diese Gedanken Gottes mit den Rätseln des Lebens und mit seinen dunklen Zufällen stehen. Wohl aber ist mir gesagt, daß ich diesem Herzen »vertrauen« darf und daß es sich selbst niemals untreu wird, daß es also Gedanken der Liebe und nicht des Leides sind, die über mir gedacht werden. *Ich weiß wirklich nicht, was Gott mit diesem oder jenem Rätselhaften will, aber ich vertraue dem, der es weiß.* Ich selbst weiß nur eines: daß er in allem, auch dem Dunkelsten, der Liebende bleibt. Ich weiß es ganz einfach deshalb, weil dieser *eine* Mensch Jesus Christus keinen andern Gedanken als den der Liebe in sich trug.

Wenn wir so vom Herzen Gottes aus denken, dann gehen wir nicht nur mit andern »Augen« durch die Welt, sondern wir »handeln« auch anders. Gott verändert nicht nur unsern Aspekt des Lebens, sondern er greift auch durch uns in das Leben selbst ein. Er will es durch uns verwandeln, und er will, daß seine Christen die Revolutionäre der Welt sind.

Von den vielen Gesichtspunkten, die das verdeutlichen könnten, will ich nur einen einzigen herausgreifen: Wer bloß von der Schöpfung lebt und den Schöpfer selbst nicht kennt, wer also nur um die Natur und ihre Gesetze weiß, der kann eigentlich gar nicht anders, als nun alle Möglichkeiten auszunutzen, die in die Schöpfung investiert sind. Er wird dann eine große und prometheische Leidenschaft entwickeln, das ganze Potential der Natur – ihr physikalisches und ihr biologisches Potential – zu mobilisieren und alle in ihr schlummernden Kräfte nicht nur kennenzulernen, sondern sie auch technisch auszunutzen und seinem Willen dienstbar zu machen. Der Mensch als der Herr der Natur und der Regisseur ihrer Kräfte, der Mensch als der große Dirigent der Naturgesetze, der Mensch als das Ziel aller Dinge: das wird dann sein Pathos und seine Leidenschaft sein. Daß alles in der Welt »machbar« sei und daß er es sich gefügig machen könne, das ist dann sein Traum. Nicht nur physikalisch greift er in die Natur ein, um als Kosmonaut die Größe des Raumes zu überwinden und durch die Atomphysik die kleinsten Elemente nach seiner Pfeife tanzen zu lassen. Sondern auch biologisch manipuliert er an seinem Leben herum: er tastet die Gene an, er steuert das endokrine Drüsensystem und wirft Tabletten zur Empfängnisverhütung unter das Volk. Er kann durch Pillen und Eingriffe den Charakter verändern, er kann chemisch Depressionen und gute Laune erzeugen.

Kann er es nur? *Muß* er das alles nun nicht auch – solange er nur mit der Natur konfrontiert ist und wenn und solange er nicht unter der Zucht und dem Willen des *Autors* der Natur steht und nach seinen Absichten fragt?

Das Unheimliche an den politisch-ideologischen Atheisten ist doch dies, daß sie das, was sie physikalisch, biologisch, technisch »können«, auch »wollen« müssen. Sie können die Ordnungen des Lebens (Familie und Gemeinschaft und Bande der Liebe) verändern; darum *wollen* sie es, darum *müssen* sie es wollen, und darum konstruieren sie die Schöpfung um im Sinne ihres Ideals der »Machbarkeit aller Dinge«.

Aber greift dieser titanische Wille, der die Fundamente der Welt umstülpen will, nicht nach uns allen, auch nach uns Bewohnern des sogenannten »freien Westens«?

Ob dieser furchtbare und zerstörerische Wille über uns mächtig wird, das hängt nun von *einem* ab, und dieses eine läßt sich in die Frage fassen: Sind wir bereit, nach den Absichten des Schöpfers zu fragen und uns seinen Geboten zu unterstellen – oder verstehen wir uns nur im Gegenüber zur Schöpfung und wollen dann selber die Allmächtigen sein, kleine Herrgötter also, die mit dem Verfügbaren schalten und walten, es blindlings ihrem technischen Vermögen unterwerfen und das Werk der Schöpfung benutzen, als ob der Autor dieses Werkes keine Rechte anzumelden habe?

Wir stehen heute vor der furchtbaren und aufregenden Tatsache, daß Wissen zwar Macht ist und daß wir Menschen tatsächlich sehr mächtig geworden sind, daß wir *selbst* aber unserem Wissen und Können nicht mehr *gewachsen* sind und daß uns – wie dem Goetheschen Zauberlehrling – die ausgelösten Naturkräfte über den Kopf zu wachsen drohen. *Gott ist auch der Herr in der Welt des Wissens und der Technik.* Das müssen wir neu erkennen lernen. Wahrhaftig: Gott hat nicht nur mit unserer ewigen Seligkeit zu tun, sondern (indem er damit zu tun hat) auch mit Laboratorien, Reagenzgläsern und Elektronengehirnen.

Der Ungehorsame, der zügellos Wissen- und Machenwollende provoziert die Gerichte Gottes – nicht weil er so dumm und ahnungslos wäre, sondern gerade deshalb, weil er so viel weiß und kann. Die Pfunde wissenschaftlichen und technischen Wissens, die niemand anders als Gott verliehen hat, damit wir damit unter ihm leben und zu seinen Ehren »wuchern«, diese Pfunde können uns in die Luft sprengen. So ist das Wort des Jesaja wohl zu verstehen: »Ich will zunichte machen die Weisheit der Weisen, und den Verstand der Verständigen will ich verwerfen« (29,14). *Darum* hat Gott die Weisheit dieser Welt zur Torheit gemacht.

Schon die Art, wie ich mich zum Fernsehen verhalte – ob ich

mich von meiner Bildgier verführen lasse, mich ohne Selbstkontrolle diesem Wunder technischen Könnens hinzugeben und jede Besinnung, jeden Frieden des Herzens, jeden Gedanken an den andern dabei zu opfern, *oder* ob ich mich dabei gehorsam in der Gewalt behalte: schon dies ganz alltägliche Verhalten zum Bildschirm hat damit zu tun, ob ich Gott gehorsam bin, ob ich die Technik in seinem Namen gebrauche oder ob ich mit seinen Gaben Schindluder treibe.

Mir liegt es ganz fern, hier allgemeine Gedanken zum technischen Zeitalter zu äußern, die niemanden ändern und keinen Menschen in den Frieden des Vaterhauses rufen. Darum habe ich dies kleine und sehr alltägliche Beispiel des Fernsehens genannt. Wenn Gott durch uns etwas ausrichten will, wenn seine Christen Revolutionäre der Welt sein sollen, dann fängt das nicht mit großen kulturkritischen Gedanken und Programmen an, sondern dann beginnt das in meinen eigenen vier Wänden, dann hebt es an mit der Art, wie *ich* mich mit den Meinen zu dem verhalte, worin mir das Technische begegnet; wie ich es mit dem Fernsehen halte und mit meinem Auto im Straßenverkehr und mit den Tabletten, durch die ich mich beruhigen oder aufputschen lasse. Mit alledem hat Gott zu tun: indem ich vor dem Fernsehschirm sitze oder hinter dem Steuer, stehe ich zugleich vor seinem Angesicht. Gott ist nicht nur auf den Kanzeln und den Altären; sein Wort ist nicht nur in Predigten und Chorälen, sondern es ist mitten unter die alltäglichsten Dinge gemischt. Er ist im Kino und auf der Straße, an den Fließbändern und unter den Neonleuchten. Die Gegenwart Gottes ist grenzenlos. Sie ist das Herz aller Dinge.

Und doch *finde* ich dieses Herz nicht in den Dingen selbst, sondern es ist so: *Wenn ich das Herz gefunden habe, dann verstehe ich die Dinge.* Und dann gehe ich mit neuen Augen durch die Welt. Auch meine Hände und meine Gedanken bekommen neue Programme und neue Aufgaben. Ich werde buchstäblich ein neuer Mensch – voller Glück und voll neuer Impulse. Was das Leben zu sein vermag, das wird mir *dann* klar. Das Herz Gottes ist der strategische

Punkt, von dem aus ich mein Leben bewältigen kann und an dem sich entscheidet, ob mir dieses Leben gelingt (ob es mir selbst im Scheitern und Untergang gelingt).

Ein Kind, das den lieben Gott um ein Schaukelpferd oder um gutes Wetter für den Ausflug bittet, macht die Weisen zu Narren, weil es mit seinen kleinen Händen auf das größte Gut weist, auf das *Herz* des himmlischen Vaters, das sich ja selbst in einem Kinde offenbart hat, in einem Kind, das in der Krippe lag.

[II,58–63]

Wunder

Ich war früher mehrere Jahre gelähmt, und die Kunst der Ärzte war am Ende. Da kam plötzlich die Nachricht, es sei ein Medikament erfunden worden, das diese Krankheit, wenn nicht heilen, so doch ungefährlich machen könne. Und tatsächlich: Das Medikament hat mich damals aus vermeintlicher Unheilbarkeit herausgerissen und mit einem Schlage wieder arbeits- und bewegungsfähig gemacht. Ich glaube, niemand wird es für verstiegen halten, wenn ich im Glück dieser unerwarteten Wiedergesundung sagte: »Das hat der Herr getan, und es ist ein Wunder vor meinen Augen.« Meine Ärzte sagten es mit mir. Was war hier geschehen?

Nun, ich war kritisch genug eingestellt, um mir zu sagen: Die Sache ist im Grunde höchst natürlich zugegangen. Es haben sich einfach mehrere Kausalitätsketten gekreuzt. Auf der einen Seite schritt meine Krankheit mit eiserner Notwendigkeit auf den letzten Punkt zu. Dieses Schlußstadium war physiologisch berechenbar und stand sozusagen gemäß den Kausalitätsgesetzen fest. Ganz unabhängig davon lief aber irgendwie in der Welt noch eine ganz andere Kausalitätskette. Irgendwo nämlich war in irgendeinem Labor irgendein Forscher, der gar nichts von mir wußte, fieberhaft an der Arbeit, um diese Krankheit zu bekämpfen. Und im entscheidenden Augenblick, wenn nicht im letzten, haben sich beide Kausalitätsketten gekreuzt. Obwohl aber alles so natürlich zuging, konnte ich nicht anders, als sagen: »Das hat der Herr getan.« Er war es, der diese Ketten so gefügt hat, daß sie sich in diesem Augenblick treffen mußten.

»Wer ist es, der auf Erden solch Zerstören anrichtet?« fragt der Psalmist (Psalm 46,9), obwohl sich doch politische Ursachen genug anbieten, aus denen man Krieg und Zerstörung im Sinne des Gesetzes von Ursache und Wirkung erklären kann. »Wer gibt Wachstum und Gedeihen«, wer tut seine »milde Hand auf und sättiget alles mit Wohlgefallen?« Zerstören und Bauen, Krieg und

Frieden, Scheiden und Wiedersehen, Krankwerden und Gesundwerden: es ist alles natürlich und in sich zusammenhängend. In den Krankengeschichten unserer Kliniken pflegt der Name Gottes nicht vorzukommen, auch wenn die Chefs Christen sind. Aber *obwohl* es so natürlich ist und auf plausible Weise zusammenhängt, kann ich das Wunder der Nähe Gottes bekennen: »Der Herr hat's gegeben, der Herr hat's genommen, der Name des Herrn sei gelobt.«

[II,71f]

Sabbatruhe

Das Ziel der Schöpfung ist nicht der ewige Umtrieb des zeugerischen Lebens und die unablässige Dramatik der Geschichte. Wenn es heißt: »Machet euch die Erde untertan«, dann besagt das eben nicht: Schafft eine reiche, leistungsfähige Kultur, schafft soziale Perfektion, wandelt mit eurer Technik die wilde Natur in ein Gehäuse der Zivilisation, überwindet den Angriff der Natur, vertreibt die Winterkälte, erleuchtet die Nächte, überquert die Ozeane und greift nach den Sternen!

Das Wort »Machet euch die Erde untertan!« bedeutet vielmehr: *Wenn* ihr nun so der Schöpfung euer Gepräge gebt, so sorgt dafür, daß euer menschliches Leben und eure Kultur nicht zum Zeichen eurer ewigen Unruhe und eures verblendeten Titanentums werden, sondern daß sie Dank und Antwort sind an den, der euch diese Erde geschenkt hat. Sorgt, daß alles, was ihr tut, nicht sein *Thema* verfehlt, sondern daß es Anteil an dem behält, der alles geschaffen hat, und daß ein Widerschein seiner Ruhe darauf fällt. Sonst wird euch die Gabe eurer Weltherrschaft zwischen euren Händen zerrinnen. Ihr werdet Gehetzte und Geächtete eures eigenen Werkes werden. Eure Unruhe und eure Gier werden euch verzehren, bis ihr die Erde, statt sie zu unterwerfen, zur Hölle gemacht habt, und bis ihr, statt dem Himmel zugewandt zu sein, einen Turm wider den Himmel baut – ja, bis ihr die Sintflut provoziert und am Ende eure Erde in den Himmel hineinsprengt.

Über aller Unruhe unseres menschlichen Tuns und Werkens, über allem Streben und Schaffen, Wirken und Kämpfen muß uns so der Thron Gottes sichtbar bleiben, in dem er gelassen und ruhevoll den Sabbat der Schöpfung feiert. Nur wer diesen Thron der Ruhe sieht, empfängt jene Gelassenheit, die ihn aus allem Getümmel auf den Horizont der Welt blicken läßt, dorthin also, wo die rätselhafte Welt in den höheren Gedanken eines Herzens gründet, das unser gedenkt, und wo sie aus diesen Gedanken heraus ins Dasein gerufen wird. Zugleich wird er auf jenen anderen Horizont blicken, wo diese Welt einmal am letzten Tag wieder bei ihm ankommen wird.

Über allen Irr- und Zickzackwegen, die wir zwischen den Horizonten des ersten und letzten Sabbattages der Welt abgehen – und »abirren«! –, steht die große Gelassenheit Gottes, die alle Unruhe in ihren Frieden einbettet. »Der Herr ist in seinem heiligen Tempel – es sei vor ihm still alle Welt!«; sie sei still vor ihm in der Hektik des Wirtschaftswunders und des Weihnachtsbetriebes und der Konjunktur; sie sei still vor ihm in der grauen Einöde der Diktaturen und im Ansprung des Terrors; sie sei still vor ihm unter Raketen und Atombomben. Gott ist in seinem Heiligtum.

Es gibt so etwas wie Gelassenheit in aller Unruhe und Frieden in aller Nervosität. Sie ist dann ein Widerschein jener Stille des Schöpfers. »Was soll uns denn das ew'ge Schaffen! Geschaffenes zu nichts hinwegzuraffen?« sagt Mephistopheles in der Sterbestunde Fausts und deutet auf die Unruhe, die selbst dann noch über diesem Sterben liegt, als »der Zeiger fällt«. Wo die Stille des Schöpfers regiert, wird das Nichts besiegt, in dem all *unsere* vergebliche Unruhe endet. Denn dann sind wir einer Geborgenheit zugeordnet, in der es nichts Verlorenes und keine Verlorenheit mehr gibt.

Von der Sabbatruhe des Schöpfers empfängt auch *unser* Ausruhen, *unser* Feiern und empfängt jede sonntägliche Stille ihren Sinn. Das bedeutet: Wir sind gehalten, nicht blindwütig drauflloszuschuften und der Raserei eines überspannten Pflichtgedankens zu verfallen, uns also kaputtzumachen, womöglich noch im Namen Gottes oder im Namen irgendeines Diene-Ethos. Wir sind aber aufgefordert innezuhalten, Zäsuren in den Ablauf unserer Arbeit einzufügen und am Thema unseres Lebens neu Maß zu nehmen.

[XI, 112–114]

Hunde

Auf meiner Reise nach Amerika und zurück hatten wir beide Male einen Hund auf unserem Schiff. Und auf der langen Überfahrt habe ich beide gründlich beobachtet und über sie nachgedacht. Auf der Hinfahrt war es ein großer Schäferhund, den sein Herrchen der Schiffsbesatzung mitgegeben hatte, während er selbst das Flugzeug benutzte. Das Tier war vom Jammer der Kreatur geschüttelt. Ich habe es oft gestreichelt und ihm gut zugeredet, aber es half nichts. Es lebte in einer fremden Welt und wußte nicht, wie sein Abenteuer ausging und ob es mit der vertrauten Hundewelt nicht endgültig aus war. Hier gab es keine Bäume, und wie schrecklich ist allein das schon für einen Hund! Alles roch fremd und unheimlich, und überall war die Welt an einem Geländer zu Ende. Draußen aber war das Feindliche. Da war für einen Hund das schlechthinnige Nichts. Er ahnte auch nicht, ob dieses Fremde je einmal aufhören würde und ob es noch einmal irgendwo Bäume und andere Hunde oder gar den vertrauten Geruch seines Herrchens geben würde. Man konnte ihm ja auch gar nicht klarmachen, daß diese fremde Schiffswelt unter dem Gesetz der Navigation stand und daß dieses blau gekleidete, zweibeinige Wesen, das ihm manchmal zusprach und vier goldene Armstreifen hatte, den Kurs kannte und den Termin wußte, an dem das alles zu Ende sein würde. Der arme Hund war zu einer kreatürlichen Form des Nihilismus verurteilt. Er trieb im Leeren und in einer endlosen Qual.

Auch auf der Rückfahrt hatten wir einen Hund, und obwohl er nur ein Schoßhund war und eine »halbe Portion«, obwohl er ein bißchen degeneriert war und seine verkümmerten Beinchen zitterten, so war er doch unvergleichlich getrösteter. Denn er hatte sein Frauchen bei sich. Auch er vermißte die Bäume und wußte nicht, was mit dieser fremden Welt los war. Aber wenn sein kleines Hundeherz allzu bänglich bibberte, dann sah er mit einem rührenden Blick, ich möchte sagen mit einem kreatürlichen Vertrauen, sein

Frauchen an, als wenn er sagen wollte: »Wo du bist, kann es ja nicht ganz so schlimm und ausweglos sein. Denn du bist doch ein höheres Wesen. Du hättest dich doch nicht in diese abstruse Welt, an der meine ganze Hundeweltanschauung zerbricht, hineinbegeben, wenn es nicht eines Tages damit zu Ende wäre und wir wieder in einer vernünftigen Welt mit Gerüchen, wie sie sich gehören, landen würden.«

Nicht nur aus dem Munde der Säuglinge, auch aus dem Blick von Hunden kann Gott sich ein Lob zurichten.

[III,278f]

Stoßgebet

Was geschieht denn eigentlich in mir, wenn ich mich als jemand, der sonst der Welt des Gebetes fernsteht, in der Not plötzlich dabei ertappe, daß ich durch ein Stoßgebet Verbindung mit Gott aufnehme? Wenn wir ehrlich sind, müssen wir einräumen, daß es uns dabei nicht darum geht, die *Hand* des Vaters zu suchen und im Windschatten seines Friedens vor jenen Stürmen geborgen zu sein, die uns umtosen. Wir reden eigentlich gar nicht den *Vater* dabei an, sondern nur unseren knurrenden Magen oder die Bomben, von denen wir bedroht sind, oder das Krebsgeschwür in unserem Leib, das wir fürchten. Ist das Brot dann da und sind wir wieder satt, ist die Geschwulst wegoperiert und unser Wohlbehagen wieder zurückgekehrt, so ist die Gebetsfrage für uns plötzlich nicht mehr aktuell. Sie schläft einfach wieder ein. Offenbar war es nicht der Geist Gottes, der uns hatte rufen lassen: »Abba, lieber Vater!«, sondern unsere Nerven waren es, die uns das Brot und die Granaten und das Geschwür als falsche Götter vorgegaukelt haben. Unsere Nerven haben uns veranlaßt, in Form eines Stoßgebetes nichts Geringeres als einen kleinen Beschwörungszauber zu vollziehen.

Wer aber zu beten (wirklich zu »beten«) entschlossen ist, der muß nach der *Hand* Gottes greifen, nicht nach den *Pfennigen* in seiner Hand. Wem es nur um die Pfennige geht, dem wird die Hand gleichgültig, nachdem er seinen Tribut empfangen hat. Denn dem war die Hand nur Mittel zum Zeck, damit sie ihm sein Trinkgeld gab oder ihn durch eine Gefahr hindurchriß. Danach stößt er die Hand wieder zurück. Denn sie ist nun nichts mehr nütze, sie hat ihre Schuldigkeit getan und kann sich zurückziehen.

Wenn wir Gott zum bloßen Popanz unserer Wünsche machen (auch wenn das auf die fromme Tour und in Gestalt eines Gebetes geschieht), dann verschließt er seinen Himmel, und wir sehen uns in das Schweigen unseres unerlösten Lebens zurückgeworfen. Wir sagen dann vielleicht, wenn es so stumm um uns wird: »Gott schweigt«, oder auch: »Gott ist gar nicht da.« – Er ist wohl *wirklich* nicht mehr da, tatsächlich: Er ist wirklich nicht mehr da – aber keineswegs deshalb, weil es ihn nicht gäbe, sondern – wie Léon Bloy einmal sagt – weil er sich »zurückgezogen hat« (Dieu se retire).

Auch Paulus kann Andeutungen in ähnlicher Richtung machen. Wir haben um eines Augenblickserfolges willen, vielleicht weil unsere Nerven uns einen Streich spielten, die segnende Hand Gottes zurückgestoßen und uns nach den Pfennigen gebückt, die ihr dabei entfielen.

[I,125f]

Konsumenten

Wir sind Konsumenten von Freiheit geworden. Produzieren wir sie eigentlich noch in unserem Leben? Kann man aber etwas produzieren, wenn man keine Nachschubquellen mehr hat?

Wir verschleißen nur noch eine ausrollende christliche Tradition. Der Motor ist abgestellt, aber das Schwungrad kreist noch eine Zeitlang weiter. Doch es wird immer langsamer. Schon rattern die Motoren ganz anderer Mächte, die eine neue Art von Dynamik bringen.

[XI,218]

Im Herzen des Menschen verborgen

Schuld und Würde

Das traurige Herz, das Gott gesehen hat
und nicht mehr zu ihm kommen kann –
das und nichts anderes ist die Hölle.

Wir wissen, daß die Welt nicht anders werden kann,
wenn unser altes Herz – dieses trotzige und verzagte Ding –
nicht *zuerst* anders wird.

Gott liebt uns nicht, weil wir so wertvoll wären,
sondern es ist genau umgekehrt:
Wir sind so wertvoll, weil Gott uns liebt.

Hölle

Genausowenig, wie es eine Lokalisierung der Hölle gibt, kann man auch *Termine* nennen, an denen sie für uns begänne. Die Hölle ist durchaus nicht nur der Zeit *nach* dem Tode oder *nach* dem Jüngsten Gericht zugeordnet, sondern sie kann uns schon (wie Luther gern betont hat) hier und jetzt in ihr dämonisches Kraftfeld ziehen. Denn sie ist die Gottferne in jeder Gestalt. Sie ist die äußerste Verlassenheit.

Wer keinen Halt mehr hat und keinen Sinn mehr erkennt und ins Bodenlose stürzt, der weiß, was »Hölle« ist. Der Verlust des liebsten Menschen, die Schlußqualen der multiplen Sklerose, der Anblick eines bestialisch ermordeten Kindes: das alles brauchte noch nicht die Hölle zu sein, solange ich die väterliche Hand halte, die sich in mein Dunkel reckt. Aber wenn ich in meinen Schmerzen *weder* den Sinn erkenne noch die Hand jenes Einen halte, der den Sinn weiß und dessen höheren Gedanken ich vertrauen kann, dann kommt es wirklich zu jener kritischen Ladung von äußerer und innerer Qual, die die »Hölle« sein kann. Denn das Schreckliche an der Hölle sind nicht die Brandblasen, die man an ihren angeblichen Feuern bekommt, sondern das Schreckliche an ihr ist das völlige Verstoßensein ohne Hoffnung und die verzehrende Gewissensqual, die keine Vergebung kennt.

So liegt das Wesentliche des Glaubenssatzes über die Hölle nicht darin, daß sie ein Zustand nach dem Tode sei. Das ist allenfalls ein Teilaspekt jenes Zustandes der Verstoßenheit, um den es hier geht. Ginge es bei ihr nur um eine postmortale Folgeerscheinung meines verfehlten Lebens, dann wäre ja alles ziemlich harmlos und brauchte einen im Augenblick noch nicht aufzuregen. Was geht uns das Morgen, was geht uns erst recht das »Plusquamfuturum« an! Heute ist heut', und noch *lebe* ich ja im Licht. Und nach dem zweiten Schlaganfall wäre immer noch Zeit, seinen Frieden mit Gott zu machen und den Teufel um seine Beute zu prellen.

Es ist aber sehr merkwürdig (das gilt auch für andere Glaubenssätze), daß die Bibel über die zukünftigen Dinge niemals so spricht, daß sie *nur* zukünftig sind, sondern immer und konsequent so, daß sie meinen jetzigen Lebensaugenblick förmlich umstellen und in ihn hineinfunken:

Wenn Jesus Christus wirklich einmal wiederkommen sollte, »zu richten die Lebendigen und die Toten« (nur angenommen!), sähe da nicht buchstäblich alles anders aus, was ich *jetzt* erlebe? Vielleicht erscheint mir im Augenblick nichts wichtiger, als daß ich ein Auto kriege oder daß meine Liebesaffäre klappt oder daß ich den großen Coup lande, von dem ich träume. *Wenn* aber Christus einst wiederkommt (nur angenommen!), dann sind plötzlich alle Wertmaßstäbe wie »wichtig« und »unwichtig« verwandelt; dann kommt mir das, was im Augenblick meine Leidenschaft wie Sauerstoff entflammte und mit sich fortriß, vielleicht wie eine Luftblase vor. Dann erscheint mir das alles vielleicht plötzlich nicht mehr wie ein *Ziel,* sondern wie etwas, das mich gerade von meinem Ziel *abkommen* läßt. Die kommende Herrlichkeit, von der die Botschaft der Bibel kündet, wirft ihren Schatten weit zurück und trifft mich in *diesem* Augenblick. Ein Kind, das auf Weihnachten wartet, ist ja nicht erst am Heiligen Abend selbst von Freude erfüllt, sondern die Erwartung prägt und beglückt und beflügelt es schon lange vorher. Wer es wissen darf, daß dic Erlösung sich naht, erhebt schon jetzt sein Haupt, und er kann furchtlos lachen, wo andere in Deckung gehen.

Wenn es wirklich diese Möglichkeit des absoluten Scheiterns, des Verstoßenseins gibt (nur angenommen!), dann trifft mich der Anhauch dieses Schrecklichen schon jetzt und hier, und dann wird es zu einer Aktualität, die mein Leben verändern kann. Dazu bedarf es dann keineswegs so sadistischer Vorstellungen wie der, daß man auf höllischen Rösteisen gegrillt wird. Es kommt mir entscheidend darauf an, daß wir das begreifen: *Jetzt* stehen wir vor der Möglichkeit jenes Scheiterns und der unrevidierbaren Verfehlung unseres Lebensthemas. *Jetzt* wandern wir am Rande des tödlichen Kraters.

Eine sehr bekannte und bedeutende Frau erzählte mir einmal von ihrem kleinen achtjährigen Sohn, den die Frage von Himmel und Hölle sehr beschäftigte, wie das ja manchmal bei Kindern der Fall ist. Bei Tisch sagte er zu einem Diplomaten, den er in einen Disput darüber verwickelte: »Ich glaube nicht, daß es eine Hölle gibt; und Papa und Mama glauben es auch nicht.« Der Diplomat, der durch die Zitierung der hochgestellten Eltern etwas in Verlegenheit gebracht war, wollte trotzdem nicht »kneifen« und ging auf den kindlichen Ton seines kleinen Tischgenossen ein, als er erwiderte: »Ja, wenn es keine Hölle gibt, wohin sollen dann die bösen Menschen kommen?« Da sagte der kleine Prinz: »Die bösen Menschen kommen auch ins Paradies, nur mit traurigem Herzen.«

So einfach lassen sich diese Dinge tatsächlich sagen. Denn der kleine Mann gehörte zu jenen Unmündigen, aus deren Munde sich Gott ein Lob zurichtet: Das traurige Herz, das Gott gesehen hat und nicht mehr zu ihm kommen kann – das und nichts anderes ist die Hölle.

Wir aber leben noch in der angenehmen Zeit, in der Stunde der Verheißung, und die Tür zum hochzeitlichen Saal ist geöffnet. Wir würden es aber nicht ernst nehmen, daß sie eben eine Tür ist, wenn es uns an Klarheit darüber gebräche, daß nicht wir, sondern ein anderer über den Schlüssel verfügt und daß die Türe verschlossen sein könnte, wenn wir die Öffnungsfrist versäumen.

[II,157–159.168]

Himmel

Einmal, so wird berichtet, traf sich der amerikanische Kosmonaut Glenn mit seinem sowjetischen Kollegen Titow. Der ideologisch offenbar wohlgeschulte Russe fragte den Amerikaner mit etwas süffisantem Lächeln: »Sind Sie auf Ihrem Raumflug vielleicht dem lieben Gott begegnet?« Der also Angeredete erwiderte: »Der Gott, an den ich glaube, ist nicht von der Art, daß man ihn aus der Luke eines Raumschiffes sehen könnte.« Ob der Sowjetmann durch diese Antwort wohl zu einer kleinen Nachdenklichkeit angeregt wurde? Ob seine Feststellung: »Ich habe im All keinen Mann mit einem langen Bart gesehen«, ihm danach vielleicht genauso töricht vorkam, wie uns Heutigen die Bemerkung des Pathologen Rudolf Virchow erscheint: »Ich habe unzählige Leichen seziert, aber nie die Seele gefunden« –? Werden hier nicht, wenn man so unkontrolliert daherredet, ganz verschiedene Dimensionen des Seins durcheinandergebracht?

Die englische Sprache hat es hier leichter, sorgsamer und genauer zu unterscheiden. Denn sie hat zwei ganz verschiedene Begriffe für den Himmel: einen für den atmosphärischen Himmel, den die Meteorologen bei ihren Wetterkarten meinen und der auch uns vor Augen steht, wenn wir nachts zum sterneübersäten Firmament aufblicken oder wenn wir im Dünensand liegen und uns braun brennen lassen. Dann reden sie von »sky«. Aber daneben haben sie ein anderes Wort für Himmel, »heaven«, das keine kosmische, sondern eine geistliche Dimension bezeichnet und vom Throne Gottes spricht. Dieser Himmel ist nicht einfach »oben«, so daß man die Augen zu ihm erheben müßte, sondern er umgibt uns von allen Seiten.

Der Himmel ist kein oberer Raum, in den wir aufblicken, sondern der Hintergrund unseres Daseins. Und er ist die alles umgreifende Herrschaft Gottes, in der wir mitteninne stehen.

Wenn man das einmal erfaßt hat, wird einem klar, daß der Himmel als Raum nur eine Vorstellungsweise darstellt, die mit der gemeinten Sache selbst keineswegs identisch ist. Wir müssen ja auch sonst im Leben immer wieder unterscheiden zwischen der *Sache,* die wir meinen, und der *Vorstellung,* die wir uns davon machen. Ein Kind kann sich wohl tatsächlich Gott nur als einen alten Mann mit einem langen Bart vorstellen. Warum auch nicht? Aber wenn es älter wird, merkt es schon, daß das nur ein kindliches Bild gewesen ist, mit dessen Hilfe es sich Weisheit, Güte, Geborgenheit und das Wunder eines väterlichen Herzens »vorstellte«. Und wie wir das Bild der Vater-Gestalt zu überwinden lernen, ohne damit doch das Wunder des väterlichen Herzens preiszugeben, so müssen wir auch mündig genug werden, um den Himmel als bloßen »Raum« (als den »blauen« Himmel in unserer Phantasie) zu liquidieren und um Gott nicht in der Höhe, sondern in der Tiefe des Seins zu suchen.

[II,240–242]

Glauben im Huckepack

Vor einiger Zeit sagte jemand einem Freund: »Seit dem Kriege kann ich nicht mehr glauben. Ich habe zuviel Finsternis gesehen. Aber ich lebe davon, daß es Menschen gibt, die glauben können.« Er blickte also gleichsam auf Stellvertreter, die beten können und denen das Vertrauen geschenkt ist, das ihm selber versagt zu sein schien.

Auch ich habe es manchmal erlebt, daß jemand für seine Person zwar keinen Glauben praktizierte, dennoch aber die nicht missen mochte, die von diesem Glauben leben. Es war fast wie ein Huckepack-Unternehmen: Man fuhr geistlich nicht mit eigenem Dampf, man ließ sich sozusagen von anderen mitnehmen und lebte mit von dem, was diesem zuteil wurde. Es war wie ein Schmarotzertum höherer Ordnung. Das ist sicher ein sehr unmündiger, fast ein infantiler Glaube, der kaum noch den Namen verdient. Und doch gibt es Augenblicke, wo wir alle, auch die sogenannten gestandenen Christen, leer und ausgebrannt sind, wo wir »nichts fühlen von seiner Macht« und wo die Finsternis des Nichts uns wie ein Strudel in sich hineinziehen will. Dann fällt uns nichts Erbauliches mehr ein, und selbst unser Gebet sinkt mit müden Schwingen wieder von der Zimmerdecke herunter. Dann kann der Moment gekommen sein, wo es uns wichtig wird, daß *andere* glauben und daß wir in ein Gebet hineinkriechen, das *andere* formuliert haben und das wir irgendwo gedruckt finden. Dann kommt die Stunde des »Huckepack-Glaubens«.

Sprechen wir nicht deshalb auch das Gebet des Herrn nach, weil es von jemandem stammt, der aus jener Nähe Gottes kommt, die uns versagt ist? Oder wir lesen einen Choral, vielleicht Paul Gerhardts »Befiehl du deine Wege«. Wir lesen ihn in tiefster Betrübnis und Ausweglosigkeit, ohne die Spur einer eigenen Kraft, und lassen uns eben dann von Paul Gerhardts Glauben huckepack nehmen. Und hat Zacharias es nicht ebenfalls so gemacht, wenn er die großen Glaubenden aufzählt, die Gottes Herrlichkeit erfuhren? War nicht auch er manchmal von lauter Hoffnungslosigkeiten umstellt?

Vielleicht ist dies das letzte, was uns bleibt, wenn die dunklen Wogen übermächtig werden wollen: daß es eine Gemeinde gibt, die lobt und dankt und die stellvertretend für mich ihre Hände erhebt, während ich selbst keinen Ton mehr herausbringe oder auf einem Krankenlager oder als Sterbender meiner Gedanken und Worte nicht mehr mächtig bin.

Um mich herum lebt Jesus Christus in seinen Zeugen. Ihr Lobpreis darf nie verstummen, auch wenn das eigene Herz tot und der Mund versiegelt ist. Zwischen mir und jeder Finsternis steht Jesus Christus, und es gibt kein Dunkel, mit dem jenes Licht nicht fertig würde, dessen Anbruch der Lobgesang des Zacharias bezeugt.

[I,225f]

Menschen wie wir

Wenn wir die großen Zeugen der Bibel hören, dann begegnen wir ja keineswegs Leuten, die durch faszinierende Erlebnisse geprägt sind – durch Erlebnisse, die wir so *nicht* haben: Leuten in einer strahlenden Gewißheit und Selbstsicherheit, die uns heute unerschwinglich ist. Sondern wir sehen lauter Menschen, die aus der Tiefe rufen (wie wir!), die von Schicksalen umzingelt waren, die Gott in Frage zu stellen schienen (wie wir!) und die sich dennoch unter Schmerzen und namenlos getröstet zur Gewißheit jenes Bundes durchrangen, den Gott ihnen zugesagt hatte, und zu der »herzlichen Barmherzigkeit«, die ihnen wie ein leuchtendes Gestirn zur Orientierung diente, wenn das Dunkel des Lebens sie umfing.

Es ist ein namenloser Trost, in dieser Gesellschaft zu sein: nicht also unter Heroen des Geistes oder des Glaubens, die souverän über alle Erdennot erhaben sind (als ob es das überhaupt gäbe!), sondern unter Menschen wie du und ich, die verzweifeln müßten, wenn Gott sie mit seinem Frieden nicht immer wieder umfinge. Nicht unter Heiligen und moralischen Renommierexemplaren, sondern unter schwachen und unterliegenden Menschen, die aber immer neu aufgerichtet werden. Denn sie glauben der Versicherung, daß ihnen die Sünden vergeben sind und daß weder Tod noch Leben, weder Gegenwärtiges noch Zukünftiges sie von der Liebe Gottes scheiden darf.

[I,222f]

Sinnlosigkeit

»Gott ist tot«, das heißt jedenfalls: Er ist uns gestorben, er ist abwesend, er bedeutet uns nichts mehr. Die Welt ist sich selbst und ihren eigenen Gesetzen überlassen. Das und nichts anderes ist der Grund dafür, daß es das blinde Würfelspiel des Zufalls und daß es sinnloses Leiden gibt. Das ist auch der Grund dafür, warum alle Versuche gewaltsamer Sinndeutungen nur Versuche am untauglichen Objekt sind und warum sie zur Illusion und zum »Dichtererschleichnis« führen. In der großen Tod-Gottes-Vision Jean Pauls erwachen die toten Kinder in ihren kleinen Gräbern und fragen den Gottessohn: »Jesus! Haben wir keinen Vater?« – Und er antwortet mit strömenden Tränen: »Wir sind alle Waisen, ich und ihr, wir sind ohne Vater.« Und weil kein Vater ist, ruft Jesus: »Starres, stummes Nichts! Kalte, ewige Notwendigkeit! Wahnsinniger Zufall!«

Darum hat auch das Leiden des Blindgeborenen und erst recht das so viel größere Leiden der vergasten Juden keinen Sinn, sondern es beruht nur auf willkürlichen, eben zufälligen Überschneidungen von Kausalitätsketten. Und aus diesem Grunde (dieses Wort fiel auf dem Kölner Kirchentag) kann man nach Auschwitz nicht mehr das Loblied singen: »... der alles so herrlich regieret«. Was wir erlebt haben, ist nur ein Exzeß des Wahnsinns, aber es ist weiß Gott nicht »herrlich« und ist weiß Gott auch kein Zeichen dafür, daß wir »regiert« werden. Wir sind allein, dem Spiel von Kraft und Stoff überlassen. Wir sind allein, so sagt Jean Paul, in der »weiten Leichengruft des Alls«.

Wer von uns wagt gegenüber diesen ehrlichen Verzweiflungen noch den Mund aufzutun? Wer ist aus der konventionellen Gemeinde überhaupt bereit, diese Rufe aus der Tiefe, diesen Schrei aus der Gottesfinsternis auch nur zur Kenntnis zu nehmen? Sollen wir weiter – unberührt davon – unsere Liturgien zelebrieren, während Brüder und Schwestern dicht neben uns von der Sinnlosigkeit des Leidens erdrückt werden, während das Antlitz des Vaters im Himmel ihnen entschwindet und sie sich mit letzter Kraft gerade noch an den Menschen Jesus von Nazareth klammern?

Die theoretischen Argumente, die man gegenüber dieser Vision der Leere und der verlassenen Mondlandschaft geltend machen könnte, wollen einem im Halse steckenbleiben. Selbst das biblische Wort gegenüber den Rätseln des Menschengeschicks: »Was ich tue, das weißt du jetzt nicht, du wirst es aber hernach erfahren« – selbst dieses Wort will uns kaum über die Lippen. Könnte der Hinweis auf den »hernach« sich enthüllenden Sinn nicht ebenfalls Illusion sein?

Nur *einer,* so meine ich, hätte das Recht und dann auch die Legitimation, dieses »Dennoch« des Glaubens zu sprechen und den lebendigen Gott in seiner Anwesenheit zu bezeugen – allen Wüsten des Schweigens und aller Sinnlosigkeit zum Trotz. Dieser eine, der das dürfte und dem wir das abnehmen könnten, müßte ein Christ sein, der das Lob Gottes mitten im finstern Tale *selbst* zu singen vermocht hätte, in jenem Augenblick also, wo ihn kein väterliches Antlitz, sondern wo ihn nur die Fratze des seelenlosen Schicksals anzublicken, anzustarren schien. Wer den lebendigen Gott nicht nur in feierlichen Domen und nicht nur im Rahmen bürgerlich-christlicher Tradition zu loben wußte, sondern wer diesen Lobgesang anzustimmen vermochte beim Eintritt in die Gasöfen und unter den Folterungen der Henker, wer das könnte: der *allein* hätte den Spuk und den Alptraum vom Tode Gottes vollmächtig widerlegt und zum leeren Schaum degradiert. Dem allein könnten wir den Satz »... der alles so herrlich regieret« noch abnehmen.

Hat es denn solchen Lobgesang in der Hölle je gegeben? Haben wir Zeugnisse, daß einer den Himmel offen sah, wo andere nur einen verlassenen Thron Gottes erblickten?

Wir wissen von Stephanus (Apostelgeschichte 7,54ff), daß er den Himmel offen sah, als der Steinhagel seiner Mörder ihn traf, und daß er seinen Herrn zur Rechten Gottes erblickte. Bei der Rede, die zu seiner Hinrichtung führte, so heißt es, habe sein Angesicht geleuchtet wie eines Engels Angesicht (Apostelgeschichte 6,15) – während doch die Tötung eines Zeugen gerade die Widerlegung Gottes zu sein scheint. Genau dasselbe Zeugnis wider den Tod Gottes ist aber auch in *unserer* Zeit abgelegt worden: in Auschwitz und Dachau und Ravensbrück, auch im Warschauer Getto. Carl Zuckmayer berichtet in seinen Erinnerungen von einem katholischen Pfarrer, der im KZ Ravensbrück jeden Morgen, wenn der Pfiff zum Wecken aufschrillte, mit lauter, über den Lagerplatz hallender Stimme das Gloria Patri sang – allen Prügeleien und Quälereien zum Trotz, die er täglich dafür auszuhalten hatte. Und Heinrich Grüber erzählt in seiner Biographie eine ähnliche KZ-Szene: Der Seelsorger des Lagers, ein Mit-Leidender und ein Tröster seiner Kameraden, ein fester Halt dieser schwer geprüften Gemeinschaft, wird zur Tötung abgeholt – wahrhaftig das Sinnloseste in einer an sich schon sinnlosen Situation. War dies nicht wirklich eine ostentative Widerlegung Gottes, ein schauriges Zeugnis für seinen Tod? Und in diesem Abgrund, wirklich in diesem Abgrund der Verlassenheit, kommen nun die Christen im Lager heimlich zusammen. Sie schämen sich ihrer Tränen und ihrer Gedankennot nicht, aber sie beten den 56. Psalm, der in einen Lobgesang mündet:

»Sammle meine Tränen in deinen Krug,
Ohne Zweifel, du zählst sie …
Doch dieses weiß ich, daß du mein Gott bist …
Ich will rühmen des Herrn Wort …
Was können mir Menschen tun?«

Nicht wahr: Hier wird in actu, hier wird inmitten der Situation des göttlichen Schweigens jene Rühmung und jenes Bekenntnis gesprochen, von dem man später sagen wird, daß dieses nach Auschwitz nicht mehr möglich sei.

Wer von beiden hat recht?

Ich glaube, daß gerade der Ernstfall die eigentliche Tiefe dessen freigibt, was unser Glaube an Wahrheit enthält. In Auschwitz und Ravensbrück war der Ernstfall. Und hier wurde Gott gelobt. Wir sollten auf diese Zeugen des Ernstfalles hören.

[I,263–266]

Haltung und Halt

Es stimmt nicht, daß der Mensch ohne Glauben schlecht wäre und im Leben versagen müßte. Im Gegenteil:

Es gibt großartige Ungläubige, die uns Christen beschämen. Und wer weiß, wie der Herr des Jüngsten Gerichtes sie einmal plazieren wird! Ich glaube, unseren Überraschungen sind hier keine Grenzen gesetzt. Ich erinnere mich einer ungläubigen Mutter, die seit Jahrzehnten mit der Kirche gebrochen hatte. Nun traf ich sie immer wieder am Bett ihres qualvoll sterbenden Sohnes und beobachtete, wie sie ihn mit stiller Gelassenheit pflegte, ihn bei seiner letzten Not in ihre Mütterlichkeit förmlich einhüllte. Sie ließ sich keine Spur davon anmerken, wie sie selber von Schmerz und Angst zerfressen war. Unter diesem Eindruck sagte ich ihr einmal spontan: »Ich bewundere Ihre Haltung.« Da gab sie mir die verblüffende Antwort: »Nun ja, Haltung vielleicht, aber schauen Sie bloß nicht dahinter. Ich habe überhaupt keinen Halt.«

Dieses ungläubige und verzweifelte, aber doch sehr tapfere Wort ist mir lange nachgegangen. Mir wurde dabei überhaupt erst klar, was Glaube heißt. Glaube heißt nämlich, einen Halt haben und dadurch in jenem Fundament gründen, das Gott gelegt hat und das er letztlich selber ist. Das darf man sich freilich nicht so vorstellen, als ob der Glaube ein bequemes Polster wäre, auf dem ich mich selbstsicher breitmachen könnte. Dann wäre der Glaube ja nur die Religion der Spießbürger, und die Dogmen wären ein Bunker, in dem die Feigen sich verkröchen und vor den Unbilden des Lebens Schutz suchten. Wäre der Glaube wirklich so ein Druckposten für die Bequemen und Feigen – dann fände ich es sehr viel respektabler, an *nichts* zu glauben und in der Trostlosigkeit des Zufalls und des Nichts auszuharren, um ohne Illusionen wenigstens »mit Haltung« das Leben zu bestehen.

Der Grund, darauf ich gründe, und der Halt, von dem ich gehalten bin, sind aber gottlob etwas ganz anderes als das Gängelband der Schwachen und als das Ruhekissen der Bequemen. Wir brauchen nur einmal die großen Glaubenden anzusehen, die uns der Bilderbogen der Bibel vor Augen malt: War es etwa bequem für Noah, der Verheißung Gottes zu glauben, daß er ihn in einer Arche retten würde? Doch sicher nicht! Er machte sich eher lächerlich und zog sich den Spott der Leute auf den Hals, als er bei strahlendem Sonnenschein und auf dem platten Lande ein abenteuerliches Schiff zu konstruieren begann. Und war es für Abraham eine Kleinigkeit, aus seinem Vaterland und aus seiner Freundschaft in die ungewisse Fremde zu wandern, nur weil ihm die Verheißung zuteil wurde, daß die hohe und gute Hand ihn Schritt für Schritt ins Unbekannte geleiten und an Ziele bringen würde, um die sie allein wüßte? War es die pure Selbstverständlichkeit, wenn der Psalmist im Glauben sagen konnte: »Dennoch bleibe ich stets an dir?« Damit signalisiert er doch herüber: Es spricht alles dagegen, daß es eine Gerechtigkeit gibt, daß eine höhere Regie über der Welt waltet und daß es jemanden gibt, der sich für mich interessiert. Aber dennoch: Ich halte an dir fest, ich dringe im Blindflug durch den Nebel und weiß, daß du mich auf der andern Seite erwartest.

So ist das also: Der Friede Gottes, dem ich vertraue, ist nicht etwas, worauf ich sitze, sondern er ist etwas, wonach ich mich strecke. Der Halt, von dem ich gehalten bin, und der Grund, darauf ich gründe, ersparen mir nicht die Abgründe, aus denen ich rufe. Das Leben Gottes, das mir verheißen ist, erspart mir nicht die Wehen des Todes, durch die ich dringen muß. Und die Gewißheit, daß weder Tod noch Leben, weder Gegenwärtiges noch Zukünftiges mich scheiden können von der Liebe Gottes (Römer 8,38f), erspart es mir nicht, daß Angst nahe sein kann, daß Sinnlosigkeit mich umstellt und daß der morgige Tag wie der Berg ist, der über mich rollen will.

Darum gehört das »Dennoch« genauso zum Glauben wie der Kelch des Leidens zu Gethsemane und wie Golgatha zum Wunder des dritten Tages. Manchmal ballt es sich knüppeldick vor mir, und ich weiß nicht, wie ich hindurchkommen soll. Aber dann wird mir die Gnade des Dennoch geschenkt, weil plötzlich der neben mir ist, der ein Mensch war wie du und ich und der den Druck der gleichen Misere auf sich nahm. Dann ist mit ihm zusammen auf einmal die Schallmauer durchbrochen, und ich bin wieder im Weiten und erlebe das Wunder des Hindurch.

Mancher verbaut sich den Zugang zu diesem Abenteuer des Glaubens dadurch, daß er meint, er müsse irgend etwas Frommes *fühlen,* er müsse es an seinen Nerven spüren, wenn das Erlebnis des Glaubens mit seinen religiösen Schauern über ihn kommt. Wer aber die Glaubensrezepte der Bibel in Anspruch nimmt, wird von diesem Wahn einer falschen Erwartung kuriert. Es ist erstaunlich, daß das subjektive Erlebnis des Glaubens, daß das religiöse Fühlen überhaupt kein Thema ist, mit dem die Bibel sich ausgibt. Für heutige Menschen, die psychologisch so lebhaft interessiert sind, ist das zweifellos verwunderlich. Und wenn wir gar an das Apostolische Glaubensbekenntnis denken, dann ist von Fühlen und Erleben schon gar nicht die Rede, um so mehr aber von dürren Fakten, von nüchternen Ereigniskatalogen, die von der Weihnachtsnacht bis zur Himmelfahrt reichen. Der »religiöse Mensch« (und wer wäre das nicht?) sehnt sich nach Schauern frommen Erlebens und wird statt dessen mit »Dogmen« abgespeist!

So *scheint* es jedenfalls. Und man möchte fragen, ob denn die Menschen der Bibel überhaupt Nerven, ob sie überhaupt so etwas wie emotionale Wallungen gehabt haben mögen oder ob sie nicht seelisch stumpf gewesen seien. Natürlich haben sie das alles erlebt und empfunden. Nur daß sie davon nicht reden! Die biblische Josephsgeschichte zum Beispiel ist sehr viel nüchterner und unpsychologischer als Thomas Manns breit ausladender Roman über die Josephslegenden. Warum ist das so? Ganz gewiß nicht deshalb, weil die Menschen der Bibel an übertriebener seelischer Keuschheit gelitten und innere Erlebnisse nicht gerne preisgegeben hätten. So zart besaitet sind diese Figuren ja gar nicht! Und wenn sie in einen heutigen Salon träten, würden die Teetassen sicher klirren und das gewienerte Parkett würde erblinden. Es hat durchaus sachliche und realistische Gründe, daß das Erlebnis des Glaubens und daß die frommen Nervenschauer hier keine Rolle spielen.

Ich möchte diese Gründe an einem ganz alltäglichen, fast banalen Vorgang verdeutlichen: Wenn ein Junge zum erstenmal ein Mädchen liebgewinnt, dann ist er ganz von dem Wunder dieses lieblichen Geschöpfes gebannt. Ihre Augen, ihre Gestalt, der Klang ihrer Stimme und der Charme ihrer Bewegungen, das alles fasziniert ihn. Und erst nachher, wenn er etwas zur Besinnung kommt, stellt er sich wahrscheinlich die Frage, ob das wohl die berühmte »Liebe« ist, die er da gespürt habe, ob es das ist, was die Romane meinen, wovon die Erwachsenen tuscheln und was der Film in seinen Liebesszenen vorspielt. Sieht man genauer hin, dann ist es doch so: Der junge Mann *hat* sich ja gar nicht nach dem Eros gesehnt, er *hat* gar nicht gedacht: Ich möchte einmal das Gefühl der Verliebtheit erleben, sondern er hat ganz einfach das Mädel bezaubernd gefunden. Das war alles. Und das hat ihn dann so ausgefüllt, daß ihm seine Gefühle gar nicht mehr auffielen. Er merkte überhaupt nicht, daß er selbst ein Liebender war, sondern er wußte nur, daß er jemanden liebte. So ist das! Und wenn er seinem Freunde davon erzählte, dann hat er nicht von seinen Gefühlen, sondern dann hat er von dem Mädel berichtet.

So alltäglich und weltlich-allzuweltlich das alles ist: Es zeigt in vereinfachten Linien genau das auf, was auch im Glauben geschieht. Als der ungläubige Thomas durch die Erscheinung des Auferstandenen überwältigt war und nur noch in die Worte ausbrechen konnte: »Mein Herr und mein Gott«, hat er gar nicht gemerkt, daß er plötzlich ein »Glaubender« geworden war und daß ihm das Erlebnis einer erlösenden Gewißheit und ganz gewiß auch fromme Schauer zuteil wurden. Sondern er sah nur den Heiland vor sich, der ihn gesucht und nun gefunden hatte, der ihn aus aller Qual des Zweifels herausriß und der sein Leben von nun an mit Glanz und Freude, mit Ordnung und Zielsicherheit erfüllen würde.

Wer Christus findet, den füllt er so aus, daß er seinen Glauben förmlich vergißt. Er ist dann im strengen Sinne »selbstvergessen« und hat keine Zeit, an religiöse Erlebnisse zu denken. Das ist der Grund, warum die biblischen Menschen ihren *Heiland* bezeugen und nicht ihren *Glauben.* Einem von ihnen war es sogar nicht einmal sicher, ob er überhaupt glaubte – vielleicht fühlte er noch nichts –, aber Jesus stand ihm groß vor Augen, und er sagte zu ihm: »Ich glaube, lieber Herr, hilf meinem Unglauben« (Markus 9,24). Ob nicht gerade er vielleicht am tiefsten geglaubt hat, sehr viel tiefer womöglich als manche Kirchenchristen, die alle Dogmen des Katechismus auf einmal herunterschlucken und auf Verlangen auch herunterschnurren? Vielleicht weiß ich nicht, *ob* ich glaube, aber ich weiß, an *wen* ich glaube. Wer nur fromme Erlebnisse will, erlebt jedenfalls gar nichts. Er ist bestimmt der Geprellte. Aber wer Christus bei sich aufnimmt, der *erlebt* zwar etwas, doch er merkt es kaum noch. Denn das Wunder des neuen Lebens, das Glück der Vergebung und die Befreiung von Angst läßt ihn unausgesetzt auf diese Gestalt sehen, von der Ströme des lebendigen Wassers in sein Leben dringen, um die Wüste seines verlorenen Herzens urbar zu machen und das Wunder des Neubeginns zu schenken.

[II,24–29]

Brücken

Wenn ich sagen sollte, was mir das größte Geschenk ist, das uns im Betenkönnen zuteil wird, dann möchte ich sagen: Das größte ist, daß wir durch die Zwiesprache mit unserem Vater in seine Nähe kommen, daß wir seinen Frieden inmitten aller Unruhe schmecken und einen Halt gewinnen gegenüber allem, was uns umdrängt und zu Boden werfen möchte.

Wenn uns Gott ein Gebet gelingen läßt und sein Angesicht dann über uns leuchtet, haben wir manchmal beim Amen schon die Wünsche vergessen, die uns ursprünglich ins Gebet getrieben haben. Sie sind auf einmal unwesentlich geworden, weil es uns überwältigt, zu wissen, daß uns auf *jeden* Fall das widerfahren wird, was uns zum Besten dienen muß.

So kommt es nicht darauf an, ob uns ein Unglück trifft oder nicht, sondern ob wir den Ort der Zuflucht kennen und den Raum unter dem Schatten seiner Flügel (Psalm 57,2). Es kommt nicht darauf an, ob wir uns verfolgt und alles gegen uns zu haben wähnen, sondern ob wir das Haupt zum Freunde haben und geliebt bei Gott sind.

Das Turmgebälk der Michaeliskirche mochte in Feuerstürmen niederbrechen und verkohlen. Aber nachher kam ein Künstler und schnitzte aus den so schwer verwundeten und verkohlten Balken einen Engel mit einem tröstenden und unsagbar ruhigen Antlitz. So ist auch Gott ein Künstler, der trotz unseres Flehens manches in unserem Leben zerbrechen läßt, woran unser Herz hängt. Denn seine Gedanken sind höher als unsere Gedanken. Doch dann baut er aus den Trümmerbalken unseres Lebens Brücken und Stege, auf denen er uns über alle Abgründe geleitet. Und keine Tiefe darf uns verschlingen.

[I,132]

Selbstvergessen

In ihrer Einfalt verblüffend ist eine Äußerung, die Gerhard Nebel einmal tut, wenn er die Gestalt einer Krankenschwester schildert, die ihm großen Eindruck gemacht habe, weil sie völlig in sich ruhte, weil sie ausgeglichen war und Frieden und Behütung ausstrahlte. Dazu bemerkt er: »Die Selbstaufopferung – also das Ganz-für-den-Nächsten-da-Sein – ist das einzig wirksame Heilmittel für Neurosen und Depressionen.«

Dieses Rezept ist fast frappierend einfach: Wer unter Depressionen leidet, wird in unendliche Akte des Nachdenkens und Grübelns entführt. Er sinniert über das, was ihn da ängstigt, was ihn als Leere umstellt oder an zukünftigen Schrecken auf ihn zukommt. Damit geht es aber nie zu Ende, denn dieses Grübeln verfolgt eine falsche, eine ausweglose Fährte. Es kreist nämlich immer nur um ihn selbst. Er fragt ja fortgesetzt: »Wo finde *ich* meine Erfüllung, wo finde *ich* meinen Frieden?« Solange ich mich aber selbst so zum Thema mache und die ganze Welt sich um meine Person bewegen lasse, finde ich gerade keine Ruhe.

Ich erinnere mich an eine Gesprächsrunde, in der wir über die menschlichen Lebensalter sprachen. Einer aus diesem Kreis erwähnte dabei eine ältere Frau seines Bekanntenkreises und sagte von ihr: »Sie hat es gut; sie braucht für niemanden mehr zu sorgen und kann ganz ihren Interessen leben.« Ich war darauf so keck, die Frage zu stellen: »Ist diese Dame nicht vielleicht etwas wunderlich? Ist sie eigentlich glücklich dabei? Ist es nicht schrecklich, für niemanden mehr sorgen zu dürfen?« Und die Antwort lautete dann: »Es ist tatsächlich so: Sie fühlt sich gar nicht wohl; sie hat hundert Wehwehchen, und der Arzt sagt, es sei psychisch bedingt.« Sie kreiste also um sich selbst, und ihr Leiden war gerade die Sinnlosigkeit ihrer Existenz. Selbst das Grübeln und Sinnieren über den Grund dessen, was sie da in immer neuen Gestalten bedrückte, konnte den Bannkreis dieser Zirkelbewegung nicht sprengen, sondern riß sie nur noch tiefer in den Strudel hinein. Die Lösung ihrer Lebensfrage hätte dort gelegen, wo es ihr gelungen wäre, »selbstvergessen« zu sein.

»Der lebt am allerbesten«, sagt Luther einmal, »der sich nicht selbst lebt; und der lebt am allerärgsten, der sich selbst lebt.« Nur wer selbstvergessen ist, findet den Frieden Gottes und ist dann im Sinn seiner höheren Gedanken auch geborgen. Ich kann Gott eben nur dort erreichen, wo er für mich dasein will: in meinem Mitmenschen, dem ich selbstvergessen helfe, für den ich da bin und den ich liebe.

[I,154f]

Vertrauen

Das Vertrauen, das wir Christen als unseren Glauben bezeugen und aus dem wir leben und sterben möchten, meint nun keineswegs nur, daß wir in allen noch so verzweifelten Situationen einfach stillehalten und uns blindlings dem »höheren Ratschluß Gottes« fügen sollten, auch wenn wir nichts mehr verstehen. Sondern es ist doch so: *Indem* wir stillehalten und zu sagen wagen: »Dein Wille geschehe!« greift unser Vertrauen sehr viel *weiter* aus. Wir wissen, daß der, dem wir unser Schicksal getrost anvertrauen, zugleich über die Macht verfügt, es zu wenden. Er ist nicht nur bei uns im Schiff, sondern er ist auch Herr über die Mächte und Elemente, denen das Schifflein preisgegeben ist. Wind und Wellen unterstehen seinem Gebot. Auch die Gedanken und Emotionen der menschlichen Seele, ja der Völker (Psalm 33,10) sind seines Winks gewärtig, und auf sein Geheiß müssen sich legen »die stolzesten Wellen« (Hiob 38,11).

Darum dürfen wir getrost auch in eine dunkle Zukunft aufbrechen – einfach deshalb, weil ja die Verheißung kein Ende hat. Die Menschen Gottes sind immer ins Dunkle und Ungewisse entboten worden. Abraham wurde in ein Land gewiesen, das er nicht kannte, und er hatte nichts bei sich als die Gewißheit, daß die Verheißungen *mit* ihm gehen würden. Und auch uns ist unbekannt, was schon übermorgen sein wird. Wir sollen nicht einmal »für den anderen Tag sorgen«, sondern nur den nächsten Schritt entschlossen tun und dann dessen gewiß sein, daß auch die Geschicke des neuen Tages nichts über uns verhängen dürfen, was der Zensur unseres himmlischen Vaters entgehen dürfte. Es wird uns auch morgen und übermorgen nichts anderes widerfahren und treffen, »als was er hat ersehen und was uns selig ist«.

Darum gehen wir entschlossen, aber auch getrost wie ein Kind ins Dunkel, ohne jenen zermürbenden Zwiespalt, der uns zwischen Furcht und Hoffnung hin- und herreißt, sondern in jener Einfalt des Herzens, die uns auf die Lilien des Feldes und die Vögel unter dem Himmel blicken läßt.

Aber in diesem Vertrauen gehen wir nun auch los und *handeln* wir, da kämpfen wir auch und ringen um eine bessere Welt. Aber wir machen die Rechnung unseres Lebens nicht ohne den Wirt. Wir »verlieren« uns nicht an Programme und setzen unser Vertrauen nicht auf Utopien. Wir wissen, daß die Welt nicht anders werden kann, wenn unser altes Herz – dieses trotzige und verzagte Ding (Jeremia 17,9) – nicht *zuerst* anders wird. Einem Herzen, das kein Vertrauen hat und das vom Zwiespalt zwischen Furcht und Hoffnung, Gespenster-Angst und Illusionen hin- und hergerissen ist, können auch nur verwirrte Gedanken entsteigen.

Darum geht der Anruf Jesu, der uns zur Liebe entbietet, nicht nur unser persönliches Leben und nicht nur unser privates Verhältnis zum Mitmenschen an. Wo das Herz und alle Kräfte des Gemütes zur Liebe entzündet werden, da entsteht an einer Stelle ein Brand, der alle Grenzen sprengt und der auf die Gesellschaft, auf den Staat und auf alles übergreift, mit dem Menschen in Berührung kommen, für die Gott *alles* ist.

Wer wagt es, damit zu rechnen? Wer wagt es, dieser Verheißung zu vertrauen? Gott braucht Menschen, mit denen er wirken kann, Menschen, die frei geworden sind, um die Wunder fassen zu können, die er uns zusagt.

[I,176f]

Sokratisches Fragen

Das Wort »wo« spielt auf den ersten Blättern der Bibel eine beachtliche und nachdenkenswerte Rolle. Adam, der Mensch, hat von der verbotenen Frucht gegessen, ist so in die Hoheitszone Gottes eingebrochen und versteckt sich hinter dem Gebüsch, als die Angst des schlechten Gewissens ihn überkommt. Da holt ihn Gott mit seiner heischenden Frage: »Wo bist du?« aus seiner Deckung hervor.

Kain hat seinen Bruder erschlagen. Und als das Blut des Ermordeten zum Himmel schreit, stellt Gott den Kain mit der Frage: »Wo ist dein Bruder Abel?«

Wenn Gott sich erkundigt, wo jemand sei, dann ist ein Beiklang von Ironie nicht zu überhören. Er als der Allwissende und Herzenskündiger weiß natürlich, wo wir sind und was mit uns los ist. Er weiß um Adams, Kains und unsere Verlorenheit eher als wir selber. Er hat schon die Untat erblickt, ehe sie zum Vollzug gereift war, als sie sich noch im Stadium des Motivs, ja des ersten Aufkeimens befand.

So stellt Gott seine Frage nach dem »Wo« nicht, um sich zu erkundigen (obwohl es doch so klingt; aber das ist gerade das Ironische), sondern er stellt sie, um dem also Befragten etwas zu verkündigen. Seine Frage hat gleichsam einen sokratischen Sinn: Er will in dem Mann, auf den er so fragend zufährt, etwas entbinden. Er selbst, der Befragte, soll sich klar darüber werden, wo er steht.

Auch der Prophet Gottes, Nathan, ist gegenüber David so verfahren, als der König einem seiner Soldaten die Frau geraubt und ihn selber durch ein »Himmelfahrtskommando« an der Front umgebracht hatte. Nathan hielt dem König deshalb nun keineswegs eine Strafpredigt. Gegen Strafpredigten kann man sich mit allerhand Einwänden wehren. Gerade einem intelligenten Mann – und David hatte sicher einen beträchtlichen Intelligenzquotienten! – fällt da allerhand ein. Deshalb kam dem Nathan alles darauf an, daß David nicht in eine Selbstverteidigungs- und Abwehrhaltung geriet, sondern ein möglichst unbefangenes Urteil über sich abgab. Zu einem solchen Urteil aber sind wir nur imstande, wenn wir nicht unsere eigenen Interessen berührt sehen, wenn es sich folglich nicht um uns selbst, sondern um *andere* handelt. Da legen wir bereitwillig und eifrig kritische Maßstäbe an. Und so erzählt Nathan dem König David einfach eine rührende Geschichte: die Geschichte von einem Großagrarier, der eine riesige Schafherde besaß, dann aber einem armen Mann sein einziges, wie ein Haustier geliebtes Schaf raubte, um es zu schlachten. Als David empört auffährt: »Der Mann ist ein Kind des Todes!« und zur Rächung dieser Untat entschlossen ist, sagt ihm Nathan auf den Kopf zu: »Du selbst bist der Mann!« (2. Samuel 12). So war David unter der Hand zu einem Verkläger seiner selbst geworden. Nathan hatte – wiederum sokratisch – das Bewußtsein in ihm entbunden, daß er und nur er es gewesen war, der die Untat begangen hatte. Auch hier hat Gott, diesmal durch seinen Propheten, ein zwiefaches »Wo?« gefragt: »Wo bist du, David?« und: »Wo ist dein Soldat Uria?«

So überfällt uns Gott nicht einfach mit der simplen Feststellung: Du, Adam, bist ein Frevler! Du, Kain, bist ein Mörder! Alles, was uns so als These über uns selbst begegnet, provoziert ja sofort unsere Antithese und treibt uns in die Defensive. Nein: Statt aller Feststellungen kommt uns Gott mit einer *Frage,* und Adam und Kain müssen nun antworten. Sie müssen selber bloßlegen und offenbaren, wer sie sind: »Ich« habe nach der verbotenen Frucht gegriffen; »ich« habe meinen Bruder erschlagen.

Entscheidend wichtig ist nun die Reihenfolge dieser beiden Fragen. Uns heutigen Menschen geht besonders das Gespräch Gottes mit Kain nahe. Was Brudermord ist, wissen wir ja. Jeden Tag wird er uns im Fernsehen vorgeführt und in den Zeitungen gemeldet. Ich brauche nur an die Praktiken ideologischer Diktaturen zu erinnern, die ihre Dissidenten in psychiatrischen Kliniken internieren und sie allerhand Gehirnwäschen unterziehen, oder an Brudermord und Terror bei Rassenkämpfen und religiösen oder pseudoreligiösen Auseinandersetzungen.

Viel wichtiger aber ist es, vor der eigenen Tür zu kehren und unseres Brudermords an den Gastarbeitern zu gedenken oder unserer Gleichgültigkeit gegenüber den Gefährdeten, den entlassenen Strafgefangenen, die wir nicht akzeptieren und in die Kriminalität zurücktreiben, oder gegenüber den Süchtigen, die es in »unserer« Welt nicht aushalten und deshalb in eine imaginäre Traumwelt flüchten – und gegenüber vielen anderen.

Die Frage: »Wo ist dein Bruder Abel?« verstehen wir also auf Anhieb; die geht uns unter die Haut. Viele reagieren auch auf sie und entschließen sich zum Helfen, vielleicht weniger durch die Tat (leider!) als durch Proteste und weit ausgreifende Programme. Aber immerhin: Hier ist etwas gehört worden.

Und doch ergibt sich die Frage: Kann ich wirklich hören und verstehen, um was es bei meinem Bruder geht, wenn ich nicht *vorher* die andere Frage gehört habe: »Adam, wo bist du *selbst*?« Nur wenn ich genötigt werde, diese Frage nach dem Wo meiner eigenen Person zu stellen – denn ich selbst bin ja Adam! –, erfahre ich die wahre Quelle des Unheils und die eigentliche Krise der Mitmenschlichkeit. Denn:

Weil *ich* nicht mehr für Gott da bin, bin ich auch nicht mehr für den Nächsten da. *So* ist doch die Reihenfolge! Wenn ich selbst das Wunder nicht erfahren habe, angenommen zu werden – und ich meine hier vor allem die letzte Annahme durch Gott selbst –, dann kann ich auch den Nächsten nicht mehr annehmen. Dann sehe ich in ihm nur den Konkurrenten, so wie Kain ihn in seinem Bruder Abel sah, oder den Partner in einer Interessengemeinschaft, den Partei- oder Tarifgenossen, den Kameraden oder den Vertreter einer gegnerischen Front. Aber ich sehe in ihm nicht mehr den, der in der Bergung Gottes steht und sein Augapfel ist. Ich merke nicht mehr, *wer* uns beide aufeinander bezieht und *wer* hier nach mir und meinem Bruder fragt. Wenn ich dieses »Wer« (wer der *ist,* der hier nach mir fragt) nicht mehr kenne, höre ich auch die Frage nach dem »Wo« (Wo bist du? Wo ist dein Bruder?) nicht mehr.

So setzt die Frage nach Abel die Frage Gottes nach uns selbst voraus. Die Frage nach uns selbst ist aber kein einsamer Dialog der

Seele mit ihrem Gott, sie spielt sich nicht in der Klausur unserer Innerlichkeit ab, sondern sie drängt sofort (!) auf die Frage nach unserem Bruder. Der Zusammenhang zwischen dem Nachdenken über die Geheimnisse unseres Glaubens *und* über die brüderliche Tat des Helfens ist überaus eng. Dieser Zusammenhang will mit unseren Gedanken ständig umkreist und gesucht werden. Wir wissen, wo rechts die Skylla und links die Charybdis droht: der fromme Selbstgenuß bloßer Gläubigkeit auf der einen und der blinde Aktionismus auf der anderen Seite. *Nur wer die Verbindung der beiden Wo-Fragen verstanden hat, kann begreifen, wer Gott ist, was er uns bedeuten möchte und was er von uns will.*

[XII,79–82]

Wer bin ich?

In den letzten Tagen des Krieges wurde der Pfarrer Dietrich Bonhoeffer durch die Gestapo erhängt. Er mußte sterben, weil sein Glaube ihn zu bekennendem Widerstand gegen das Regime genötigt hatte. Seine Bewacher und Mitgefangenen liebten ihn sehr, weil er selbst in Ketten ein souveräner Mann blieb. Auch er kannte freilich Stunden der Mutlosigkeit. Doch die hielt er vor fremden Augen verborgen. Aus der Zeit seiner Gestapohaft sind einige Gedichte erhalten, und eines von ihnen beschäftigt sich mit der Frage »Wer bin ich?«. Es hat auch diesen Titel. Einige Zeilen daraus will ich Ihnen nennen:

> Wer bin ich? Sie sagen mir oft,
> ich träte aus meiner Zelle
> gelassen und heiter und fest,
> wie ein Gutsherr aus seinem Schloß …
>
> Bin ich das wirklich, was andere von mir sagen?
> Oder bin ich nur das, was ich selbst von mir weiß?
> Unruhig, sehnsüchtig, krank, wie ein Vogel im Käfig …
> müde und leer zum Beten, zum Denken, zum Schaffen …?
>
> Wer bin ich? Der oder jener? …
> Bin ich beides zugleich? Vor Menschen ein Heuchler
> Und vor mir selbst ein verächtlich wehleidiger Schwächling?
> Wer bin ich? Einsames Fragen treibt mit mir Spott.
> Wer ich auch bin, du kennst mich, dein bin ich, o Gott!

Was bedeutet es, daß Gott mich kennt und daß ich sein bin?

Das heißt *erstens,* daß wir Menschen weder uns selbst noch unsern Mitmenschen ganz verstehen. Wir kennen weder unsere eigene Identität noch die des andern. Aber das braucht uns nicht zu bekümmern. Unser Bild ist im Herzen Gottes geborgen. Er weiß um uns.

Damit ist noch ein Zweites gesagt:

Der Gedanke, daß Gott um uns weiß, könnte auch etwas Erschreckendes an sich haben. Von jemandem bis in die letzte Falte der Seele durchschaut zu sein, durch und durch »geröntgt« zu werden, ist ein furchtbarer Gedanke.

Doch wenn das stimmt, was Jesus Christus uns von seinem Vater gesagt hat, dann ist es nicht furchtbar, dann ist es auf einmal schön und tröstlich, so durchschaut zu werden. Denn wir wissen, daß er uns in Liebe versteht und unter Schmerzen sucht.

Goethe hat einmal gesagt, man könne nur das verstehen, was man liebt. Hier werden wir unendlich geliebt. Darum werden wir auch unendlich verstanden. Wir werden von jemandem verstanden, der Erbarmen mit uns hat.

Wenn es möglich wäre, daß ein *Mensch* uns ganz durchschaute, wäre das schrecklich. Dann würden wir zu der Konsequenz genötigt sein: Vor dem kann ich mich nicht mehr blicken lassen. Bonhoeffer aber sagte:

»Wer ich auch bin, du kennst mich, dein bin ich, o Gott!«

Es gibt einen, der sich zu mir bekennt, wer ich auch sein mag.

[V,89f]

Fremde Würde

Es gibt zwei extrem verschiedene Formen des Menschenbildes. Das eine sieht so aus, daß ich den Menschen nach seinem Funktionswert eintaxiere: als Arbeitskraft und Leistungspotenz im Produktionsprozeß, als Träger erotischer Attraktivität (etwa des Sexappeals) oder biologischer Werte (z. B. im Sinne eines rassisch verstandenen Herrenmenschentums). Im Grund ist dieses Menschenbild pragmatischer Natur. In normalen Zeiten sind seine destruktiven Züge unter Umständen verhüllt, oder besser: getarnt. Solange ein Mensch als wertvolle Arbeitskraft funktioniert, mag er hoch angesehen sein und vielleicht als »Held der Arbeit« gefeiert werden. Ebenso bewegt sich sein Leben, wenigstens äußerlich, auf einem Höhenweg, solange er erotisch funktioniert, das heißt: solange er jung und attraktiv ist. Und von der genannten biologischen Werthaltigkeit gilt Entsprechendes, insoweit er die »richtige« Rasse hat und deren vermeintliche Qualitäten repräsentiert.

Dieses nach dem Funktionswert bestimmte Menschenbild enthält also eine ganz bestimmte pragmatische Werteskala. Diese Werteskala legt den Vergleich mit der Maschine nahe. Denn die Maschine wird ja ebenfalls ausschließlich nach ihrem Funktionswert eintaxiert: Ist sie voll leistungsfähig, so ist sie gleichsam »angesehen«; sie wird geschätzt und durch einen sorgfältigen Service gepflegt. Ist sie verbraucht und wird funktionsunfähig, so verschrottet man sie.

Dieser Vergleich hat für die humane Parallele beklemmende Züge: Denn dem hohen Ansehen, das der funktionstüchtige Mensch in seiner Gesellschaft hat, entspricht logischerweise auch seine völlige Abwertung, sobald er seinen Funktionswert verliert. Hier muß notwendig – das ist tatsächlich eine logische Zwangsläufigkeit – der Begriff des »lebensunwerten Lebens« entstehen. Und in diesem Begriff ist dann noch eine weitere logische Konsequenz angelegt: daß »lebensunwertes Leben« entsprechend einer nicht mehr funktionierenden Maschine verschrottet werden müsse. Man nennt das in diesem Falle »liquidieren«.

Wir könnten die Wahrheit dieser logischen Prozesse mit schauerlichen historischen Illustrationen belegen. Man braucht nur an die Massenliquidationen der stalinistischen Ära in Sowjetrußland zu denken. Sobald man von einer gesellschaftlichen Schicht (etwa Adel und Bürgertum) den Eindruck hatte, daß sie nicht im Sinne des Regimes umzuerziehen, d. h. soziologisch zu reparieren sei, wurde sie en masse liquidiert. Und man kann bei den Geisteskrankenmorden und den Vergasungen der Juden unter Hitler denselben Vorgang beachten.

Das Gegenbild dazu haben wir im *Evangelium.* Hier beruht die Würde des Menschen nicht auf seiner Funktionstüchtigkeit, sondern darauf, daß Gott ihn liebt, daß er teuer erkauft ist, daß Christus für ihn starb und daß er so unter dem Patronat einer ewigen Güte steht. Unter diesem Patronat steht auch noch der Geisteskranke und der, der in menschlichen Augen »nichts nütze« ist. Darum konnte sich Bodelschwingh, der Leiter einer Anstalt für Epileptische, den Schergen der SS entgegenstürzen: Ihr müßt über meine Leiche, wenn ihr sie (zur Tötung) abholen wollt. Er wußte: Auch die Ärmsten von ihnen, in denen unsere irdischen Augen kaum noch einen Funken der Menschlichkeit erblicken, sind von Gott geliebt – und niemand darf sie aus seiner Hand reißen. Sie haben keinen immanenten Funktionswert, aber sie haben das, was Luther »die fremde Würde« nennt: daß sie in einer Geschichte mit Gott stehen und daß die Opfer Gottes auch sie heiligen und sakrosankt sein lassen. Nur in dieser »fremden Würde« gibt es wirkliche Geborgenheit. In jedem anderen Falle sind wir menschlichem Taxieren und Manipulieren überantwortet.

Es geht nicht um die Verwertbarkeit des Menschen, sondern es geht um den unendlichen Wert der Menschenseele. Jede These von der Verwertbarkeit des Menschen überantwortet uns der Verfügung menschlicher Hände und damit den schrecklichsten Manipulationen. Das Wissen um den unendlichen Wert der Menschenseele aber läßt uns geborgen sein in der Verfügung der Hände

Gottes. Wir müssen uns entscheiden, ob wir im Menschen ein Instrument der Gesellschaft oder ein Kind Gottes sehen wollen. Wir müssen uns entscheiden, ob wir ihn den Menschen überantwortet oder unter dem Patronat der ewigen Güte geborgen sehen wollen.

[VI,183–189]

Beim Namen gerufen

Ich hatte im letzten Kriege einen jungen Parteigenossen zu beerdigen, der im übrigen ein ehrenwerter Mann und treuer Familienvater war. Die Formationen der Partei, der SA und der Amtsverwalter standen mit ihren Standarten um das Grab.

Es war nun nicht einfach eine zeitbedingte Ideologiekritik, es war vielmehr der Versuch, an tiefere menschliche Schichten zu rühren, wenn ich den Versammelten sagte: »*Ihr* sagt, der einzelne Mensch sei nur ein Blatt am Baum des Volkes. Die Blätter aber könnten verwehen und zunichte werden. Wichtig sei nur, daß der Baum selbst weiterlebe. Wir Menschen seien nur vergängliche Exemplare unserer Gattung, und wir sollten uns mit der Unsterblichkeit der Gattung, des Volkes, des Baumes also, trösten. Die einzelnen Blätter seien ersetzbar; sie könnten ausgewechselt werden.«

Ich fragte dann die Trauerversammlung: »Wer wagt es denn hier an dem offenen Grab, dieses Bekenntnis zu wiederholen – das Bekenntnis also, der Mann in diesem Sarg sei nur ein verwehendes und ersetzbares Blatt am Baum des Volkes gewesen? Hier steht seine Witwe, hier weinen seine Kinder; für sie war er ein Einmaliges, nicht Austauschbares. Wo Bande der Liebe uns mit einem anderen Menschen verknüpfen, da gibt es nur den *einen* Lebensgefährten, den *einen* Vater, die *eine* Tochter.«

Das Bild vom austauschbaren Blatt am Weltenbaum empfinden wir mit Recht als eine trostlose Verzeichnung jenes einmaligen Menschen, der uns anvertraut war und uns nun – unersetzbar! – entrissen wurde.

Warum ich dieses Erlebnis hier erwähnt habe?

Einmal deshalb, weil hier an unsern *tiefsten* Schmerz gerührt wird. Es ist eine Lücke ins Leben gerissen worden, die nicht einfach ausgefüllt werden kann; es ist ein Verlust, für den es keinen Ersatz gibt. Jeder denkt dabei an das eine ihm so teure Antlitz, das er nicht wiedersehen wird.

Wenn ich das so sage, möchte ich nicht in unsern Schmerzen wühlen. Es geht mir vielmehr um den Trostgedanken, den das Evangelium hinter der so beglückenden und doch auch so wehetuenden Einmaligkeit des uns teuren Menschenantlitzes erscheinen läßt: Daß wir so *keine* ersetzbaren Blätter, *keine* austauschbaren Exemplare einer Gattung sind, sondern daß wir jenes Siegel des Besonderen tragen, das hat einen tiefen Grund:

In der Bibel ruft Gott uns einmal das tröstliche Wort zu:

»Ich habe dich bei deinem Namen gerufen, du bist mein!« – So hat jeder von uns seinen Namen, seinen *eigenen* Namen, und unter ihm ist er Gott vertraut: Die Toten in den Massengräbern sind es, die niemand kennt. Auch alle, die auf See geblieben sind und gar kein Grab *haben,* sind von ihm bei ihrem Namen gerufen. Und ebenso alle, die einsam in ihren anonymen Betonburgen sterben, während das Radio weiterläuft und selbst der Nachbar von gegenüber nichts von diesem verstohlenen Abschied und Abscheiden bemerkt.

Sie alle haben bei Gott einen Namen und sind ihm bekannt. Selbst der Unbehauste hat in *diesem* Herzen noch eine Heimstatt und einen Ort der Geborgenheit.

Bei allem Schmerz ist es doch eine *beglückende* Nachricht, daß es für uns alle, für die Lebenden *und* für die Toten, diese bergende Heimstatt gibt. Diese Botschaft geht uns wohl gerade dort am meisten unter die Haut, wo sie ganz kindlich, ganz unreflektiert ausgerichtet wird. Deshalb rührt mich das Kinderlied WEISST DU, WIEVIEL STERNLEIN STEHEN? immer so an. Denn da ist von dem Herrn des Universums die Rede, der den Sternenlauf lenkt und mit seiner Ewigkeit noch die Lichtjahre umfängt. Obwohl er aber so unendlich ist, kann es doch von ihm heißen: KENNT AUCH DICH UND HAT DICH LIEB. Er kennt selbst den Namen der kleinen Kinder, auch der toten Kinder.

Daß wir so alle (Kleine und Große, Lebende und Tote) einen *Namen* haben, der im Herzen Gottes unvergessen ist – das liegt nicht daran, daß wir im Leben etwas Großes erreicht und unsern Namen auf die ehernen Tafeln der Geschichte eingeprägt hätten.

Sonst stünde es ja schlimm mit den Kindern und auch mit den Geistesschwachen in Bethel, die dem Herzen Gottes doch besonders nahestehen! Nein: daß wir diesen Namen haben, hat seinen Grund darin, daß Gottes Liebe sich uns grundlos zugewandt hat, daß er – wie das Neue Testament das ausdrückt – »seines eigenen Sohnes nicht geschont«, daß er also sein Liebstes für uns dahingegeben hat. So lieb waren und sind wir ihm! Gott liebt uns nicht, weil wir so wertvoll wären, sondern es ist genau umgekehrt: wir sind so wertvoll, weil Gott uns liebt.

[V,71–73]

Adelsrang

Es ist ganz sicher wahr, daß die Gebote Gottes etwas sind, das mit der Erhaltung der ganzen Welt und mit der Gesundung der Völker zu tun hat. Aber es wäre töricht zu meinen, sie wären deshalb so etwas wie eine Verfassungsordnung unserer Welt, die man nur korrekt einhalten müßte, damit wir dann »in aller Gottseligkeit und Ehrbarkeit« unseren ruhigen und ungestörten Tag leben können: als ob man sie einhalten könnte! Darin liegt ja gerade das entscheidende Problem, daß man die Gebote nicht einfach den Völkern geben kann, damit sie sie schlecht und recht halten, so, wie man etwa Anweisungen des Bürgerlichen Gesetzbuches schlecht und recht einhält. Wäre es so, dann hätte Christus nicht zu sterben brauchen.

Man kann nämlich die Gebote nur dann halten, wenn man in eine ganz neue und persönliche Gemeinschaft mit Gott versetzt wird. Nur wenn wir erfahren, daß uns der Vater liebt, können wir das Gebot erfüllen, von ganzem Herzen, von ganzer Seele und aus allen Kräften unseres Gemütes Gott wiederzulieben. Jemanden, der einem fremd ist oder gar als feindliche Schicksalsmacht gegenüberzustehen scheint, kann man ja nicht lieben. Nur wenn wir um den wissen, der uns zuerst geliebt hat, kann auch unser Herz zur Liebe, zur liebenden »Reaktion« entzündet werden. Und ferner, nur wenn wir im Umgang mit Jesus Christus erfahren, wie er auch in den dunkelsten Existenzen seiner Menschenbrüder noch den Adelsrang der Gotteskindschaft entdeckt, wie er durch die Schmutzschicht hindurchsieht, von der Pharisäer und Zöllner und Dirnen gleichermaßen bedeckt sind, und wie er für sie stirbt, nur dann vermögen auch wir die Brüder zu lieben und wird uns ihr Leben heilig sein, selbst wenn sie verworfen und böse oder wenn sie irre und geisteskrank und »lebensunwert« sind. Wenn jemand diesen Blick, mit dem Jesus die Menschen ansieht, nicht hat, oder wenn ein ganzes Volk oder eine ganze Welt diesen Blick aus ihrer Mitte verbannt, dann kann es keine Ehrfurcht mehr geben vor dem andern, dann kann es auch kein Recht und erst recht keine Liebe mehr geben. Dann ist auch das menschliche Leben keinen Pfifferling mehr wert, und die Guillotinen beginnen sich heißzulaufen.

Manche armen Narren sagen: »Je größer man Gott macht, um so kleiner wird der Mensch – bis er endlich gar *so* klein wird, daß er meint, er sei nur ein Wurm.« Diese Selbstverkleinerung sei typisch für die christliche Art, in welcher der Mensch jener orientalisch übersteigerten Kolossalfigur seines Gottes gegenübertrete. Ich frage statt dessen: Kann man es heute nicht mit Händen greifen, daß es wirklich, aber wirklich hundertprozentig umgekehrt ist: Je mehr man Gott aus dem Leben verbannt, um so verlassener, um so wertloser wird auch der Mensch, um so mehr wird er zum Freiwild! Und ich wage weiter zu fragen: Wo in der Welt hat der Mensch eine höhere Würde als dort, wo der Sohn Gottes den menschlichen Adel noch tief unterhalb des Lasters entdeckt, wo er ihn bei Besessenen und Geisteskranken und innerlich und äußerlich Verseuchten noch erkennt und wo er sein eigenes Leben für sie dahingibt? Atmet nicht jeder gedrückte, jeder von der Angst oder von Schuld oder von Minderwertigkeitsgefühlen gepeinigte Mensch neu auf, wenn er mit Jesus von Nazareth in Berührung kommt – einfach deshalb, weil er nun auf einmal weiß: Der behandelt mich wie seinen *Bruder,* der sieht in mir nicht nur den Sünder oder einen hoffnungslos Verzweifelten oder ein Nervenbündel oder einen, der seine Umgebung nur belastet und bremst, sondern der sieht in mir das verirrte Kind, aber eben das *Kind,* und zwar nichts Geringeres als das Kind seines *Vaters,* das er mit dem Opfer seines Lebens retten und nach Hause bringen will? Ich frage: Wo ist je ein Adel des Menschengeschlechtes erfunden oder auch als verwegenstes Idealbild erträumt worden, der jener Würde gleichkäme, die der Mensch unter den Augen Jesu bekommt? Und ich kann mich nicht scheuen, es auszusprechen: Lieber ein Wurm unter diesen Augen als ein Götterbild vor den Menschen!

[VI,110–112]

Stürmische Freude

Das Gegenteil der Sorge ist nicht der Optimismus, der sich einredet: Es ist ja alles nicht so schlimm und wird sich schon zurechtschaukeln. Die sogenannten Optimisten aus Grundsatz sind im allgemeinen nur Windhunde und oberflächliche Naturen, die nicht seriös oder tapfer genug sind, den wirklichen Realitäten standzuhalten.

Das Gegenteil der Sorge ist vielmehr der *Glaube*. Es ist der Glaube, der um die Ungewißheit der Zukunft weiß und der allen Rätseln und scheinbaren Sinnlosigkeiten des Schicksals standhält, der einfach sagt: Dennoch bleibe ich stets an dir.

Ich bitte zu bedenken, daß er nicht sagt: Dennoch bleibe ich stur auf meinen Beinen stehen; »was mich nicht umbringt, macht mich stärker«. Das könnte jeder Büffel auch sagen, wenn seine Gehirnmasse ihn nicht hinderte, einen philosophischen Satz zu denken. Sondern der Glaube sagt: Ich falle vielleicht und bin oft hilflos, aber du hebst mich auf. Mein Verstand steht schier still oder wird irre angesichts des Übermaßes an Leid in der Welt, aber du *lässest* mich nicht, und so hält dich dann auch *meine* Hand fest. Denn ich darf es ja wissen, daß deine Liebe ihren Weg auch in der größten Dunkelheit hat. In diesem Sinne ist der Glaube das Gegenteil der Sorge. Und so hat es der Herr selber ausgesprochen, wenn er sagt: »Fürchte dich nicht, glaube nur!« (Markus 5,36).

Wenn wir uns dieses Vertrauen schenken lassen, dann bekommen wir ein wenig von der königlichen Freiheit der Kinder Gottes zu schmecken, und unter der Hand verändert sich unser ganzes Verhältnis zur Zukunft. Unser erstes Interesse gilt nicht mehr der Frage (der bangen und zweifelnden Frage), ob Gott helfen wird, sondern es gilt der andern Frage (der fröhlichen, gewissen und gleichsam neugierigen Frage), *wie* Gott helfen wird. In diesem Sinne sagt Pascal einmal, es sei herrlich, im wilden Wetter auf einem Schiff zu fahren, wenn man wisse, daß es nicht untergehen könne.

Das ist die stürmische Freude des Christenlebens, das ist auch sein Lachen und sein Humor und seine sieghaft überwindende Kraft, daß unser Leben nun ein solches Schifflein ist, in dem Jesus Christus schläft und das nicht untergehen kann.

Ich kenne einen wahren Christen, der durch schwerstes Leid und durch große Gefahren gegangen ist und gegenwärtig geht und der mir einmal sagte: »Die geistliche Gefahr meines Lebens besteht gar nicht mehr darin, daß ich zuwenig mit Gott und auf Gott rechne. Nein, Gott hat mich durch seine unzähligen und unglaublich pünktlichen Durchhilfen fast tollkühn gemacht in der Art, wie ich ihn nun wirken lasse und mitmache. Dieses Sichtreibenlassen ist jetzt ein Zustand, der mir zur geistlichen Gefahr werden könnte.«

Nun, wie dem auch sei: Jedenfalls hatte dieser Mann etwas von der Fürsorge Gottes und der Sorglosigkeit seiner Kinder erfahren.

[IV, 162–164]

Zeitgenossenschaft

Wer die Botschaft der Bibel hören will, muß sie aus seiner jeweiligen *Zeitgenossenschaft* heraus hören. Dabei wird er zum Beispiel bemerken, daß die im Neuen Testament gestellte Frage: »Was muß ich tun, um ewiges Leben zu gewinnen?« heute in dieser Gestalt nirgendwo auftaucht. Wer hätte sie schon je in einem Café, in einer Stammtischrunde oder an seinem Arbeitsplatz im Kollegengespräch vernommen? Wer diese Frage bloß zitierend aufgriffe, müßte unverstanden bleiben, und die Menschen würden – sofern sie überhaupt zu so jemandem kommen – nur kopfschüttelnd fragen: »Wovon redet der eigentlich?«

Die Frage nach dem ewigen Leben ist deshalb aber keineswegs verstummt, sie ist nicht einfach veraltet und überfällig geworden, so daß wir darüber zur Tagesordnung schreiten könnten. Vielmehr taucht sie vielfach verschlüsselt und chiffriert auch in *unserm* Leben auf. Sie meldet sich unter den Zwängen unserer heutigen gesellschaftlichen Existenz, unter unserer Angst vor der Zukunft (vor Überbevölkerung, Umweltverschmutzung und den Exzessen der Technik), unter Einsamkeit, Langeweile und Lebensleere.

Das alles verstellt uns den Sinn unseres Lebens, und wir fragen uns, was dieses Dahinvegetieren ohne Grund, Ziel und Sinn denn überhaupt solle. Warum träumen denn Ungezählte von utopischen Zielbildern einer Geschichte, die schließlich das Paradies auf Erden bringen möge? Warum fliehen junge Menschen in den Rausch der Drogen? Suchen sie nicht alle – auf eine meist sehr fragwürdige und hilflose Art – den Fesselungen durch unerträglichen Leerlauf zu entrinnen? Verfolgen sie nicht die Fährte auf ein »X« hin, das dieses entleerte Leben überbietet und so etwas wie die Macht der Befreiung sein könnte? Was anderes wäre das aber als diese hilflose Umschreibung des »ewigen Lebens«? Man hört gewisse Glocken, weiß aber nicht, wo sie hängen.

Es geht diesen Leuten ähnlich wie den Athenern, zu denen Paulus spricht (Apostelgeschichte 17,16ff): Sie haben dem unbekannten Gott einen Altar errichtet und wissen nicht, wen sie damit meinen. Sie wissen nur, daß die sonst von ihnen angebeteten Götter nicht alles sein können und daß es noch etwas anderes geben muß, das Bedeutung für ihr Leben hat. Paulus aber sagt ihnen nun: »Ich verkündige euch, was ihr unwissend verehrt!« Er hätte auch sagen können: »Ich verkündige euch, wonach ihr sucht, ich nenne euch den Grund für euer Ungenügen.«

Damit war Paulus gewissermaßen »modern«. Er griff nämlich eine *jetzt* bestehende Frage auf, er war in einem eminenten Sinne aktuell. Zugleich aber war er »konservativ«. Denn seine Predigt zielt auf die Feststellung, daß hinter den modernen Fragen die alte und nie veraltete Frage nach dem Heile, nach dem ewigen Leben steht. Und weil es dabei um eine Frage »von jeher« geht, darum wird man auch die bleibende Geltung der »von jeher« gegebenen Antwort auf diese Frage vermuten dürfen: daß es Gott selbst sei, der sich in jener Unruhe der Fragenden meldet.

[X,83–85]

Glaube und Vernunft

Wurde die Menschheit durch Aufklärung, wissenschaftlichen und technischen Fortschritt denn glücklicher? Ist sie weitergekommen? Sind die Träume, die diesen Fortschritt wie einen Götzen umkreisen, nicht allmählich ausgeträumt? Ist nicht gerade unter der Jugend, die einmal die Konsequenzen dessen ausbaden muß, was die Entfesselung atomarer und biologischer »Fortschritts«-Kräfte auslösen wird, die Angst vor dem schrecklichen Vermögen des menschlichen Ingeniums am größten? Ist der Mensch, der sich als Juniorchef der göttlichen Weltfirma fühlt und den »Alten« meint ablösen zu können, der also einen achten Schöpfungstag heraufführen möchte, nicht eben deshalb in Lebensangst und Sinnlosigkeit gestürzt? Die Reichen an Macht und Geist haben wahrlich auch ihre besonderen Gefährdungen, und die Arroganz vieler sogenannter Intellektueller ist eine der größten.

Und wie steht es mit den Weisen und Klugen im Troß oder Train des Jesus von Nazareth – wie steht es mit den *Theologen?* Gerade wenn man selbst wie der Verfasser dieser »Branche« zugehört, weiß man, daß auch diese Kunst einen rasend machen kann und wie hier nicht nur Jüngerschaft gelebt (die aber auch!), sondern ebenso eine Saat der Verwirrung ausgestreut wurde. Hier läßt sich besonders gut ausmachen, welche Art von Klugheit und Weisheit ein Herd des Verderbens sein kann und warum gerade von dieser Seite der Todesweg Jesu vorbereitet wurde.

Die Gottes- und Schriftgelehrten verfallen offenbar immer dann dem Wahn und der Irrung, wenn sie sich zu *Herren* des Glaubens aufwerfen und wenn ihre Weisheit sich selbst zur Kontrollinstanz über das Wort Gottes ernennt. Gottes- und Schriftgelehrsamkeit bleiben nur so lange gesund, wie sie sich über eines ganz klar sind: daß Gott unsere *Liebe* haben möchte – eine Liebe, die wir ihm aus »ganzem Herzen, ganzem Gemüt und unserem ganzen Erkenntnisvermögen« darbringen (Matthäus 22,37). Nur wer liebt, stellt sich mit seinem ungeteilten Sein zur Verfügung.

Dann aber ist er nicht nur mit seinem Gefühl bei dieser Hingabe beteiligt, sondern auch als Vernunftwesen, also intellektuell. Es drängt ihn dazu, auch zu *erkennen,* wen er liebt und wie es kommt, daß dieser Wer ihm seine Liebe abgewonnen hat. Eine gesunde, ihrem Ursprung treu bleibende Theologie, umkreist also mit »Gedanken« den Gegenstand ihrer *Liebe.* Man könnte auch sagen: sie legt ihr Engagement aus; sie »begründet« es und strebt so über bloß emotionale Regungen hinaus. Sie gibt sich Rechenschaft über den *Grund* ihrer Hingabe und ihrer Hoffnung (1. Petrus 3,15; vgl. Epheser 1,18).

Dadurch erst ist sie *ganz* bei ihrer Sache. Sonst würde sie Jesus nur die Provinz des Gefühls zur Verfügung stellen, ihn also einen bloß regionalen Herrn sein lassen, während unsere Vernunft ihre anderen und eigenen Wege ginge. Auch die Vernunft gehört aber zur Ganzheit unseres Ich, das Gott für sich gewinnen und zu seiner Wohnung, zum Ort seiner Anwesenheit machen möchte.

Wie aber kann die Vernunft eine derart gehorsame, besser: eine hörsame Vernunft werden? Doch nur so, daß sie immer wieder in die Botschaft hineinkriecht, die uns den Glauben abgewonnen hat – in jene Botschaft, die uns durch Jesus Rettung ankündigt und davon erzählt, daß in seinem Kraftfeld »die Blinden sehen und die Lahmen gehen, daß die Aussätzigen rein werden und die Tauben hören, daß die Toten aufstehen und den Armen die frohe Botschaft gepredigt wird« (Matthäus 11,5).

Gesunde Theologie kehrt also stets zu den Ursprüngen des Glaubens zurück und verzichtet auf eigene und vermeintlich weitergehende Programme. Sie umkreist das mit Gedanken, was in naiver (gleichsam vor-reflexiver) Gestalt auch ein Sonderschüler oder ein sonstwie schlichtes Gemüt verstehen kann: daß Jesus uns ein neues Leben schenkt, daß das Alte vergangen ist und unser Herz hier mit lebendiger Hoffnung erfüllt wird.

Auch wenn eine Theologie intellektuell noch so hochgezüchtet ist, lebt sie doch in dem ständigen Rückbezug auf dieses allereinfachste, das uns den Glauben abgewonnen hat. Sie muß sozusagen – um ein Wort Heinrich von Kleists abzuwandeln – den ganzen Globus der Reflexion umkreisen, um von der anderen Seite wieder in das verlorene Paradies eines kindlichen Glaubens zurückzukehren.

Es gibt gewiß keinen »Naturschutzpark« des Kinderglaubens, in den wir uns künstlich einsperren dürfen, um allen Gefahren von kritischer Forschung und kritischem Nachdenken aus dem Wege zu gehen. Wer Angst vor dem Nachdenken und damit auch vor der Theologie hat, kann Gott nie ganz gehören; er läßt wesentliche Stücke seines Ich eben *nicht* an seiner Hingabe teilnehmen und verdrängt sie. Darum gibt es so viele verkrampfte Christen. Und keine noch so orthodoxe Bravheit, kein noch so bereitwilliges Schlucken von Dogmen bewahrt sie vor diesem Krampf.

So kann man Jesus auf sehr verschiedene Weise untreu werden und ihm die Nachfolge verweigern. Man kann diese Verweigerung so vollziehen, daß man ein selbstgerechter Schriftgelehrter wird, der seine eigenen Gedanken höher stellt als die frohe (und jedem Kind, jedem Einfältigen verständliche) Nachricht, daß Jesus uns annimmt und zu Kindern Gottes macht. Luther hat das einmal sehr prägnant ausgedrückt, im Lateinischen klingt es noch viel schöner!: »Fortschreiten (im Glauben und in der Erkenntnis) ist gar nichts anderes als immer neu anfangen«, als immer neu zu dem Einfachsten zurückzukehren, was uns den Glauben abgewonnen hat.

Die Absage an die Nachfolge, die Verweigerung *aller* Kräfte des Herzens, des Gemüts und der Vernunft, kann sich aber auch so vollziehen, daß jemand nur in frommen Gefühlen steckenbleibt und kritisches Nachdenken angstvoll abwehrt. Dann zahlt er dem Herrn nur eine kleine Rate, versagt ihm aber die Hingabe seines ganzen Ich.

Wie in einer gesunden Theologie beides zusammengeht: die unerbittliche Strenge des Nachdenkens *und* jener kindliche, sich beschenkt wissende Glaube, der ein Genie mit einem geistig Behinderten zu gemeinsamer Nachfolge verbinden kann, das habe ich als junger Student an einem meiner größten akademischen Lehrer erlebt. Rudolf Hermann, der Greifswalder Systematiker, hatte uns ein Wintersemester hindurch Religionsphilosophie vorgetragen. Er war ein bohrender, sich durch viele Abstraktionen hindurchwühlender Denker und machte es seinen Hörern nicht leicht, in der oft dünnen Luft seiner Höhenflüge mit dem Atem nachzukommen. In der letzten Stunde schloß er mit der Feststellung: Wir hätten es vielleicht nicht gemerkt, doch sei es tatsächlich so: In allem, was hier zur Sprache gekommen sei, habe er im Grunde nichts anderes gesagt, als was in naiver Weise auch das Kindergebet ausspreche:

»Christi Blut und Gerechtigkeit,
das ist mein Schmuck und Ehrenkleid.
Damit will ich vor Gott besteh'n,
wenn ich zum Himmel werd' eingeh'n.«

Der Weisheit dieses Lehrers war es also *nicht* »verborgen« geblieben. Seine Klugheit hatte sich *nicht* zwischen ihn und die Nachfolge gestellt. Hinter der Anstrengung seines Denkens blieb die Einfalt erhalten: jene eine Falte, in der sich der Reichtum des Evangeliums versammelte und greifbar blieb. Er war kein Zwie- oder gar Vielfältiger, in dessen gebauschten Tüchern der Same des ewigen Wortes verstreut, versteckt und vielleicht verloren war.

Es ist vielleicht etwas kühn, aber ich wage dem Gleichnis Jesu vom vierfachen Acker (Lukas 8,4–15) so etwas wie eine Quasi-Ergänzung hinzuzufügen: Das Wort Gottes kann nicht nur unter Dornen und Disteln und auf hartem Gestein, es kann auch in den vielen Falten unserer Gescheitheit verderben und am Aufgehen gehindert werden. In der einen Falte der Einfältigen aber ist es wohl aufgehoben.

[XII,241–244]

Humor und Weltüberwindung

In seinem Humor legt der Mensch ein Zeugnis von sich selbst ab, er wird gleichsam transparent. *Wenn wir den Humor eines Menschen kennen, dann schauen wir ihm – ins Herz.* Ist er dagegen nur witzig, brennt er bloß ein Feuerwerk von Pointen ab, kann er selbst im Dunkel bleiben. Wir bleiben ohne Auskunft, ob er ein Menschenverächter oder ein Liebender, ob er zynisch oder fromm, ob er brutal oder sanft ist.

Auch die Gegenprobe läßt sich machen: Wenn jemand notorisch »humorlos« ist, dann dürfte im Stellwerk seiner Existenz etwas nicht in Ordnung sein. Nicht nur der Humor, auch die Humorlosigkeit charakterisiert den ganzen Menschen! Er steckt ohne Distanz in den Klauen des Geschicks; bei ihm ist kein Ansatz zur Weltüberwindung erkennbar.

Um eine dunkle Folie zu gewinnen, von der sich das Licht des Humors um so deutlicher abhebt, scheint es mir sinnvoll, noch einen Augenblick beim Wesen der *Humorlosigkeit* zu verweilen. Wenn ich jemanden als humorlos bezeichne, dann bedeutet das keineswegs, daß ich damit sagen wollte, er könne nicht lachen. Doch er kann! Er lacht vielleicht sogar lauter und exzessiver als der Mann mit Humor. Aber wie und warum lacht er?

Wenn ich ein Lachen bezeichnen sollte, das am äußersten Gegenpol des Humors angesiedelt ist, dann möchte ich die *Schadenfreude* nennen (ein Wort übrigens, das es nur im Deutschen zu geben scheint; das kann zu etwas schwermütigen Überlegungen anregen!). Diese »Freude« stammt nicht wie die des Humors aus Distanz und Überlegenheit, im Gegenteil: sie ist die Gelächterexplosion eines Inferioritätsgefühls, nämlich des Neides. Wenn der Beneidete Schaden nimmt und am Boden liegt, dann scheint es für den, der nun darüber lacht, so etwas wie eine plötzlich zustande gekommene Erhöhung zu geben. Doch ist das wirklich nur scheinbar. Denn es geht hier nicht um eine selbsterrungene »innere«

Überlegenheit, sondern um eine gleichsam nur von außen her induzierte: sie ist bloß die Spiegelung dessen, daß der andere eine Schlappe erlitten hat und nun auf einmal der Unterlegene ist. Darum haftet der unverdienten Superiorität des Schadenfrohen auch kein Glanz an – erst recht nicht der Glanz des Humors –, sondern der Ruch der Schäbigkeit.

Der Humor rührt den *ganzen Menschen* an. Der ganze Mensch kann aber nur durch etwas angerührt und erfaßt werden, das ihn unbedingt angeht und insofern mit der letzten Wirklichkeit zu tun hat, die sein Leben trägt. Das frivole Gelächter geht nur, wir sahen es bereits, die *inferioren* Ich-Schichten an, etwa die Gier oder die Schadenfreude. Der Witz appelliert an die Lust zum intellektuellen Abenteuer, das der Weg zu einer Pointe – mehr oder weniger! – zu bieten pflegt. Hier werden jeweils nur *partielle* Ich-Schichten berührt. Der Mensch in seiner Gänze wird nur von einer »Botschaft«, einem Kerygma, erreicht. Unsere These, daß der Humor den ganzen Menschen betreffe, drängt deshalb zu der Frage, welche Botschaft denn der Humor in sich berge.

Die Botschaft, die im Humor steckt und von der er selber lebt, ist das Kerygma der *Weltüberwindung*. Kaum jemand hat in diesem Sinn den Humor treffender charakterisiert als sein filmisches Lieblingsgeschöpf Pater Brown, der meditiert: »Humor ist eine Erscheinungsform der Religion – denn nur der, der über den Dingen steht, kann sie belächeln. Mir hat es immer vor dem humorlosen und den zum Lachen unfähigen Menschen gegraut.«

Wir kommen auf das speziell christliche Lachen zwar erst später. Aber das Stichwort vom »religiösen« Charakter der Weltüberwindung nötigt uns hier zu einem kleinen Vorgriff. Diese Seite des Humors hat sogar eine liturgische Gestalt angenommen: im Risus paschalis, dem Osterlachen der Ost-Kirche oder auch in den Kathedralen des Mittelalters. Bei der Nachricht: »ER ist auferstanden, ER ist wahrhaftig auferstanden« stimmt die Gemeinde ein schallendes Gelächter an, weil Hölle, Tod und Teufel österlich überwunden sind. Mit dem Lachen über die Wiederkehr des Frühlings hat das nichts zu tun, auch nicht mit dem »Lachen des Lazarus«, das O'Neill als Triumph des Lebensprinzips in seinem Spiel erklingen läßt. Gerade *darüber* jubelt ja die Kirche, daß der biologische Zyklus des »Stirb und Werde«, der Kreislauf der Vergänglichkeit, am Ostermorgen durchbrochen und aufgehoben wurde. Indem die Mächte der Düsternis, die unsere Welt beherrschen, tödlich getroffen sind, ist auch das Gefüge dieser Welt mit seinem Rhythmus des Werdens und Vergehens überwunden.

Kein Wunder deshalb, daß eine Gestalt wie Luther, die dem Humor auch in seinen urigsten Formen erschlossen ist, sich gerade durch das Ostergeschehen zu dieser Art Gelächter herausgefordert sieht. So wird er nicht müde, die noch verbleibenden Schrecken der nachösterlichen, eben *unserer* Welt als eine Art Karikatur darzustellen: Der Schrecken der Schlange ist noch da, ihre Anwesenheit droht uns auch weiterhin ins Bockshorn zu jagen. Seit der österlichen Weltüberwindung aber ist sie harmlos: Ihr sind die Giftzähne herausgerissen, und sie kann uns allenfalls noch zwicken, aber nicht mehr tödlich beißen. Oder noch drastischer: Es ist bloß die Schlangenhaut, die noch daliegt und dem glaubenslosen Blick als die Schlange selbst erscheint, um so blinden Alarm auszulösen. Wer dieses Häutungsprodukt aber aus der Gelassenheit der Weltüberwindung sieht, kann über diesen Trug nur lachen. Der altböse Feind ist entmächtigt; die Schrecken der Welt können dem nichts mehr anhaben, der darum weiß. »Die Welt ist ihm ein Lachen.«

[VII,82–84.96–98]

Fülle des Lebens

Die Frage nach dem Menschen ist so etwas wie eine Modefrage geworden. Bei jedem Jubiläum, das ein Wirtschaftsverband feiert, wird auf dem Höhepunkt der Festrede bestimmt versichert, daß es letzten Endes nicht auf das Produktionsvolumen oder auf Gewinne, sondern auf den Menschen ankomme. Auch die Techniker und Atomphysiker sagen uns, der Mensch und nicht der technische Fortschritt müsse das Thema unserer Zeit sein. Die Atomkraft solle dem Menschen *dienen,* statt ihn zu beherrschen und der Angst zu überantworten. Immer reden wir von »dem« Menschen. Wer ist das überhaupt: dieser Mensch?

Es ist merkwürdig, daß ein Begriff wie »der« Mensch in der Bibel kaum vorkommt. Vielleicht deshalb nicht, weil er ein viel zu allgemeiner und darum verblaßter Begriff ist. Er ist ein Destillat, das in philosophischen Retorten ausgezogen wurde. In der Bibel dagegen kommt der Mensch fast nur als Spezialfall vor:

Da gibt es reiche und arme Menschen, Geängstete und Selbstsichere, Herren und Knechte, Alte und Junge, Männer und Frauen. Jeder von ihnen hat wieder seine Spezialpfunde, mit denen er zu wuchern hat, aber auch seine Spezialsünde, die gerade ihm und seiner besonderen Lage den Frieden mit Gott nimmt: Der Arme droht zu zerbrechen, weil ihn das Übermaß seiner Sorgen, weil ihn die soziale Ungerechtigkeit an Gott irre werden läßt. Hiob, der Leidgeprüfte, wirft Gott seinen Kram vor die Füße und versteht nicht, warum er den Frommen gegenüber so »unfair« ist, warum er sie zu schikanieren scheint, während den gottlosen Spöttern und »fetten Wänsten« ein Platz an der Sonne gegönnt ist (vgl. Psalm 73,3ff). Aber auch die Reichen und Mächtigen haben ihre Spezialgefahr: Der Mammon droht, ihr Götze zu werden; die großen Herren vergessen leicht, daß sie ihrerseits einen Herrn über sich haben und daß er seiner nicht spotten läßt.

So kennt die Bibel nur eine lebendige Fülle höchst verschiedenartiger Menschen, von denen jeder einzelne sein Schicksal mit Gott hat: Jeder von ihnen stirbt darum auch seinen besonderen *Tod.* Wer alt ist und lebenssatt, stirbt anders als der junge Mensch, der mitten aus seinem Lebenshunger abberufen wird. Herodes, der von Würmern zerfressen wird, stirbt anders als Mose auf dem Berge Nebo, der das Gelobte Land noch als Sterbender von ferne sehen darf.

Ich finde es nun überaus tröstlich, daß die Bibel nicht allgemein von »dem« Menschen, von »der« Sünde und »dem« Tod spricht, sondern daß sie nur Spezialfälle kennt, die prall voll Leben sind. Ich meine, das sei deshalb so tröstlich und schön und bedeutungsvoll, weil auf diese Weise deutlich wird: Wir haben es überall in unserem Leben, selbst in den entlegensten Ecken – in unserem Arbeitsraum, in unserem Schlafzimmer, auf der Geschäftsreise, im Kabarett, im Konzert oder vor einem Fernsehschirm – mit der Anwesenheit Gottes zu tun. Es gibt keine Ecke oder Kurve auf unserem Lebensweg, es gibt kein Stadium in unserer Lebensgeschichte, in dem Gott nicht dabei wäre und in dem er uns nicht die Frage vorlegte, ob wir ihm jetzt und hier gehören, ob wir ihm jetzt und hier Gehorsam leisten und ihm Vertrauen schenken wollen.

Deshalb ist es gewiß wesentlich, daß gleich am Anfang, wo zum ersten Mal vom Menschen die Rede ist, nicht von »dem« Menschen gesprochen wird, sondern daß schon bei diesem *allerersten* Wort eben vom Menschen als Spezialfall die Rede ist: Gott hat ihn als Mann und Frau geschaffen. Einen Menschen abgesehen davon, daß er Mann oder Frau ist, gibt es nicht.

Es geht hier um sehr viel mehr als um einen bloß biologischen Unterschied. Offenbar rührt die Polarität der Geschlechter an die letzten Lebensgeheimnisse überhaupt. Sie läßt sich weder im geistlichen noch im weltlichen Bereich übersehen. Man muß sich darum klarmachen, wie weittragend und konsequenzenreich es ist, daß hier nicht zuerst von der Erschaffung des Menschen im allgemeinen und erst *nachher* von der Unterscheidung der Geschlechter gesprochen wird, sondern daß vom ersten Augenblick an vom Menschen nur im Rahmen der Geschlechterpolarität die Rede ist.

Wir wollen über dieses Geheimnis der Geschlechter miteinander nachdenken. Außer dem Hunger und der Gier nach Macht gibt es ja nichts in unserem Leben, was uns so erfüllt, was uns so treibt, quält und beglückt wie das Mysterium unserer Geschlechtlichkeit.

Ich möchte dabei von einer Fragestellung ausgehen, von der ich meine, daß sie jeden von uns betreffe, vor allem natürlich die *jungen* Menschen:

Jeder von uns, wenn er nicht ganz vernagelt und stupide ist, stellt sich doch gelegentlich die Frage: Wie kann ich in meinem Leben die größten Erfüllungen erreichen? Wie kann ich mich am stärksten entfalten und ein Maximum aus meinen Anlagen herausholen?

Die Frage gilt keineswegs nur unserem Beruf, in dem wir es möglichst weit bringen möchten, sondern sie gilt auch dem, was ich einmal allgemein unser »humanes Glück« nennen will. Hier lautet die Frage dann so: Wie kann ich die größte Erlebnisfülle, wie kann ich das größte Glück des Eros, wie kann ich die größte Erfüllung des Leibes und der Seele in meinem Leben mächtig werden lassen? Wie kann ich – so fragt Françoise Sagan, die junge französische Schriftstellerin, die in vielen Punkten zur Sprecherin unserer skeptischen Jugend geworden ist –: Wie kann ich von Überdruß und Langeweile befreit werden? Wie kann ich einmal bis ins Letzte engagiert, wie kann ich einmal mit allen Fasern meines Lebens an etwas beteiligt, von etwas erfüllt und in Ekstase gebracht werden?

Es kommt mir nun alles darauf an klarzustellen, daß diese Frage bedrohlich falsch gestellt ist. Die Grundfrage, die wir ja alle an das Leben herantragen: »Wie kann ich glücklich werden und Erfüllungen finden?«, weist wirklich in die verkehrte Richtung. Warum?

Diese Frage geht davon aus, daß ich allein auf der Welt bin. Ich fasse mich sozusagen als einen Organismus oder – goethisch gesprochen – »als eine geprägte Form« auf, die sich lebend entwickeln und zur größtmöglichen Entfaltung gebracht werden soll. Natürlich wird mir das meistens nicht klar. Aber auch unbewußte Voraussetzungen können Macht über mein Leben gewinnen.

Einer solchen Schau der Dinge, wie sie uns allen im Blut liegt, hält nun das Wort des Schöpfers entgegen: »Es ist nicht gut, daß der Mensch allein sei.« Es ist also nicht gut, daß er ein in sich ruhender Organismus ist, der sich dann entfaltet, sondern er muß ein Gegenüber, er muß einen Partner, einen Gefährten und ein Du haben. Hier rührt der Text an ein Grundgeheimnis unseres Lebens überhaupt:

Es ist nämlich merkwürdig – und ist mir auch persönlich zu einer Überzeugung geworden, die vom Leben auf Schritt und Tritt bestätigt wird –, daß ich zu der größtmöglichen Entfaltung meiner Persönlichkeit gerade dann *nicht* komme, wenn ich diese Entfaltung *will*, wenn ich mir also ständig überlege: Wo habe ich eine Chance, mich auszuleben? Wo kann ich gesellschaftliches Prestige gewinnen? Wo kann ich ein Maximum an Leistung erreichen und wo die höchste Lust erleben? Vielmehr komme ich nur dann zur wahren Erfüllung meiner Persönlichkeit und meines Lebens überhaupt, wenn ich an diese Entfaltung gar nicht denke, sondern wenn ich mich – gleichsam selbstvergessen – einem *anderen* zuwende, einem anderen Menschen oder auch einer Aufgabe, kurz, wenn ich also diene und liebe und in beidem nicht an mich selbst denke.

Oft habe ich mich gefragt: Was passiert eigentlich, wenn zwei Menschen sich lieben? Werde ich durch den Einbruch eines anderen Menschen in mein Leben sozusagen aus der Bahn geworfen – wie eine Billardkugel, die mit einer anderen zusammentrifft und dadurch ihre Bahn nun ändern muß? Werde ich also *um*geformt? Oder werde ich gerade in meinem eigentlichen Wesen *heraus*geformt?

Ich habe einmal zwei alte Schwestern gekannt. Die eine war eine Familienmutter, die in sich die ganze Fülle des Lebens zu bergen schien. Sie hatte ihr Leben im Dienst an den Ihren verströmt und sich für sie aufgeopfert, aber sie war dabei ein lebendiger Mensch geworden, der alles, was in ihm lag, in Breite und Fülle entfaltet hatte. Die andere dagegen war ein hochgebildetes altes Fräulein, die ihr Leben lang nur an die Entfaltung ihrer Persönlichkeit gedacht und alle ihr erreichbaren Bildungsgüter in sich aufgenommen hatte, und gerade sie, die sich als geprägte Form lebend entwickeln wollte und sich zum Selbstzweck geworden war, wirkte verdorrt und einseitig neben jenem anderen Menschen, der von sich weg und für andere gelebt hatte.

Ich meine nun gar nicht und möchte das ausdrücklich betonen, daß diese Herausformung meiner eigenen Persönlichkeit nur innerhalb der Mann-Frau-Beziehung, also etwa innerhalb der Ehe, möglich sei. Das Leben bietet eine solche Fülle von Möglichkeiten zu lieben, zu dienen, mit anderen Menschen zu leiden und für sie dazusein, daß auch einem Menschen, der ohne Lebensgefährten seinen Weg geht, gleicherweise die Möglichkeit geschenkt ist, sich selbst in der Hingabe an andere zu finden und zu erfüllen. Die Ehe bildet für die Liebesfülle unseres Lebens nur eine Art Modell-Bild. Darum kann auch der allein Wandernde sich hier seine Orientierung holen.

Es gibt eben Dinge im Leben – und dazu gehört die Erfüllung der eigenen Persönlichkeit –, die man nicht direkt wollen kann und die einem sozusagen nebenbei, wirklich als »Nebenprodukt«, zuteil werden. Nur einer, der liebt und nicht an sich denkt, findet sich gerade – und umgekehrt: Wer sich selbst sucht, ist immer der Geprellte.

Auf dieses merkwürdige Geheimnis unseres Lebens hat Jesus aufmerksam gemacht, wenn er sagt: »Trachtet am ersten nach dem Reich Gottes und nach seiner Gerechtigkeit, so wird euch solches alles zufallen.« Das heißt doch: Wem es wirklich und ernsthaft, wem es sozusagen elementar um Gott geht, der bekommt nebenbei alles andere mitgeschenkt, dem gibt er Brot und Freunde, dem schließt er Tore in seinem Beruf auf und den überschüttet er mit der Fülle des Lebens. Wer selbstvergessen seiner Aufgabe dient, wer ohne Rücksicht auf eigene Verluste denen dient und denen liebend nahe ist, die ihm Gott als seine Nächsten auf den Weg gestellt oder auch hilflos vor die Füße gelegt hat, der empfängt Freuden, Heiterkeiten und Reichtümer, die er nie gefunden hätte, wenn er sie unmittelbar und in egoistischer Gier gesucht hätte. Wer sein Leben erhalten will, der wird's verlieren; wer es aber hingibt und gerade nicht sich selbst und sein Leben will, der ausgerechnet findet sich – und nebenbei und dann *auch* noch das Schöne im Leben, ja das Interessante und Attraktive. Gott schenkt das Größte immer nur »nebenbei«. Das muß man sich merken.

Ich würde sagen, daß sich das schon in unserem Lebensstil ausprägen muß. Wer morgens bereits mit dem Gedanken aufsteht: Wie kann ich heute möglichst viel in meine Tasche hineinwirtschaften? Was kann ich für meine Karriere, meine Sicherheit, meine Vitalität tun? – und wer nebenbei dann noch denkt: Später, wenn ich das alles erreicht habe, will ich mir *dann* auch Zeit nehmen, fromm zu sein und meiner Bank einen Dauerauftrag für Bethel oder andere edle Werke geben; ich behaupte: Wer so denkt, der hat von Anfang an eine falsche Kalkulation aufgestellt, der findet die Erfüllung seines Lebens gerade nicht. Auch bei dem in Aussicht genommenen, frommen Happy-End seines Lebens, bei dem geplanten Stelldichein mit Gott auf den sanften Auen der Saturiertheit ist er auf jeden Fall der Geprellte. Wenn Gott nicht das Erste, das Elementarste in unserem Leben ist, so entweicht er uns ganz, oder wir erleben ihn als gespenstische Unruhe, die von den Rändern her in unser Leben hereinstrahlt.

Darum meine ich, daß wir schon den Tag mit ihm beginnen müßten – weil eben das Wichtigste und Programmatische immer an die Spitze gehört –, daß wir ihm alles anzubefehlen hätten: was wir heute zu treiben gedenken, unsere Ehe, unsere Kinder, die Menschen, mit denen wir heute zu verhandeln und mit denen wir zu arbeiten haben, und unseren kranken und einsamen Nachbarn, der unserer Hilfe bedarf.

Wir halten jedenfalls fest: Nur diejenigen, die gerade nicht sich selbst suchen, finden sich. Nur wer ganz einfach liebt und nicht an sich selbst denkt, gewinnt die Fülle auch seines eigenen Lebens. Gott schenkt das Beste mit der linken Hand, und »den Seinen gibt's der Herr im Schlaf«.

[XI,90–96]

Humanisten

Manchmal frage ich mich, ob nicht auch die, die sich heute als säkulare Humanisten verstehen, aus fernen Erinnerungen an jenen Vater handeln und der Stunde des Gereuens deshalb nahe sein könnten. Woher stammt denn eigentlich ihre Ethik praktischer Nächstenliebe, ihre Bereitschaft, behinderten Kindern zu helfen, alten und kranken Menschen beizustehen? Eine berechnende Absicht, nur »nützliche Glieder der Gesellschaft« zustande kommen zu lassen, kann hier doch kaum das Motiv sein. Denn jedes nur ökonomische Denken, das von der Frage lebt: »Was kommt dabei heraus, was nützt es?«, müßte doch zu dem Ergebnis kommen: null und nichts. Woher also stammt eigentlich diese Heiligung des Humanum, die nach keinen Nutzeffekten fragt, sondern die Würde des Menschen auch da noch respektiert, wo es sich für nur berechnendes Denken um bloß »lebens*un*wertes Leben«, um Krüppel, gebrechliche Alte oder Geisteskranke handelt? Ist dieser Respekt vor dem Tabu des Menschlichen nicht eine Nachwirkung des Wissens, daß Gott den Menschen geliebt hat, ohne daß er Anlaß dazu hatte oder daß ihn irgendwelche Zwecke dabei geleitet hätten? Ist es nicht die Erinnerung daran, daß wir »teuer erkauft« sind (1. Korinther 6,20) und daß diese Würde auch dem Ärmsten und Unwertesten noch zuteil wird? Hat nicht *der* die Nachricht davon auf diese Erde gebracht, der uns das Gleichnis von den zwei Söhnen erzählt?

Man könnte manchen sogenannten Humanisten, spräche man ihn auf diese Fragen an, gewiß in Verlegenheit bringen. Warum, so könnte man ihn fragen, machst du eigentlich die schreckliche Redensart vom »lebenunwerten Leben« nicht mit? (Nur weil die Nazis dieses schauerliche Schindluder damit getrieben haben? Das könnte doch wohl der einzige Grund nicht sein, weil es sicher auch einen humaneren Umgang mit diesen Leuten »unter dem Strich« gäbe!) Wer ist denn eigentlich dieser Mensch für dich, daß du dich *trotzdem* um ihn kümmerst und trotz seiner Nicht-mehr-Verwertbarkeit auch im Schwerstbehinderten noch seine Würde achtest?

Der also Gefragte wird dann vielleicht schweigen und mit seiner Antwort passen müssen. Er dient einem versunkenen Sinn, einem unbekannten, ihm entglittenen Gott, der das Humanum geheiligt hat, indem er Golgatha geschehen ließ.

Wir müßten ihm das zu sagen versuchen, so daß er merkt, in *wessen* Namen er unwissend dem ärmsten Bruder dient und daß er ein schüchternes Ja zu dem heimlichen Christus gesprochen hat. Er wird das am Ende der Tage von Angesicht zu Angesicht bestätigt bekommen. Deshalb könnte er schon jetzt zu denen gehören, die »nicht ferne vom Reich Gottes« sind. Und er mag viele beschämen, die mit ihrem bekennenden Ja proklamieren, daß sie schon drinnen seien, aber dann den Weg nicht gehen, auf dem ihnen der hungernde, dürstende, ausgebeutete und zerschlagene Nächste begegnet und ihre Zuwendung ersehnt.

[XII,40f]

Was die Angst überwindet

Gesetz und Liebe

Die positive Macht, die die Angst überwindet,
ist die Liebe.
Was damit gemeint ist, verstehen wir nur,
wenn wir die Angst in ihrer letzten Wurzel begriffen haben,
daß nämlich Angst gestörte Bindung
und Liebe die wiedergewonnene Bindung ist.

Bei meiner Bibellektüre achte ich darauf,
wie nachsichtig Jesus Christus
mit den Sünden der Sinne ist
und wie hart und unerbittlich er den Geiz,
den Hochmut und die Lieblosigkeit richtet.
Bei seinen Christen ist das meist umgekehrt.

Wer zu danken gelernt hat, lebt als ein Befreiter.

Geborgen und gelassen

In einer alten Fabelsammlung wird von einem Vogel erzählt, der auf dem Rücken lag und seine Beine starr gegen den Himmel streckte. Als ein anderer Vogel diese etwas merkwürdige Position beobachtete, flog er herbei und fragte: »Warum liegst du denn so auf dem Rücken und streckst die Beine von dir weg?« – »Weißt du«, erwiderte der andere, »ich trage nämlich den Himmel mit meinen Beinen. Wenn ich die Beine anzöge und losließe, würde das ganze Himmelsgewölbe einstürzen!« Als er das kaum gesagt hatte, fiel ein Blatt von dem nahe dabeistehenden Baum und raschelte dicht neben ihm nieder. Das versetzte dem Vogel einen solchen Schreck, daß er seine hehre kosmische Sendung jäh vergaß und nicht nur seine Beine einzog, sondern auch in Panik davonflog. Der Himmel aber wölbte sich weiter über der Erde.

Das ist geradezu eine Modellgeschichte für christlichen Humor, weil seine wesentlichen Characteristika in ihr versammelt sind:

Die Gewißheit, daß der Himmel beständig sei und einen Herrn habe, der seine Kreaturen – Vögel und Menschen gleichermaßen – überragt, schenkt die Gelassenheit derer, die sich geborgen wissen. Sie relativiert zugleich das Weltgetriebe, in dem sich die Treibenden und Getriebenen so unendlich wichtig nehmen. Wenn sie gar von ihrer Wichtigkeit so überzeugt sind wie der Vogel und sich als den Nabel der Welt betrachten, so reizt der Gegensatz zwischen der Selbsteinschätzung und der nichtigen De-facto-Rolle zum Lachen. Nicht weil *wir* sind, ist Gott – wer das meinen würde, wäre in der Tat ein komischer Vogel, ein Feuer-Vogel oder ein Feuer-Bach! –, sondern weil *Gott* ist, sind wir.

Dies zu erfahren: daß die Welt nicht auf unsern Schultern oder Beinen liegt, daß wir nicht für ihre Gründung, ihren Fortgang und ihre Vollendung verantwortlich sind, bedeutet eine ungeheure Entlastung. Sie befreit aus der Verkrampfung zur Heiterkeit. Die Wahrheit über die tatsächlichen Maßstäbe und Kompetenzen macht auch hier frei. Die Selbstüberschätzung des Menschen als Gott Gottes dagegen führt in den Krampf und zwingt zu ständiger Selbstbestätigung. Nur wer seine Nichtigkeit durchschaut hat und gleichwohl weiß, daß er deshalb nicht zunichte wird, sondern in einem Liebenden, Aufrichtenden geborgen ist, findet dadurch zum heiteren Darüberstehen. Denn ich bin nicht ins Nichts geworfen, sondern ich bin von einer Hand getragen. Darum »fürchten wir uns nicht, wenngleich die Welt unterginge und die Berge mitten ins Meer sänken … Dennoch soll die Stadt Gottes fein lustig bleiben mit ihren Brünnlein …« (Psalm 46)

[VII,129f]

Gesetz und Gnade

Gott sieht tiefer als unser normales und törichtes, bloß auf die Oberfläche eingestelltes Auge. Er sieht die vielen Gedanken, die zu Mord und Ehebruch auf dem Sprunge liegen. Er sieht den verzehrenden Neid, der uns fast verbrennen will, während wir äußerlich unserem Konkurrenten die Hand geben und ihn doch im geheimen dahin wünschen, wo der Pfeffer wächst. Er sieht die unreinen Blicke und die wilde Bereitschaft unserer Phantasie. Und noch eine Stufe tiefer, im Hexenkessel des Unbewußten, von wo aus unser Leben weithin gesteuert wird und in dem sich viele Träume zusammenbrauen, vor denen wir erschrecken, da sieht es noch viel unheimlicher aus. Die Nervenärzte wissen davon etwas zu sagen. Aber stellt dieses alles (die Gedanken des Herzens, das Unbewußte und die Träume) denn etwa einen Bereich dar, der nicht mehr zu mir gehört, weil ich doch nur der Bewußte, der über sich selber Klare und sich in der Hand Habende bin? Oder muß ich nicht vielmehr sagen: Auch dieses alles bin *ich?* Das sind meine Gedanken, das ist meine Phantasie und das ist mein Morden und Lügen und Ehebrechen, auch wenn es nie das Licht der Welt erblickt?

Warum erblickt es denn eigentlich so selten das Licht der Welt? Vielleicht habe ich nicht die Nerven dazu, vielleicht habe ich auch zuviel Hemmungen, die mit meinem bürgerlichen Stande zusammenhängen, um allzu offen zu tun, wohin es mich drängt: Ich habe Interesse, von den Menschen respektiert zu werden, ich habe Angst vor den *Folgen.*

Vielleicht, vielleicht morde und lüge und ehebreche ich auch deshalb nicht, weil das Gebot Gottes mir das klar verbietet und weil ich Respekt vor diesen seinen Geboten habe. Aber gerade dann, wenn ich das Gebot Gottes so als Hemmung empfinde und es mir in den Arm fallen lasse, gerade dann spüre ich, wozu ebendieser mein Arm erhoben war. Das Gebot Gottes macht mir nur um so bewußter, welche Opposition, welcher Aufruhr in mir ist und wie verschieden die Parteien sind, die auf dem Gelände meiner Seele miteinander ringen. (Wer sich das klarmachen will, braucht nur einmal das siebte Kapitel des Römerbriefes zu lesen.) Ich mag mit der Sünde einen erbitterten Ringkampf führen und mag einen Augenblick meinen, ich kämpfe mit einem Fremden. Aber ich bin ja selbst dieser Gegner. Es ist nicht die »Sünde in mir«, sondern *ich* bin es. Davon hat Paulus etwas gewußt (Römer 7,20).

Dazu muß das Gesetz in seiner Härte bleiben. Es muß gleichsam wie eine Gaze in der tiefen Wunde unseres Herzens steckenbleiben, damit sie nicht allzu leicht zuheilt und allzu unsichtbar vernarbt und wir dann nicht leichtsinnig meinen, wir seien gar nicht wund und krank und brauchen niemanden mehr, der für uns stirbt und uns als Heiland vergibt und heilt.

Sind wir nicht alle in Gefahr, die Gaze herauszunehmen und uns nicht nur eine glatte Heilung vorzuspiegeln, sondern zu meinen, daß wir eigentlich niemals so recht verwundet und krank gewesen seien?

Wir alle wissen, was die *christliche Erziehung* von Jugend auf bedeutet und welches Geschenk damit einem ganzen Volke gemacht ist. Man bricht von dieser positiven Bedeutung nichts ab, wenn man zugleich auch eine Gefahr darin sieht: Wir sind von Jugend auf in fast gefährlicher Selbstverständlichkeit dessen versichert und gewiß, daß Gott bereit ist, uns alles zu vergeben, und daß das Siegel unserer Taufe unter diesen Gnadenbrief gedrückt ist. Wir haben schwarz auf weiß ein Dokument in der Tasche. Es lag schon in unserer Wiege, und jetzt können wir es als privilegierte Taufscheinbesitzer und Kirchensteuerzahler jederzeit auf Anhieb aus der Schublade ziehen. Petrus muß uns schon durchlassen, wenn wir unseren »Himmelspaß« aus der Tasche ziehen. Und einen Stehplatz im Himmel wird er schon noch für uns haben.

Das ist die Kehrseite jener Medaille, auf deren *eine* Seite wirklich das echte und große Siegel der Barmherzigkeit geprägt ist – und ich denke, man versteht, was ich damit sagen will.

Es besteht nämlich auch eine *Gefahr* darin, der Vergebung sicher zu sein, ehe man über die Sünde unsicher geworden ist. Man könnte dann schließlich wie Heine der Ansicht sein, daß es nun einmal die Branche Gottes sei, zu vergeben, und daß man dessen versichert sein dürfe, Gott werde sein Amt im entscheidenden Augenblick schon zu unserer Zufriedenheit ausüben: »Immer fröhlich, immer fröhlich, alle Tage Sonnenschein, denn der Vater in dem Himmel nennt uns seine Kinderlein«. Nicht wahr, das ist läppisch und infantil, auch wenn es zehnmal stimmt, daß Gott uns seine Kinder nennt. Aber dafür, *daß* wir seine Kinder sind, ist eben Blut geflossen, das ist das absolut Unselbstverständliche, dafür wurde das Kreuz von Golgatha errichtet und dafür hat das Herz Gottes eine Wunde empfangen. Wie sollten wir da unsere eigene Wunde vergessen!

Vergessen wir das aber doch, dann wird uns die Gnade »selbstverständlich«. Und das ist das schlimmste. Sie ist dann zu billigsten Schleuderpreisen zu haben – wie eine halbverdorbene Ware, die man jedem nachwirft, der nur Miene macht, sie »nebenbei« doch noch mitzunehmen. Dann wird diese Gnade ein anderer Ausdruck für die Harmlosigkeit und »Ungefährlichkeit« Gottes.

Das Jüngste Gericht wird unter der Hand zu einer Ausgeburt mittelalterlich pervertierter Phantasie, und das Gesetz Gottes wird aus einem elektrisch geladenen Stacheldraht, der uns von der Hoheitszone Gottes scheidet, zu einer Rosenhecke, in deren Schatten es sich wunderbar saufen und buhlen und schwarzhandeln und morden läßt. Darum – damit das nicht geschehe, reißt hier Jesus unsere tiefste Wunde auf und stopft die Gaze hinein, auch wenn es weh tut. Hier sieht uns auf einmal der Gekreuzigte an; und ehe wir von ihm das beseligende, das erlösende Wort vernehmen: »Das tat ich für dich«, muß täglich aufs neue von uns ein anderes Wort gesprochen werden: »Das tat ich gegen dich.« Nur dann, nur dann begreifen wir das Kreuz auf Golgatha. Sonst wird es so harmlos, daß die Damen der Gesellschaft damit ihr Abendkleid zu schmücken wagen.

[IV,57–59]

Liebe als Echo

Weil Gott mir mit seiner Liebe entgegenkommt, weil er um mich gelitten hat und sein ganzes Herz mir entgegenschlägt, wenn er mir auf der Treppe des Vaterhauses entgegenkommt, darum, nur darum kann ich ihn wieder lieben. Nur darum kann ich das ganze Gesetz auf einmal erfüllen. Denn die Liebe *ist* ja des Gesetzes Erfüllung.

Hier sieht man ein großes Geheimnis offenkundig werden: Es wird nämlich klar, warum das Gesetz mich niemals zum Ziel bringen kann, warum es mich immer nur zu verwunden und in der Wundheit zu erhalten vermag.

Denn »auf Kommando« *kann* ich ja nicht lieben, auf Kommando kann ich nur parieren. Gehorchen, parieren heißt aber immer, daß ich etwas in mir überwinden, etwas niederkämpfen muß. Deshalb ist ja in der Volkssprache auch sehr drastisch vom »Schweinehund« die Rede, den es zu überwinden gilt, wenn der Befehl kommt. Der »Schweinehund« der Müdigkeit, der Angst, des Trotzes. Darum bin ich beim Gehorchen auch nie ganz dabei, sondern höchstens mit der besseren Hälfte meines Ichs, während die andere gleichsam in Opposition bleibt. Beim Lieben aber bin ich *ganz* dabei; denn Liebe ist ja eine Bewegung meines *ganzen* Herzens, Liebe ist ja immer überströmende und schrankenlose Hingabe. Darum kann man sie nie befehlen, darum kann sie nur in einem einzigen Fall Ereignis werden.

Ich kann nämlich nur dann mein ganzes Herz schenken, wenn *mir* ein ganzes Herz entgegenschlägt. Ich kann nur dann *lieben,* wenn mir Liebe *entgegengebracht* wird.

Und eben dieses Wunder geschieht nun, wenn ich vor Jesus stehe. Da schaue ich dem Vater mitten ins Herz: in das Herz, das sich losgerissen hat vom Liebsten, vom eingeborenen Sohn; in das Herz, das um meinetwillen blutet; in das Herz, das für einen Menschen schlägt, der da auf der untersten Stufe steht und seine Augen nicht zu erheben wagt. Und dieser eine Mensch bin *ich.*

Ja, den kann ich nun lieben, der da auf einmal neben mir steht auf der untersten Stufe, statt daß er in der Glorie des Himmels bleibt.

Was die Donner und Blitze des Berges Sinai nicht zuwege brachten, daß nämlich mein Herz zur Liebe frei wird und daß ich von ganzem Herzen Kind sein und mich im Vaterhause geborgen fühlen darf, das kommt durch den Einen zustande, der mir als Bruder entgegenkommt und mich geleitet.

»Siehe, hier bringe ich ihn«, sagt er seinem Vater, nachdem er mich abgeholt hat tief unten, »ich habe ihn gar teuer erworben.« Und um meines Bruders Jesus Christus willen darf ich kommen.

Ist es wirklich noch ein »Befehl«, ist es noch ein »Gesetz«, wenn es jetzt heißt: Lasset uns ihn lieben; denn er hat uns zuerst geliebt? Oder ist dieses Wiederlieben nicht bloß ein Echo, das ich gar nicht abzudämpfen vermag, weil es übermächtig in mir losbricht, ein Echo der jubelnden Gewißheit: Ich bin geliebt, ich bin geliebt, ich darf ja kommen?

[IV,62f]

Neuer Anfang

In der Vergebung ist die einzige Möglichkeit gegeben, wie die Welt von dem Echogesetz frei wird, wie sie von jenem furchtbaren und chaotischen Gesetz frei wird, nach welchem die Völker und die einzelnen sich an der »Schuld des andern« immer aufs neue entzünden und aufpeitschen und nach welchem die Schuld- und Vergeltungslawine zu immer gigantischeren Ausmaßen schwillt. *Echo sind wir nämlich immer.* Es fragt sich nur, auf was.

Entweder wir sind Echo auf das Unrecht, auf die Intrige, auf die Schikane, auf die Gemeinheit, die um uns her ist. Dann werden wir selber intrigant, schikanös und gemein. Oder wir sind das Echo auf Jesus Christus und damit das Echo auf das, was uns an vergebender und erneuernder und schöpferischer Liebe von unserem Vater her entgegentritt. Dann werden wir selber liebevoll, erneuernd, vergebend, schöpferisch und positiv.

Hier ist die einzige Möglichkeit, wo die Schraube ohne Ende, eben doch noch ein Ende findet und wo das schauerliche Vergeltungsprinzip durchbrochen ist: *Jesus Christus schenkt uns einen neuen Anfang!*

[VI,119]

Menschlich gesehen

Der Glaube ist nicht etwas, das fix und fertig vom Himmel fiele. Und unsere Geschichte mit Gott beginnt durchaus nicht so, daß wir den ganzen Katechismus mit allen seinen Paragraphen unterschreiben und »für wahr halten« müßten. Gott ist viel zu barmherzig und zu generös, um das Ansinnen an uns zu stellen: »Wenn du Jesus nicht als meinen Sohn und damit als ›Gottmenschen‹ anerkennst, gehörst du noch nicht dazu, dann bist du des Titels ›Christ‹ noch nicht teilhaftig. Ich kann dich so bestenfalls auf die Liste der Anwärter setzen, und du mußt zusehen, wie du langsam vom Ende der Schlange nach vorne rückst.« So denken vielleicht manche menschlichen Eiferer; Gott aber denkt nicht so.

Ich weiß noch, wie das war, als ich auf das Gymnasium kam. Ich hatte die Aufnahmeprüfung bestanden und war von Stolz geschwellt, daß ich nun »dazugehörte«. Da waren die Oberprimaner, die – aus meiner kindlichen Perspektive gesehen – vor Gelehrsamkeit fast zu bersten schienen, während ich kümmerlicher Dreikäsehoch noch kein lateinisches Wort kannte. Sie besaßen auch tiefe Männerstimmen, denn sie waren schon erwachsen, während ich noch einen Knabensopran hatte. Mochte ich denn noch eine unreife Traube am Stock und mochten die Primaner schon alter und abgeklärter Wein sein: immerhin gehörte ich nun dazu. So ist es auch mit der Gemeinde Jesu: Daß Jesus von Nazareth ein Mensch ist wie du und ich und daß er zugleich noch etwas *anderes* ist – eben das, was das Wort »Gottes Sohn« etwas hilflos daherstammelt –, das erfahre ich vielleicht, wenn ich lange in seiner Schule gewesen bin. Aber ich gehöre schon *zu* ihm, wenn ich nur den ersten Hunger und Durst nach der Gerechtigkeit in mir habe. Und wenn ich auf ihn zutrete und zu ihm sage: »Herr (wer du auch immer seist, du weißt ja besser als ich, wie sehr ich noch im Dunkeln tappe), Herr, hilf mir!«, dann bin ich schon in seine Scharen eingereiht und gehöre »dazu«.

Darum lassen Sie die Gottessohnschaft Christi, lassen Sie Ostern und Himmelfahrt ruhig auf sich beruhen. Denn jede Lehre, so hat Luther einmal gesagt, hat ihr Alter, ihre Zeit und ihre Stunde. Gieren Sie nicht nach der Reifeprüfung, wenn Sie noch ein Sextaner sind! Nehmen Sie Jesus so, wie er Ihnen zunächst erscheint: als einen edlen Menschen, der nur geliebt hat. Nehmen Sie ihn so, wie Sie irgendeinen Menschen nehmen, der Sie durch Seelengröße anrührt. Wenn Sie das tun, haben Sie zweifellos sein Geheimnis noch nicht begriffen. Sie gleichen dann jener seltsamen und doch eindrücklichen Gestalt des Neuen Testaments, die unter dem Namen des blutflüssigen Weibes bekannt ist (Matthäus 9,20ff). Sie trat »von hinten« an den Herrn heran und rührte seine Kleider an, um gesund zu werden. Doch sie hatte das Geheimnis Jesu noch nicht begriffen. Sie sah nur einen Magier, einen Zauberer in ihm und war der abergläubischen Meinung, daß der Kontakt mit seiner Ausstrahlung ihre Krankheit wegzaubern würde. Jesus für einen Magier zu halten, ist sicher eine primitivere Ausgabe des gleichen Mißverständnisses, wie wenn ich ihn für einen edlen Menschen, für einen Albert Schweitzer in Großformat halte. Und doch drehte sich Jesus zu diesem kümmerlichen Weiblein herum und sah sie an und rühmte ihren Glauben und ließ sie wissen: Du gehörst dazu, obwohl du noch eine Anfängerin bist und obwohl es bei dir von Mißverständnissen nur so wimmelt. Du gehörst dazu.

Wenn Sie Jesus zunächst so nehmen, wie er Ihnen Eindruck macht, wenn Sie ihn also ganz »menschlich« verstehen und in ihm einen Menschenbruder sehen, der uneigennützig liebt, der ganz aus Liebe besteht und der seinen Auftrag, Menschen mit einem neuen Sinn ihres Lebens zu beschenken, so ernst nimmt, daß er dafür stirbt – wenn Sie ihn so verstehen, haben Sie ihn zwar noch nicht von Angesicht zu Angesicht gesehen, aber Sie haben wenigstens den Zipfel seines Gewandes in die Hand genommen. Und wer ihn so festhält am äußersten Ende, wer ihn so an der Peripherie erfaßt hat, zu dem wendet er sich um und sagt zu ihm: »Du gehörst zu mir, und nun begleite mich. Und wenn du mit mir gehst, wirst du von Tag zu Tag mehr merken, wer ich bin.« *[II,29–31]*

Zeugnis

Was wir in den Berichten über Jesus Christus vor uns haben, sind die Glaubenszeugnisse von Überwältigten. Anders als in solchem Zeugnis konnte man nicht von ihm reden – ganz gleich, ob das Zeugnis *für* ihn oder *wider* ihn war. Alle, die ihm begegneten, waren in diesen Bannkreis des Bekennens und Farbebekennens einbezogen: die Jünger und die Frauen unter dem Kreuz, aber auch der Offizier von Golgatha in seinem stotternden Ausbruch: »Wahrlich, dieser Mensch ist Gottes Sohn gewesen!«; und auch die Henker und die hohen Kleriker, Pontius Pilatus nicht zu vergessen. Nur eines konnte man auf keinen Fall: Neutral und unbeteiligt sein konnte niemand. Es gab keinen sachlichen Protokollanten, wenn einem das Blut in den Adern erstarrte.

Das Zeugnis von Überwältigten – nur das haben wir vor uns. Dahinter kann niemand zurück. Denn wir können nun auch unsererseits dieses Zeugnis nicht mit unberührter Objektivität durchdringen und den sogenannten historischen Jesus aus ihm herauspräparieren wollen. Wir können nur »ja« oder »nein« sagen. Es gibt nur die Alternative, mit dem Bekenntnis zu reagieren: »Mein Herr und mein Gott«, oder mit der ebenso heftigen Abwehr: »Hebe dich hinweg von mir, und störe meine Kreise nicht!«

[II,98f]

Wer ist mein Nächster?

Wer Jesus Christus ist, erfährt man nicht, wenn man darüber nachgrübelt, ob es so etwas wie Gottessohnschaft oder Jungfrauengeburt oder Wunder gibt. Wer Jesus Christus ist, erfährt man von den gefangenen, hungernden, geängstigten Brüdern. Denn in ihnen will er uns begegnen. Er ist ja immer in der Tiefe. Und an diese Brüder komme ich nur heran, wenn ich die Augen aufmache, um das Elend um mich herum zu sehen. Und die Augen kann ich nur aufmachen, wenn ich liebe. Ich kann aber nicht hingehen und tun und lieben, wenn ich vorher frage: »Wer ist mein Nächster?« Auf diese Frage hat der Teufel nur gewartet; darauf wird er mir immer nur die bequemsten Antworten zuflüstern, und wir Menschen fallen immer auf das Bequemste herein. Lieben kann ich vielmehr nur dann, wenn ich im Sinne Jesu die Frage des Schriftgelehrten »Wer ist mein Nächster?« umkehre. Dann heißt sie nämlich so: »Wem bin *ich* der Nächste? Wer ist *mir* vor die Füße gelegt? Wer erwartet Hilfe von *mir,* und wer sieht in *mir* den Nächsten?« Diese Umkehrung der Fragestellung ist geradezu die Pointe des Gleichnisses vom barmherzigen Samariter.

Wer liebt, muß sich immer aus seinen Plänen und Vorhaben herausreißen lassen. Ich muß bereit sein, mich durch Aufgaben überraschen zu lassen, die Gott mir *heute* stellt. Gott zwingt mich immer zur Improvisation. Denn Gottes Aufgaben haben stets etwas Überraschendes, und der gefangene und verwundete und geängstigte Bruder, in dem der Heiland mir begegnet, liegt ganz bestimmt *dann* an meinem Wege, wenn ich gerade etwas anderes vorhabe und mit ganz anderen Pflichten beschäftigt bin. Gott ist immer ein Gott der Überraschungen: nicht nur in der Art, wie er mir hilft – denn auch die Hilfe Gottes kommt ja ständig aus ganz andern Richtungen, als ich es vermute –, sondern auch in der Art, wie er mir Aufgaben stellt und Menschen über den Weg schickt.

[III,242f]

Wunden verhindern

Christliche Liebe hat nie nur den Sinn, Wunden zu verbinden und nachträglich als Samariter tätig zu sein, sondern sie hat ebenso die Aufgabe, Wunden zu *verhindern* und damit *prophylaktisch* zu wirken. Darum wird sie niemals nur anklagen, wenn sie mit Untaten konfrontiert wird, sondern sie wird bemüht sein, die Quelle der Untaten zu verstopfen. Das heißt aber, daß die christliche Liebe eine politische Dimension hat: Sie muß auch auf gesellschaftliche und wirtschaftliche Gefüge bedacht sein, in denen man in Frieden leben kann und nicht zu Haß, Rachegelüst und Amoklaufen stimuliert wird. In diesem Sinne versuche ich das neutestamentliche Gleichnis vom barmherzigen Samariter weiterzuspinnen: Als der Samariter heimkam, hat er dafür gesorgt, daß die Wälder nach räuberischen Elementen durchgekämmt wurden, damit nicht aufs neue jemand unter die Mörder fiel. Aber noch mehr: Als man dann schließlich einige finstere Wegelagerer eingefangen hat, sieht er seine Samariterliebe auch *diesen* Burschen noch verpflichtet. Er erkundigt sich bei ihnen, warum sie denn kriminell geworden seien, und erfährt vielleicht, daß sie unter Milieuschäden und Jugendtraumata leiden (um es etwas zugespitzt modern auszudrücken). Dann wird er auch da eingreifen und Abhilfe zu schaffen suchen.

[VIII,33]

Warum – Wozu?

Solange ich frage: »Warum geschieht mir das?«, drehen sich meine Gedanken immer nur um mich selbst. Und wer feinere, vom Evangelium geschärfte Ohren hat, hört daraus eine Anklage: Ich habe es nicht verdient. Wir behaupten eben immer, es ganz genau zu wissen, wie Gott verfahren will. Oft müssen wir später – vielleicht nach einigen Jahren und Jahrzehnten – beschämt bekennen, wie töricht und hochfahrend wir waren, als wir Gott diesen Vorwurf machten. Wie oft hat sich herausgestellt, daß jene dunklen Stunden, derentwegen wir die Faust gegen den Himmel ballten, nur Stationen auf den weisheitsvollen Umwegen seiner Führung waren, die wir nicht in unserem Leben missen möchten. So hilft uns Jesus, wenn er uns die Frage nach dem Warum abgewöhnt, daß wir von der ewigen Anklage gegen Gott loskommen und uns nicht mehr an ihr wund zu reiben brauchen.

Er lehrt uns nämlich eine sinnvolle Wendung unseres Fragens. Er sagt uns, daß wir nicht fragen dürfen »warum?«, sondern »wozu?«. Mit dieser Wendung der Frage wird Jesus selbst unser Seelsorger. Wenn wir diese Wendung verstanden haben, dann löst sich unsere im Schreck zusammengeschnürte Kehle, dann bekommen wir wieder Luft, dann können wir wieder rufen und werden nicht müde, weil wir aus dem tiefen Frieden unseres Herzens leben können.

Wieso ist das eine ungeheure Befreiung? Indem Jesus uns fragen lehrt »wozu?«, lernen wir von uns selbst hinwegsehen auf Gott und seine Zukunftspläne mit unserem Leben. Wir verlernen, uns in unsere eigenen Gedanken zu verrennen, und erhalten eine ganz neue, positive und kreative Richtung unseres Denkens.

Wir können immer wieder folgendes bemerken: Alle Gemütskrankheiten und alle ausweglosen Traurigkeiten zeigen dieselben Erscheinungen, die der Arzt eine »egozentrische Struktur« nennt. Das soll heißen: Die Gedanken kreisen in den düstersten Stunden solcher Traurigkeit immer um mich selbst: Warum geschieht mir das, wie wird es mit mir weitergehen? Ich sehe keinen Ausweg mehr. Und je mehr ich mich an mich selbst verliere, um so unglücklicher werde ich. Dieses Unglück kann sich bis zu Krankheitsformen – etwa zu Neurosen – steigern. Daher sind auch alle egoistischen Menschen im Grunde unglücklich, einfach deshalb, weil sie selbst die Regenten ihres Lebens sein wollen und weil darum mit tödlicher Sicherheit der Augenblick kommen muß, wo sie nicht mehr weiterwissen.

Und eben da kommt Jesus mit lindernder Hand, hebt unseren Kopf hoch und zeigt, welches Glück es ist, daß wir eben *nicht* die Regenten sind, sondern daß Gott im Regimente sitzt und alles wohl führt und daß er etwas mit uns vorhat. Dann sehen wir plötzlich von uns weg (allein das schon ist eine unendliche Wohltat, daß wir uns nicht selbst immer im Blick stehen und uns so entsetzlich wichtig nehmen); dann sehen wir plötzlich von uns weg und erkennen über uns Wolken, Luft und Winde und dürfen es wissen: Der diesen allen Wege, Lauf und Bahn gibt, der wird auch mich nicht vergessen und auch für mich ein Ziel meines Laufens und Wanderns im Auge haben. Das ist das Produktive dieser neuen Art zu fragen. Wir lernen von uns selber wegsehen und auf die Ziele blicken, die Gott für unser Leben bereitet hat.

[V,33–36]

Angst überwinden

In ähnlicher Weise wie bei dem bekannten Gallup-Verfahren wurde eine Anzahl Fragen an vorwiegend junge Menschen, im wesentlichen Studenten, gerichtet. Eine dieser Fragen lautete: Mit welcher Grundempfindung stehen Sie dem Leben gegenüber? Sechzig Prozent von allen antworteten in erschütternder Eindeutigkeit: mit Angst. Wie kommen Menschen, die in keiner Weise einen ängstlichen oder verdrückten Eindruck machen, dazu, eine derart befremdliche Antwort zu geben?

Wenn man feststellen will, ob ein Mensch Angst hat, oder besser: ob er ängstlich ist, so wird man geneigt sein, seine Stellung in der Lebensgefahr, also angesichts des Todes, zu erkunden. Versucht man mit diesem Mittel die Richtigkeit jener Rundfrage zu kontrollieren, so wird man sehr schnell an einen toten Punkt kommen. Denn man wird von unserer Generation nicht sagen können, daß sie dem Tode gegenüber besonders furchtsam sei. Man hat gelegentlich mit Erstaunen vermerkt, daß Furchtlosigkeit gegenüber dem Tode keineswegs durch so etwas wie einen »religiösen Halt« zustande zu kommen braucht, sondern daß religiös gleichgültige, ja atheistische und nihilistische Menschen eine betonte Kaltblütigkeit besitzen können.

Man geht wohl nicht fehl, wenn man in jener Gallup-Antwort statt der Angst vor dem Tod die Angst vor dem Leben ausgesprochen sieht. Wenn der mittelalterliche Mönch Luther von Schuldangst gegenüber dem göttlichen Richter erfüllt war und sich ihm dabei die Frage entrang: »Wie kriege ich einen gnädigen Gott?«, so sind die heutigen Menschen von Schicksalsangst geschüttelt, von Angst vor den ungeheuren und abgründigen Möglichkeiten, die das Leben birgt. Dort, wo einst der Richtergott stand, ist ein Vakuum, ein leerer Fleck.

Vielleicht sollte die christliche Verkündigung das ganz anders bedenken und den Menschen an und in diesem Abgrunde aufsuchen, in dem er Angst leidet. Tatsächlich spricht das Heilige Buch der Christenheit den Menschen nicht nur immer wieder auf seine Schuld, sondern vor allem auch auf seine Angst an. Und wenige Sätze wiederholen sich so oft wie der Ruf in den Gottesfrieden, der eingeleitet zu werden pflegt mit den Worten: Fürchtet euch nicht!

Um das Wesen dieser Angst zu verstehen, wird es sich empfehlen, einmal die sprachliche Wurzel dieses Wortes zu bedenken: Angst kommt her vom lateinischen Wort »angustiae«, das soviel bedeutet wie Enge des Atemraums, Beklemmung, so, wie sie sich im Maximalzustand der Angst etwa bei der Angina pectoris zeigt. Charakteristisch ist dabei, daß der Begriff Angst auf einen Zustand deutet, in dem die Frage, was mich ängstigt, zurücktritt oder gar nicht erscheint. Zum Wesen der Angst gehört die Unbestimmtheit des Bedrohungsgefühls.

Man mag dabei, um das zu verstehen, an das Bild von der Midgardschlange aus der germanischen Mythologie denken: Hinter dem Horizont ringelt sich um den Erdkreis die große Schlange, in deren Umstrickung wir mitten inne sind. Die ganze Welt ist von dem Unheimlichen umschlossen. Es lastet auf allem, auch auf den Freuden und Festen, die man in dieser so schrecklich umschlungenen Welt feiern mag. Hier erst tritt der ganze Schrecken der Angst zutage. Solange ich bloße Furcht habe, d. h. etwas Bestimmtes befürchte, habe ich zugleich auch immer Hoffnung: Ich fürchte, den Krebs zu haben, aber vielleicht ist es nur eine harmlose Geschwulst, vielleicht gibt es auch eine unerwartete Heilungsaussicht. Ich fürchte, daß mein vermißter Sohn tot ist, aber vielleicht lebt er doch.

Das alles ist im ängstenden Banne der Midgardschlange anders. Hier ist die Welt in ihrer Ganzheit, mitsamt allen Befürchtungen und Hoffnungen, in Frage gestellt, und selbst über die Götter, zu denen man fleht, selbst über den Mächten der Hoffnung also, lastet der Schatten der Götterdämmerung. In den großen Katastrophenzeiten zieht die Schlange ihre Umstrickung sozusagen an. –

Damit stehen wir vor der Frage, ob es nicht eine *echte* Überwindung dieser Angst statt ihrer trügerischen »Umgehung« geben könnte.

Der Christ kann von dieser Überwindung nicht sprechen, ohne jener Gestalt zu gedenken, die von sich gesagt hat: In der Welt habt ihr Angst, aber siehe, ich habe die Welt überwunden.

Das Überraschende der biblischen Botschaft ist nun dies: Sie sieht das Gegenteil von Furcht und Angst in der Liebe. »Furcht« – man könnte hier genausogut sagen: »Angst – ist nicht in der Liebe«, heißt es in den Johannesbriefen. Das ist deshalb überraschend, weil hier nicht (wie man erwarten sollte) Haltung, Tapferkeit und Heroismus gegen die Angst ausgespielt werden. Das alles wäre ja nur verdrängte, nicht aber überwundene Angst. Sondern die positive Macht, die die Angst überwindet, ist die Liebe. Was damit gemeint ist, verstehen wir nur, wenn wir die Angst in ihrer letzten Wurzel begriffen haben, daß nämlich Angst gestörte Bindung und daß Liebe die wiedergewonnene Bindung ist. Wem an der Gestalt Jesu aufgeht, daß es einen väterlichen Weltgrund gibt und daß er geliebt ist, der verliert die Angst. Er verliert sie nicht etwa deshalb, weil es jene bedrängenden Mächte nicht mehr gäbe. Auf dem Bilde Dürers »Ritter, Tod und Teufel« lauern sie alle noch am Wege. Aber sie haben keine Macht mehr über ihn. Wenn man ein Gleichnis will, so könnte man sagen: Wenn ich an der Hand des Vaters gehe, wenn ich dieser Hand gewiß bin, habe ich auch im dunkelsten Wald keine Angst mehr.

Wer Angst hat und um Christus weiß, darf zunächst dessen gewiß sein: Ich bin mit meiner Angst nicht allein, sondern er hat sie *auch* durchlitten. Damit entsteht ein ganz neues Verhältnis zur Zukunft: Sie ist nicht mehr die vernebelte Landschaft, in die ich angsterfüllt Ausschau halte, weil sich dunkle Fährnisse dort gegen mich zusammenbrauen. Nein, es ist alles ganz anders: Wir wissen nicht, was kommt, aber wir wissen, *wer* kommt. Wem aber die letzte Stunde gehört, der braucht die nächste Minute nicht mehr zu fürchten.

[V,94–96.98f]

Mißverständnisse

Jesus begnügt sich mit den Hinterhöfen der Welt und verschmäht die Märkte. Er vermeidet die strategisch wichtigen Punkte, von denen die Welt sich aus den Angeln heben ließe, und bleibt bei einflußlosen einzelnen und Randsiedlern der Gesellschaft stehen: Ein geplagtes altes Weiblein, irgendein Lahmer, Blinder, Gichtbrüchiger bekümmert ihn mehr als Herodes oder der römische Statthalter Pontius Pilatus. Er neigt sein Ohr dem Flüstern der Ohnmächtigen und »Underdogs« zu und bemüht sich nicht um Audienzen in den Palästen der Großen.

Warum tut er das? Warum läßt er das andere? Oder anders gefragt: Was könnte denn dabei herauskommen, wenn sich Jesus öffentlich machte – zum Beispiel in dem Sinne (wie der Versucher in der Wüste es ihm zu suggerieren sich bemühte), daß er von den Zinnen des Tempels spränge und sich von Engeln unverletzt hinuntertragen ließe, so daß Tausende von Zuschauern von dieser Wunder-Legitimation beeindruckt wären und seiner göttlichen Macht applaudieren würden?

Dann hätte er sie doch nur an ihrem Nervenkostüm ergriffen, das für derartige Eindrücke empfänglich ist und das selbst im Pluralismus unserer Tage bei allen noch so verschiedenen Menschen die Gleichheit seiner Reaktionen bewahrt hat: Wenn der »Todesspringer« im Zirkus zu seinem gefährlichen Trick ansetzt, wenn selbst die Trommeln des Orchesters auf dem Höhepunkt der Sensation abbrechen, dann atmen sie alle synchron oder halten zugleich ihren Atem an: Christen und Atheisten, Kommunisten und Konservative, Wirtschaftskapitäne und Kleinbürger, Kinder und Greise. Die Überzeugungen und Interessen der im Zirkusrund Versammelten sind sonst völlig verschieden, es gibt kaum Querverbindungen und keine Kommunikation zwischen ihnen. Das einzige, was in dieser diffusen Versammlung konstant blieb und seine Identität erhalten hat, sind nur noch die Nerven und ihre Reaktionen.

Hier gibt es für einen einzigen Moment eine große, allgemeine und bei allen gleiche Beeindruckung.

Aber schon, wenn die Musik nach vollendetem Sprung wieder einsetzt, und erst recht, wenn die Zuschauer den Zirkus verlassen, verwandeln sie sich wieder in den bunten Haufen von Leuten, die nichts mehr miteinander zu tun haben, die nichts verbindet. Und auch der Todessprung des Artisten ist schon nach einer Stunde vergessen, wenn es beim Heimkommen um einen Zwist oder eine unerwartet eingetroffene Rechnung geht.

Die Nerven bilden sozusagen nur die Außenschicht unserer Psyche. Was sie in Schwingung versetzt, berührt unsere tieferen Schichten nicht. Nerveneindrücke sind punktuell auf den Augenblick beschränkt. Sie sind gleich darauf wieder verweht und zu nichts geworden. Der Weg über die Nerven war damals – und ist heute sicher erst recht –! der Weg in die breiteste Öffentlichkeit, weil unterhalb aller menschlichen Verschiedenheit das Nervenkostüm bei allen einigermaßen gleichgeblieben ist. Darum appelliert ja auch die Reklame, der alles an dieser Öffentlichkeit liegt, vornehmlich an die Nerven – viel weniger an die Einsicht – und sucht auf dem Weg über die Bildschicht oder durch Klänge und Rhythmen Begehren und Bereitschaft in ihnen auszulösen.

Ob Jesus *deshalb* den Tempelsprung und den Appell an die Nerven verweigerte? Ihm ging es ja darum, das *Herz*, also das personale Zentrum der Menschen, zu gewinnen und Wohnung in ihm zu machen. Er wußte, daß er nur von dort aus den Menschen zur »neuen Kreatur« umzugestalten vermochte. So begnügt er sich nicht damit, den Menschen nur an der Peripherie zu beeindrucken. Darum geht es ihm um eine ganze, in alle Lebensbereiche dringende Besitznahme. Er will nicht nur die »Nerven«, er will das Herz. Ihm ist klar, daß er nur von dieser Stelle, von diesem Zentrum aus die Herrschaft über ein Leben ergreifen kann.

Aber er übersieht auch nicht, daß damit seiner Öffentlichkeit Grenzen gesetzt werden. Denn Gewissen und Herz, um die es ihm geht, sind – anders als die Nerven! – bei allen Menschen keineswegs gleich. Sie werden deshalb ganz verschieden auf ihn reagieren.

Er wird nur eine kleine Minderheit von ihnen gewinnen. Denn der Appell an Herz und Gewissen zwingt ja zur *Entscheidung* und führt deshalb auch zu *Scheidungen.* Es wird nur ein kleines Häuflein sein, das auf ihn eingeht und den »schmalen Weg« zu betreten bereit ist. Die öffentliche Demonstration vor der Welt ist so für ihn zu billig. Der Tempelsprung mit seinem momentanen Eindruckserfolg würde das eigentlich von ihm Gewollte mehr verhüllen und verzerren als offenbaren. Es ginge da um einen Erfolg durch Mißverständnisse. Jesus aber will Klarheit und Wahrheit; er will eine unverbogene Botschaft.

[XII, 124–126]

Das schmale Tor

Wenn einem diese Zusammenhänge klargeworden sind, versteht es sich ganz von selbst, daß Christus sich der Welt nicht auf demonstrative und plakative Art plausibel machen will – und daß auch *wir* das nicht können. Die Kirche kann kein Propaganda-Institut sein. *Christus kann nur durch das schmale Tor eines liebenden Herzens in die Welt einziehen.*

[XII, 129]

Schöpferische Liebe

Wenn mein Lebensgefährte oder wenn mein Freund oder wenn überhaupt die Menschen in meiner Umgebung mir manchmal so fremd vorkommen und ich mich frage: Habe ich die rechte Ehe, habe ich die rechte Freundschaft geschlossen, und ist dieser eine Mensch wirklich der, der zu mir paßt, dann kann ich darauf keine Antwort im Stil einer neutralen Diagnose geben und etwa feststellen: dies spricht dafür und das dagegen, sondern dann springt doch diese Frage auf mich selbst zurück, und dann lautet sie so:

Habe ich dem anderen vielleicht zuwenig Liebe zugewendet, daß er so kalt und leer geworden ist? Habe *ich* das aus ihm werden lassen, was er nun vielleicht wirklich wurde? Der andere Mensch, den mir Gott zugesellt hat, ist das, was er ist, niemals ohne mich. *Er ist nicht nur Bein von meinem Bein, sondern er ist auch Langeweile von meiner Langeweile und Liebeleere von meiner Liebeleere.*

Genauso ist es ja mit unserem Verhältnis zu Gott: Wenn ein Mensch in Leere, Langeweile und Lebensüberdruß erstickt, dann liegt das daran, daß er sich nicht von Gott liebhaben läßt und daß er sich nicht in seine Hand legt. Wer nicht liebt, läßt den anderen verdorren. Und wer sich nicht lieben *läßt,* der vertrocknet. Denn Liebe ist etwas Schöpferisches.

Vielleicht ist es uns wirklich schwer, einen anderen Menschen zu lieben, weil er uns fremd geworden ist und weil sich eine beklemmende Kühle auf unser Verhältnis herabgesenkt hat. Dann sollten wir daran denken, daß Liebe niemals darauf wartet, bis der andere liebenswert *geworden* ist, sondern daß Liebe, die man wagt – und die man vielleicht durch kleine und schüchterne Zeichen, durch eine Blume oder einen Blick zum Ausdruck bringt –, daß diese Liebe schöpferisch ist und den anderen zu etwas erweckt, was wir mit unserem eintaxierenden Verstand schon längst nicht mehr wahrnahmen und womit wir nicht entfernt mehr rechneten.

Gott hat mit uns ja ebenfalls nicht gewartet, bis wir seiner würdig waren, sondern er hat uns schon *vorher* geliebt, er hat seine Liebe an uns gewagt (vgl. Epheser 2,11–13). Hat dann Jesus die Zöllner und die Dirnen, die Bettler und die Aussätzigen etwa deshalb geliebt, weil sie so attraktiv gewesen wären? Nein, sie waren in großer Finsternis und erstarben in ihrer völligen Belanglosigkeit. Da aber traf sie der Blick des Herrn, und sie wurden von einem Strahl seiner Liebe angerührt. So wurden sie neue Menschen. Es war das Schöpferische, es war die auferweckende Kraft der Liebe, die sie aus der Nichtigkeit herausriß und sie allererst zu etwas machte.

Der andere wartet auf meine Liebe, auf den schöpferischen Hauch, den Gott auch mir anvertraut hat. Erst wenn ich mit diesem Hauch liebe, werde ich erfahren, wer der andere überhaupt ist. Sonst bleibt er ein unentwickeltes Negativ, und ich habe keine Ahnung, welches Bild in ihm steckt. Ich habe vielleicht noch gar nicht erfaßt, wer da neben mir geht. Der andere ist das, was meine Liebe aus ihm macht. Auch wir sind das, was Gottes Liebe aus *uns* macht.
[XI, 103f]

Freiheit

Ich wüßte kein besseres Modell für die Frage, welchen Sinn unser Leben hat, als das Gleichnis Jesu vom verlorenen Sohn (Lukas-Evangelium, Kapitel 15). Um das sichtbar zu machen, darf man freilich diese Geschichte nicht moralisch verstehen: so, als ob es also um einen mißratenen Jungen ginge, der seinem Vater davonläuft – sozusagen in die Fremdenlegion, auf jeden Fall aber in die Fremde –, der dann völlig verkommt und sich im letzten Augenblick gerade noch einmal auffängt. Diese Geschichte hat einen ganz andern Sinn als den einer bloßen Moralpredigt, sie hat sozusagen *viele* Sinnschichten, so daß man sie kaum ausschöpfen kann. Und ich werde auch hier nur einen *einzigen* dieser vielerlei Sinngehalte hervorkehren:

Da ist also ein junger Mann, der den Vater um sein Erbe bittet, um in eine unbekannte Fremde hinauszuziehen.

Warum will er denn weg?

Es braucht ja gar keine obskure Abenteurerlust zu sein, die ihn wegtreibt. Hätte der Vater ihn sonst wohl so anstandslos ausgezahlt und ihn »mir nichts, dir nichts« davongehen lassen?

Der junge Mann ging wohl weg, um sich selbst zu finden. Damit man sich selber finden kann, muß man manchmal eigene Wege gehen. Zu Hause, in der Atmosphäre seines Elternhauses, mußte er ja immer tun, was der *Vater* wollte oder was die häusliche Sitte erforderte. Da fühlte er sich abhängig. Er konnte nicht tun, was *er* wollte, sondern er konnte nur tun, was sich eben gehörte. Und darum gehörte er nicht sich selbst, sondern er gehörte den Gepflogenheiten und Gesetzen seines Elternhauses. Da er außerdem nur der jüngere Bruder war, kam er erst recht nicht zu eigener Entfaltung.

Darum ging er weg, um sich selbst zu finden. Man könnte auch sagen: Er ging weg, um die Freiheit kennenzulernen. Und diese Freiheit, die ihn lockte und die ihm versprach, daß er nun einmal ganz »er selbst« sein dürfe, diese Freiheit erschien ihm als Freiheit von allen Bindungen.

Nun aber berichtet die Geschichte etwas Merkwürdiges:

Sie sagt uns nämlich, der verlorene Sohn habe all sein Gut mit unrechten Freunden, zweifelhaften Frauenspersonen und anderem üblen Gelichter vertan, sei schließlich an den Bettelstab gekommen, von allen verlassen worden und habe zu guter Letzt die Schweine hüten und aus dem Schweinetrog essen müssen.

Wenn also in seinem Aufbruch ein gewisser idealistischer Schwung gelegen und wenn ihn so etwas wie die Sehnsucht nach der Freiheit getrieben haben mag, so ist er bald kläglich gescheitert. Er suchte die Freiheit und sah sich sehr bald geknechtet an seine Triebe, an seinen Ehrgeiz, an die Angst vor der Einsamkeit, der gegenüber ihm jeder noch so obskure Gefährte gerade recht war; er war geknechtet an den Mammon, mit dessen Hilfe er seinen Leidenschaften frönte. Und *also* war er nicht frei, sondern er war auf eine neue Weise gebunden. Aber diese Bindung war schrecklicher als alles, was er einmal als häusliche Bindung beklagt hatte.

Was war passiert? Nun, ganz einfach dies, daß er sich im Gegensatz zu dem, was er sich vorgenommen hatte, eben selber *nicht* fand, sondern daß er sich verlor. Als er sich selber suchte, da meinte er, er würde sich finden, wenn er einmal alle seine Anlagen und Gaben zur Entfaltung brächte. Tatsächlich *hat* er sich dann in der »freien« Fremde ja auch entfalten können. Aber was war es, was sich da als seine »geprägte Form« nun »lebend entwickelte«? War es das sogenannte bessere Ich, waren es seine idealistischen Motive, die da zum Zuge kamen? Vielleicht war das alles *auch* dabei. Aber jedenfalls entwickelten sich bei seiner Selbstentfaltung auch die *dunklen* Seiten seines Wesens: Trieb, Ehrgeiz, Angst, Wollust. Indem er sich selbst entfaltete, wurde er gerade an das verknechtet, was sich an dunklen Gewalten in ihm meldete und sich eben mit entfaltete. So saß er schließlich im greulichsten Elend einer Tagelöhnerschaft. So war er plötzlich der letzte Knecht.

Nun passiert die zweite Merkwürdigkeit:

Als er so im Elend des Knechtsdaseins sitzt, da sehnt er sich nach der Freiheit, die er als Kind im Elternhaus genossen hatte. Nun weiß er auf einmal, daß sie *wirkliche* Freiheit war. Ja, er weiß noch mehr: er weiß nämlich plötzlich, daß Freiheit nicht etwa Bindungslosigkeit ist (die hat sich ja gerade als Knechtschaft entlarvt), sondern daß die Freiheit nur eine besondere *Form* der Bindung ist. Freiheit habe ich nur als Kind meines Vaters. Freiheit habe ich nur, wenn ich im Einklang mit meinem Ursprung lebe, wenn ich also – so heißt das dann ohne Bild – im Frieden mit Gott bin. Und als er sich dann zur Heimkehr entschließt, da ist das kein moralischer Entschluß, der ihn auf die lockende Fremde verzichten ließe – mit Ach und Krach und mit jenem moralischen Kater, wie er solche Entschlüsse zu begleiten pflegt –, sondern da ist es eine Wende, die von zitternder Freude und vom Glanze der Hoffnung erfüllt ist.

Man wird nach allem Gesagten sicher verstehen, warum ich diese Geschichte als einen entscheidenden Beitrag zu der Frage nach dem Sinn des Lebens bezeichnet habe. Denn diesen Sinn gewinne ich ja nur, wenn ich die *Erfüllung* meines Lebens finde, wenn ich also das verwirkliche, wozu ich entworfen bin. Und ebendarum ging es auch dem verlorenen Sohn:

Auf allen seinen Irrfahrten, die ihn zu sich selber führen sollten, mußte er merken, daß er sich gerade *nicht* fand, wenn er sich selber suchte, sondern daß er nur dann zu sich selber kam, wenn er zum Vater kam. Das liegt daran, daß der Mensch seinem Wesen nach eben *nicht* eine geprägte Form ist, die sich nur lebend zu entwickeln brauchte, die also alles an Keimanlagen in sich trüge, was dann nur zu wachsen brauchte, sondern daß er eben ein Kind Gottes ist, das sich nur dann verwirklicht, wenn es in seine mündige Sohnschaft hineinwächst, und das sich gerade verfehlt, wenn es sich als ein isoliertes Ich und gleichsam als einen Solisten der Lebenskunst sucht.

[V,101–103]

Heimkehren

Der verlorene Sohn konnte überhaupt nur heim und kam wieder zurecht, weil für ihn der Himmel und der Vater bereitstanden. Sonst hätte er sich im besten Falle (das heißt, wenn er nicht vollends verstockt oder Nihilist geworden wäre) nur aufrappeln und ein bißchen Haltung annehmen können. Aber die inneren Qualen wären geblieben. Das Gewissen hätte ihn unter der Decke seiner Haltung weiter verklagt.

Jesus aber will uns zeigen, daß es eben anders ist und daß uns eine *ganze* Befreiung geschenkt werden soll. »Ihr habt recht«, sagt er, »ihr seid verloren, wenn ihr auf *euch* blickt. Wer hat denn *nicht* gelogen, gemordet, die Ehe gebrochen? Wem liegt das *nicht* als lauernde Möglichkeit im Herzen? – Ihr habt recht, wenn ihr euch verloren gebt. Aber seht: Nun ist etwas geschehen, was nichts mit diesem eurem Herzen zu tun hat, was euch einfach bereitet ist. Nun ist das Reich Gottes mitten unter euch, nun ist das Vaterhaus weit geöffnet. Und ich – ich bin die Tür, ich bin der Weg, ich bin das Leben, ich bin die Hand des Vaters. Wer mich sieht, der sieht den Vater. Und was seht ihr denn, wenn ihr mich seht? Ihr seht jemanden, der zu euch in die Tiefe gekommen ist, wo ihr nicht in die Höhe konntet. Ihr seht, daß Gott ›also‹ die Welt geliebt hat, daß er mich, seinen Sohn, in diese Tiefe hineingab, daß er sich's etwas kosten ließ, euch zu helfen, daß es durch Schmerzen Gottes ging, daß Gott etwas gegen sich selbst unternehmen mußte, um mit eurer Schuld fertig zu werden, um den Abgrund zwischen euch und sich ernst zu nehmen und ihn doch zu überbrücken. Das alles seht ihr, wenn ihr mich anschaut!«

So also weist Jesus Christus, der dies Gleichnis erzählt, zwischen allen Zeilen und hinter allen Worten auf sich selbst hin.

Und er *erzählt* uns nicht von diesem Vater, sondern in ihm *ist* der Vater. Er macht uns keine Lichtbilder vor von einem angeblichen Himmel, der den Sündern offensteht, sondern in ihm *ist* das

Reich Gottes mitten unter uns. Sitzt er nicht mit den Sündern an einem Tisch? Geht er nicht den Verlorenen nach? Ist er nicht bei uns, wenn wir sterben müssen und die anderen alle zurückbleiben? Ist er nicht das Licht, das in der Finsternis scheint? Ist er nicht die Herzstimme des Vaters, die uns mitten in der Fremde überfällt, überfällt mit jener fröhlichen Nachricht: Du darfst heimkommen?

Das letzte Thema dieser Geschichte heißt also nicht: vom verlorenen Sohn, sondern: vom Vater, der uns findet. Das letzte Thema heißt nicht: von der Untreue der Menschen, sondern es heißt: von der Treue Gottes.

Daher klingt die Geschichte auch in ein rauschendes Freudenfest aus: Wo Vergebung gepredigt wird, da ist Freude, und da sind Feierkleider. Man muß diese evangelische Geschichte wirklich so lesen und hören, wie sie gemeint ist: als eine frohe Nachricht, an die wir gar nicht gedacht haben, ja, die uns verblüffen müßte, wenn wir sie zum ersten Male hören könnten, als eine Nachricht, daß mit Gott alles so ganz und gar anders ist, als wir es dachten oder auch fürchteten; daß er seinen Sohn zu uns geschickt hat und uns zu unbeschreiblicher Freude lädt.

Das letzte Geheimnis dieser Geschichte heißt: Es gibt für uns alle eine Heimkehr, weil es eine Heimat gibt.

[III,26–28]

Gewohnheit

Man stelle sich einmal folgendes vor: Der ältere Bruder lebt von seiner Jugend an, und er lebt jeden Tag neu von morgens bis abends in der Atmosphäre und in der Behütung des Vaterhauses. Natürlich *liebt* er den Vater und seinen Umgang. Aber *daß* er ihn liebt und daß er auch von ihm wiedergeliebt wird, ist so selbstverständlich, daß man es kaum noch bemerkt, daß man auch gar nicht darüber spricht. Es wäre ihm direkt komisch vorgekommen, wenn er etwa zu dem Vater gesagt hätte: »Vater, heute habe ich dich besonders lieb!« Über das, was einem so selbstverständlich und so nahe ist wie die Luft zum Atmen, denkt man nicht nach. Dafür *dankt* man auch nicht. Es ist so ähnlich bei manchen alten Ehepaaren: Man ist einander gewöhnt, man faßt es kaum noch in Worte, was man aneinander hat, und man merkt erst, was der andere für einen bedeutet, wenn er einmal verreist ist oder wenn man verwaist am offenen Grabe zurückbleibt. So ungefähr steht auch der ältere Bruder zu seinem Vater.

Gleicht nicht auch der Christenstand vieler Menschen diesem Verhältnis? Sie haben von früh an gehört, daß es einen »lieben Gott« gibt, und sie haben sozusagen von der Vergebung und vom Versöhnungstode des Herrn eher etwas vernommen, als sie die Sünde erlebt haben, die ihnen vergeben werden soll. Wenn einem aber die Vergebung durch die Gewohnheit gleichsam selbstverständlich geworden ist, dann wird sie unter der Hand verfälscht. Dann versteht man unter dem »lieben Gott« jemanden, der einem nicht ernstlich böse sein kann, jemanden, der doch nichts krumm nimmt und der fünfe gerade sein läßt. Der Himmel wird zu einer Gummiwand, die immer nachgibt. Ernstlich den Schädel daran einzurennen, ist gar nicht möglich. Das Wunder der Vergebung ist zu einer Banalität geworden.

Es gehört kein großer Scharfblick dazu, um zu erkennen, daß so ein »Glaube« keine Freude und keine Befreiung mehr ist. Was es heißt, mit einem wunden, gequälten Gewissen herumzulaufen, vom Nichts der Sinnlosigkeit gepeinigt, von Zufall und Schicksal umlauert, an heimliche Bindungen gefesselt zu sein und dann seinen Blick wieder frei erheben zu dürfen und ein väterliches Herz und einen lebendigen Heiland zu haben – das alles kann man *dann* nicht mehr erleben. Es kann geradezu der Tod unseres Glaubens sein, wenn wir vergessen, daß es buchstäblich ein Wunder, daß es ein Geschenk, daß es das schlechthin Unselbstverständliche ist, wenn wir sagen dürfen: »Abba, lieber Vater«, und »Mein Herr und mein Gott«.

Man muß freilich nicht in die Fremde gehen und muß keineswegs erst tüchtig drauflosgelebt und gesündigt haben, um dies Wunder einer Heimkehr zu erleben. Es genügt völlig, wenn ich jeden Tag bei meinem Morgengebet zunächst einmal dafür danke, daß ich mit Gott überhaupt reden *darf*, daß er mir versprochen hat, mich anzuhören, und daß ich alle Lasten meines Herzens vor ihm niederlegen darf.

Wenn ich recht danken lernen will, muß ich darüber »nachdenken«, welches Wunder mir damit widerfährt. Denn Danken und Denken gehören zusammen. Beides ist ein Dienst und kann nicht voneinander gelöst werden. Beides ist gleichsam ein Exerzitium, das wir jeden Tag zu vollziehen haben.

[III,35f]

Feindesliebe

Wie kann ich es dahin bringen, einen Feind zu lieben?

Wir beginnen mit der Vorfrage, wie Jesus denn zu seiner Feindesliebe gekommen ist. Was ist denn ganz einfach geschehen, wenn Jesus jene tiefste Liebe übte, die es ihm sogar ermöglichte, am Kreuz für seine Feinde zu bitten? Er sagte: »... denn sie wissen nicht, was sie tun.« Dieses Wort kann er aber doch nur aussprechen, wenn er noch etwas ganz anderes in ihnen sieht als eine sadistisch erregte Volksmasse und als einen wüsten Haufen menschlicher Bestien. Das kann er nur sagen, wenn er in denen allen, die geifernd und brüllend sein Kreuz umstehen, verlorene und verirrte Kinder sieht.

Sein Blick durchdringt also die äußere Schmutzschicht und erblickt dahinter etwas ganz anderes, das nämlich, wozu diese Menschen *eigentlich* bestimmt sind und welchen Plan Gott *eigentlich* mit ihnen hatte. Jeder Mensch ist nämlich letzten Endes ein Gedanke Gottes, wahrhaftig ein furchtbar entstellter und schier unkenntlich gewordener, aber doch eben ein Gedanke *Gottes.* Und wenn die Kirche Jesu Christi auch in die Zellen der größten Verbrecher und der Mörder den Seelsorger schickt und sie in der Nacht vor der Hinrichtung, in dem Augenblick also, wo die Sühne des Rechtes erfolgen soll, an den königlichen Tisch des Herrn lädt, dann ereignet sich dasselbe, was im Gebete Jesu für seine Quäler und Verfolger geschah: dann bekennt sich die Kirche Jesu noch zu diesem Gedanken Gottes im Verbrecher, bekennt sie sich zu seiner Gotteskindschaft, die er verloren, aber eben darum auch besessen hatte und die ihm nun im Namen des Leidens und Sterbens seines Heilandes wieder angeboten wird.

Dasselbe drückt Ralph Luther einmal so aus: »Seine Feinde lieben bedeutet nicht, den Schmutz lieben, in dem die Perle liegt, sondern die Perle lieben, die im Staube liegt.« Die Feindesliebe beruht also nicht auf einem Willensakt, sie beruht nicht auf einer Art

»Selbstbeherrschung«, kraft deren ich alle Haßgefühle zu unterdrücken suche (das würde nur zu Komplexen und Verkrampfungen führen), sondern sie gründet in einem Geschenk und in einer Gnade: daß mir nämlich ein neues Auge geschenkt wird und daß ich mit diesem Auge in anderen etwas Göttliches sehe.

Aber ist nicht auch das nur eine schöne und diesmal vielleicht keine graue, aber eben eine veilchenblaue Theorie? Kann dieses neue Sehen des anderen Menschen z. B. im Kriegszustand und in der Feindschaft einer zerbrochenen Ehe wirklich werden?

Ich hörte einmal von einer Frau – sie war Christin –, die ein wahres Scheusal von Mann hatte. Menschlich konnte sie ihn in seiner tierischen Triebhaftigkeit und in seinem Trunk nur verachten. Aber dann berichtete sie, wie sie in einem widerwärtigen Augenblick (vielleicht hatte er sie mit verglasten Augen angesehen, vielleicht hatte er die Hand gegen sie erhoben, und Zorn und Haß eines vergewaltigten und betrogenen Menschen züngelten in ihr empor), wie sie da plötzlich an ein gutes Wort denken mußte, das er ihr in der Verlobungszeit gesagt hatte, und plötzlich wußte sie: In diesem einen guten, ach so lange schon versunkenen Wort, da sprach sich der *eigentliche* Mensch in ihrem Manne aus, in diesem Worte lag eine Ahnung von dem, was Gott *eigentlich* mit ihm vorhatte, da leuchtete etwas von der verschütteten Perle.

Und von diesem Augenblick an konnte sie nicht anders als in seinen Augen den Schrei nach Erlösung lesen, und konnte sie nicht anders als seine verkommene Seele plötzlich von einem schrecklichen Kerker umschlossen sehen, aus dem er nicht mehr herausfand und in dem er namenlos litt. Da wußte sie plötzlich: Dieses Scheusal von Mann ist ja gar nicht nur das Tier, er ist ja ein erbarmungswertes, grausam verlorenes Kind.

Das *eine* Wort aus der Verlobungszeit hatte ihr das aufgeschlossen, und nun sah sie ihren Mann auf einmal anders. Sie hatte eine Ahnung von dem bekommen, was Jesus vom Kreuz aus gesehen hat.

[IV,90f]

Unser tägliches Brot

Stellt euch vor, Jesus hätte uns geboten, mit dem Vater im Himmel nur über die großen Dinge zu sprechen: über das Reich Gottes, über die Weltherrschaft Christi, über die Auferstehung der Toten und vielleicht noch über einige jener genannten »welthistorischen Perspektiven«, die sich bei der Beurteilung der gegenwärtigen Gesamtlage auftun und für die man immerhin große Gesichtspunkte aufwenden muß. Wären wir dann nicht schauerlich allein gelassen? Wäre dann nicht der größte Teil unseres Lebens einfach vaterlos geworden, wäre er nicht sich selbst überlassen und in eine kalte Einsamkeit zurückgestoßen? Gott wäre dann wirklich aus dem bedrängenden Alltag unseres Lebens ausgeklammert, und nur ein ganz kleiner Feiertagssektor dieses Lebens wäre gewürdigt, daß Gott in ihm Wohnung machen dürfte. Wir wären alle Waisen, liebe Freunde, wenn es so wäre. Nur im Sonntagsstaat und mit feiertäglich erhellten Gesichtern dürften wir unserem Stiefvater einen gelegentlichen Besuch abstatten und müßten alle Schwielen unserer Hände, alle Kummerfalten unseres Gesichtes, wir müßten alle kleinen Fröhlichkeiten und Kümmernisse unseres Lebens vor ihm verborgen halten, um dann im nächsten Augenblick wieder so entsetzlich allein zu sein, wenn draußen vor den Repräsentationsräumen des Stiefvaters das alles wieder in der geballten Ladung unseres Alltags auf uns hereinbricht.

Gott sei Dank, daß es nicht so ist und daß wir keinen »Feiertagsstiefvater«, sondern den Vater unseres Herrn und Bruders Jesus Christus haben. Gott sei Dank, daß dieser Vater so barmherzig und realistisch ist, daß er die Kleinigkeiten unseres Lebens (einschließlich des warmen Pullovers und unseres täglichen Brotes) genauso wichtig eintaxiert, wie sie in unserem Leben nun einmal sind. Gott sei Dank, daß er uns so nimmt, wie wir dastehen: als lebendige Menschen mit ihren vielleicht großen Träumen und manchmal sogar mit ihren großen Ideen und Taten – *und* mit den vielen *kleinen*

Wünschen und Ängsten: mit Hunger und Müdigkeit und den tausend Nettigkeiten und Nadelstichen des Lebens, die selbst das Leben der Großen dieser Erde erfüllen (man braucht nur ihre Memoiren zu lesen).

Wer das aber nicht glauben wollte (und das wäre ja kein Wunder, denn kein Mensch käme von sich aus auf die Idee, einen solchen väterlichen und brüderlichen Herrn zu finden; die menschlichen Gottesideen sind ja alle viel, viel erhabener!), ich sage: Wer das nicht glauben wollte, der brauchte nur Jesus von Nazareth selbst anzusehen, ihn, der nicht in den großzügigen Verhältnissen des Himmels bleibt, sondern in unsern bedrängenden Erdenalltag kommt, wo sich die Dinge hart im Raume stoßen. Und er, dessen Auge in grenzenloser Weite den ersten Schöpfungstag und die Stunde des Jüngsten Gerichtes umspannt und in dem alle Ewigkeiten sich widerspiegeln; er, dessen ausgestreckter Arm über die Meere, Inseln und Kontinente geht, weil ihm alle Gewalt im Himmel und auf Erden gegeben ist: *Er hält sich bei den Kleinigkeiten des Menschengeschlechtes auf,* bei der Traurigkeit einer Mutter, die ihren Sohn verloren hat (Lukas 7,11ff), bei der Lähmung des Gichtbrüchigen (Markus 2,1ff), bei der Müdigkeit der Jünger (denen er zuruft: Ruhet ein wenig! Markus 6,31), und ihm entgeht es nicht, daß die Leute, die ihm in die Wüste nachgefolgt sind, einen knurrenden Magen haben. Sogar für den Wein bei einer Hochzeit ist er besorgt (Johannes 2,1ff). Und den scheinbar lebensunwerten Existenzen, die noch viel kleiner sind als die sogenannten »kleinen Leute«, den Aussätzigen, Lahmen, Geisteskranken, wendet er seine besondere Liebe zu.

Wahrhaftig, er weiß nicht nur um das »Reich Gottes«, von dem er in seinen Gleichnissen erzählt, sondern er weiß auch um die Menschen, denen er davon sagt. Er weiß zum Beispiel von ihnen, daß es sehr oft nicht die großen Ideen, die weltanschaulichen Schlagworte und Parolen sind, die sie an seiner Gefolgschaft und an jenem Reiche irremachen, sondern er weiß, daß immer wieder die kleinen Füchse den Weinberg verderben und daß die kleinen Nagegeister des Herzens die ewigen Fundamente unseres Lebens unterwühlen wollen. So hat die Liebe zu dreißig lächerlichen Silberlingen oder das Beschäftigtsein mit fünf Joch neu gekaufter Ochsen (Lukas 14,19) oder der Appetit auf ein Linsengericht (1. Mose 25,34), mit dem in der Stunde der Erschöpfung und des Hungers so leicht nichts konkurrieren konnte, so haben alle diese Kleinigkeiten je und je Menschen um ihre Ewigkeit und um allen Segen gebracht.

Und eben darum, weil der Herr so um den Menschen weiß, weil er um seine kleinen Wünsche und Hungrigkeiten weiß, um den Mehltau von Sorgen, Schmerzen und tausendfältigem Kleinkram, der ihre Seelen herunterdämpft, und weil er die fast ebenso vielen kleinen Freuden kennt, von denen dieser Mensch heimlich lebt, darum holt er ihn ja auch hier, mitten in seinem Alltag, ab und verlangt nicht von ihm, daß er sich in verkrampften Aufschwüngen und verlogener Alltagsenthobenheit ihm nahe. Bis in die Tiefe des Stalles beugt er sich zu ihm herab. Denn auch die äußere Gestalt des Weihnachtswunders hängt ja wieder mit einer »Kleinigkeit« zusammen, die der Herr auf sich nimmt, um uns in der Welt der »kleinen Dinge« abzuholen: nämlich mit dem Fehlen einer Hotelunterkunft und mit Obdachlosigkeit. Und wir Leute einer zerstörten Stadt wissen ja, was solche uninteressanten Kleinigkeiten für unser Leben bedeuten, und wissen diesem Heiland Dank, daß er unser Bruder auch in den kleinen Dingen des Lebens geworden ist, daß er sich bis zu unserem Hunger und Durst und bis zu unserer Obdachlosigkeit herabneigt (Matthäus 8,20).

[VI,82–84]

Die weiße Weste

Mit allem, was groß und schön und positiv ist in meinem Leben, identifiziere ich mich. Da sage ich: Das bin ich, gleichgültig, ob es um Begabung, einen starken Motor oder um das Bankkonto geht. Und andererseits: Von allem, was mich schuldhaft belastet, was shocking oder problematisch ist in meinem Leben, distanziere ich mich, da sage ich: Das bin ich *nicht.*

Es ist nun eine der erstaunlichen und verblüffenden Wandlungen, die wir als Christen erfahren, daß wir in beiden Fällen total umlernen müssen:

Die Bergpredigt zum Beispiel leuchtet hinter unsere weiße bürgerliche Weste. Die Bergpredigt sagt nicht: Ja, lieber Mensch, du bist deine weiße Weste, sondern sie sagt: Du bist das, was unter deiner weißen Weste ist. Und was ist *da* los? Ich zitiere ein Beispiel:

Jesus Christus setzt sich in der Bergpredigt mit dem alten Gebot auseinander: Du sollst nicht töten. Nun ist vermutlich niemand von uns ein Mörder; deshalb meinen wir, beruhigt abschalten zu können. Doch Jesus fährt fort: Nicht nur der ist ein Mörder, der einen anderen erdolcht, sondern auch einer, der seinen Bruder »nur« haßt, ist ein Mörder. Er sagt also, daß wir die *Anlage* zum Morde in uns haben, daß wir sozusagen die ersten Stadien einer Mordhandlung durchlaufen und daß dies *unsere,* oder genauer, daß es *meine* Gedanken sind, die mich da zum Mörder machen.

Das könnte streng, das könnte geradezu zersetzend ausssehen, und man möchte sich fragen: Wie kann man mit einer solchen Weltanschauung überhaupt leben? Und doch will der, der die Bergpredigt einmal hielt, uns damit trösten und uns ganz neue Impulse für unser Leben vermitteln.

Wenn er uns nämlich auf den Raum hinter unserer weißen Weste anspricht, auf diesen Raum, wo wir potentielle Mörder und Ehebrecher sind, will er uns sagen: »Seht, ich weiß ja, wie es um euch steht. Ich bin aus der Etappe des Himmels heruntergekommen und in die vordersten dreckigsten Gräben gegangen, in denen ihr kämpfen und in denen ihr euch mit anderen und mit euch selbst herumschlagen müßt. Ich weiß doch, wie das ist! Ich habe es an mir selbst erlitten. Schließlich habe ich drei teuflische Versuchungen hinter mich bringen müssen; ich habe auf demselben Schlachtfeld gestanden wie ihr. Auch *mein* Herz hat dabei gebebt. Aber nun muß ich euch etwas sagen«, so fährt Christus gleichsam fort: »Im Hause meines Vaters im Himmel sind keine Garderobenständer, auf denen weiße Westen als Ausweis für den Himmel eingesammelt werden, sondern da sind festliche Tafeln gedeckt, an denen ich mit meinen Menschenbrüdern sitze. Jeder von ihnen ist ein sehr problematischer Geselle, genau wie du. Aber gerade das ist die Frohe Botschaft: Genauso, wie ihr *seid,* dürft ihr kommen und sollt ihr angenommen werden. Hier braucht ihr die Tarnung der weißen Weste nicht mehr. Ihr werdet geliebt und willkommen geheißen, so, wie ihr seid, auch *unter* eurer Weste seid. Denn ihr kommt ja als meine Brüder. Ich bringe euch doch mit. Und ich habe es mir wahrlich nicht leicht gemacht, euch abzuholen, euch zu ›erwecken‹ und loszureißen.«

Wir müssen noch nach der *anderen* Richtung umlernen. Ich sagte soeben am Beispiel von dem Auto und der Begabung: Wir Menschen neigen dazu, uns mit allem Positiven, das unser Leben bereichert, zu identifizieren. Das wird *auch* anders, wenn wir Christen werden. Da lernen wir nämlich für alles Schöne und Große in unserem Leben zu danken. Und wenn wir danken, sagen wir ja gerade: Das bin nicht ich, sondern das habe ich geschenkt bekommen.

Das, was wir haben: unsere Familie, unsere Freunde, unsere Gesundheit, den Anblick des Meeres und der Berge, das bleibt uns nun nicht mehr so selbstverständlich, es wird uns vielmehr zu einem unverdienten Geschenk, sobald wir Gott dafür zu danken gelernt haben. Das gibt uns ein neues und beglückendes Lebensgefühl. Wir lernen gleichsam, bewußter zu leben. In jedem Augenblick erfahren wir neu, daß wir von liebenden Händen geführt und von einem väterlichen Herzen gesegnet werden. Wir wursteln und vegetieren nicht mehr so dumpf dahin, sondern wir merken plötzlich, was »leben« *heißt*. Wir leben im Namen des Wunders, und dieses Wunder heißt: Wir sind beschenkte Menschen, wir haben eine Heimat in dieser und der zukünftigen Welt. Wir brauchen uns und anderen nichts mehr vorzumachen. Wir dürfen kommen, wie wir sind. Es lohnt sich zu leben, denn unser Leben hat einen Sinn. Wer zu danken gelernt hat, lebt als ein Befreiter.

[V,81–84]

Von einem Liebenden durchschaut

Leiden und Vergebung

Ich bin durchschaut,
aber ich bin von einem Liebenden durchschaut.

Voraussetzung für die Möglichkeit der Vergebung ist,
daß Jesus zwischen den Sündern
und der Sünde unterscheidet.
Wenn er sich von der Sünde distanziert,
distanziert er sich nicht von den Sündern.

Vergeben kann ich nur in der königlichen Freiheit
der Kinder Gottes, als einer, der selber frei geworden ist
und darum auch den andern frei gegenübersteht.

Dein Wille geschehe

Wir Menschen kommen nicht nur aus Schwäche immer wieder dahin, den Willen Gottes nicht zu tun, weil wir es sozusagen an der nötigen Energie des Gehorsams fehlen lassen, weil wir zu schlapp sind und zu früh abhängen. (So hat Kant die menschliche Natur gedeutet: daß sie zwar um die Norm des Guten, um den kategorischen Imperativ wisse, aber in ihrer sittlichen Anstrengung immer hinter jener Norm zurückbleibe.) Nein, die Krankheit sitzt tiefer: Wir leiden unter einer solchen Verirrung und Verzerrung unserer Wertmaßstäbe, daß wir es nicht anders *wollen.* Das ist unschwer einzusehen: Unser Wille gestaltet und verfolgt zum Beispiel bestimmte Lebenspläne. Je mehr er das tut, um so zielbewußter ist er – und das ist ja eine durchaus positive Eigenschaft. Wir wollen zum Beispiel unter allen Umständen eine gewisse Wohnkultur, wir wollen beruflichen Erfolg, wir wollen unsere Familie glücklich sehen – und wenn dann alles anders kommt, ballen wir die Faust und verfluchen den Willen Gottes, der uns unsere Konzepte verdirbt, oder wir geraten in Anfechtung und Zweifel, und die Liebe droht zu erkalten.

Und über dem Hadern werden wir immer hungriger und leerer. Denn kein Mensch, auch wenn er es hundertmal hoffen mochte, ist noch je durch das Sich-Verbohren in den eigenen Willen glücklich geworden.

So müssen wir auch die Gethsemanestunde verstehen, in der Jesus diese unsere Willenskrankheit auf sich nimmt und in der tiefsten Anfechtung seines Willens unser Bruder wird. Wer diese Geschichte auf ihre innersten Herztöne abzuhorchen versucht, muß ja feststellen: Als Jesus hier unter blutigem Schweiß mit seinem Schicksal ringt, das über Galgen und äußeren Bankrott führen soll, da kämpft er im Grunde mit Gott nicht darum, daß er *doch* noch »seinen eigenen« Lebensplan akzeptieren möchte (sofern man überhaupt die Kategorie des »Eigenen« auf den Heiland anwenden darf!). Er kämpft nicht darum, daß er *ohne* Leiden, *ohne* das Sterben am Kreuz seine messianische Bestimmung erfüllen möge. Sondern er ringt darum, daß dieser eigene Wille eben *nicht* zwischen ihn und den Vater trete; er ringt darum, daß er den Kontakt mit dem Vater nicht verlieren möge. Und wenn dann schließlich dieser Seelenkampf mit dem Worte endet: »Nicht mein, sondern dein Wille geschehe«, dann ist das wiederum nicht etwas, das er mit zusammengebissenen Zähnen sagt – so, wie jemand das sprechen mag, der nach übermenschlichen Anstrengungen nun doch wider Willen kapitulieren muß und der das in der Stimmung tut: Es geht eben nicht anders, ich muß mich fügen; der Wille des Schicksals hat sich als stärker erwiesen als mein eigener. Sondern der nächtliche Kämpfer von Gethsemane sagt das in einem seligen Gefühl der Befreiung: Gott sei Dank, daß ich mich deinem Willen überantworten darf. Gott sei Dank, daß ich nun alles Eigenwillige, alle eigenen Träume und Hoffnungen – »Wie hatte ich mir dies und das so schön gedacht!« – über Bord werfen darf, daß ich darauf verzichten darf und daß mir alles nun auch in einem letzten Sinne nicht mehr wehtut und gar kein ernsthaftes Opfer mehr ist, sondern daß ich mich dir getrost in die Hand legen darf.

Es ist deshalb nicht umsonst, daß am Schluß der Gethsemanegeschichte von dem Engel die Rede ist, der ihn stärkte. Es ist die Stunde des Engels und der Teilnahme an der verklärten Welt, es ist die Stunde einer sehr geheimnisvollen und verborgenen Seligkeit.

[VI,72–74]

Jesu Leiden

Jesu Leiden am Menschen ist der Grundton in der Melodie seines Lebens von Anfang an: Schon als er diese unsere Welt betritt, ist kein Raum in der Herberge, können wir Menschen ihn nicht brauchen. Bei den Tieren tut er seinen ersten Schlaf. Die Krippe, in der er liegt, ist von dem gleichen Holz wie das Kreuz, an dem er schließlich endet. Schon als Säugling sind ihm Ruhe und Geborgenheit genommen. Er hat nicht nur lokale Schwierigkeiten in Bethlehem, sondern er wird auch zum politischen Skandal: Herodes, der Repräsentant des Staates, wittert schon in dem Kinde eine Macht, die an die Grundfesten der Welt rührt und die eine Unruhe, ein Feuer in der Welt sein wird.

So geht er wie ein Fremdling, heimatlos und unbehaust, über unsere Erde und hat nichts, da er sein Haupt hinlegt. Und wenn sie ihm zujubeln: »Hosianna!«, dann ist es ganz sicher ein Mißverständnis. Sobald sie es gemerkt haben, *wer* ihnen hier begegnet, brüllen sie: »Kreuzige ihn!«

Später, gegen Ende seines Lebens, bricht er in Tränen aus (Lukas 19,41), als er Jerusalem sieht, das sich ihm verschlossen hat und das die Unheilsvögel nicht bemerkt, die schon über ihm kreisen: »Wie oft habe ich deine Kinder versammeln wollen, wie eine Henne ihre Küchlein versammelt unter ihre Flügel; aber ihr habt nicht gewollt« (Matthäus 23,37).

Das ist sein Leiden: Wissend mit ansehen zu müssen, wie der, den man liebt, ahnungslos in sein Verderben rennt, wie er alle Warnungen überhört und das rettende Seil nicht ergreift.

In Nietzsches »Zarathustra« heißt es einmal: »Ihr leidet noch nicht genug, denn ihr littet noch nicht am Menschen.« Hier aber ist jemand, der am Menschen leidet. Und ein anderes Mal: »Die Liebe zum Menschen ist Gottes Hölle.« Hier geht einer durch diese Hölle.

Schließlich schlägt noch die letzte, die unüberbietbare Einsamkeit über ihm zusammen, als ihn auch die noch verlassen, die seine Gefährten gewesen waren. Als Sokrates den Schierlingsbecher trank, war er von seinen Getreuen umgeben, von ihrer Verehrung getragen und starb unter philosophischen Gesprächen. Dieser aber hing zwischen Verbrechern, unter ihm grölte die Soldateska, und es waren nicht die Fetzen philosophischer Gespräche, die zu ihm empordrangen. Nur ein paar Frauen weinten still vor sich hin. Aber auch die weinten am Thema vorbei. Denn nicht *das* erschütterte sie, daß hier einer die letzte Qual ihrer (und unser aller!) Gottentfremdung durchlitt, sondern sie schluchzten nur über die durchgrabenen Hände und die Schmerzen seines Todeskampfes.

Fast könnte sich dies alles so anhören wie der Text einer Tragödie, in der der Held, der das Absolute will, von der Gesellschaft wie ein Fremdkörper ausgestoßen wird und an den Relativitäten dieser Welt zerbricht. Diese Schicksalskurve ist uns ja vertraut. Und mancher mag tatsächlich diesem Klang des Tragischen zum Opfer fallen, wenn er etwa die Oberammergauer Passionsspiele sieht, und vielleicht sogar, wenn er mit nur musikalischem oder literarischem Interesse die Matthäuspassion hört. Doch dann hätte er die falsche Wellenlänge eingestellt.

Was hier wirklich vor sich geht, begreifen wir nur, wenn wir die Frage stellen, *worin* denn dieses sein Leiden bestanden habe.

Sein Leiden läßt sich in einer einfachen Formel ausdrücken: Er hat daran gelitten, daß er so liebte, wie er das tat. Wer liebend ganz für den anderen da ist, will ja alles mit ihm teilen. Er möchte es nicht besser haben, wenn der geliebte Mensch durch finstere Täler und durch Abgründe muß, wenn ihm Einsamkeit und Angst beschieden sind. Darum bleibt Jesus auch nie, wie wir sagten, in der »Etappe«, nie in der Sicherheit des Himmels, wenn die, die er seine Brüder nennt, »nach vorne« in den Lebenskampf müssen.

Darum können wir ihm diese seine Liebe glauben.

[II,126–128]

*

In Jesus Christus läuft wie an einer höchsten Sammelstelle das Weltleid zusammen. Sein Blick erreicht alle Fernen der Erde, an denen gelitten wird; er hört das Schluchzen der Vereinsamten, der aller Bindung von Familie und Eigentum Entblößten. Er ist *mit* verwundet von der Angst der Sterbenden und der tödlich Bedrohten; er vernimmt das Seufzen der Gefangenen hinter ihren Gittern und elektrisch geladenen Stacheldrähten; er trägt auf seinen Schultern alle Sorgen, die stündlich, minütlich von jedem Quadratkilometer der bewohnten Erde auf ihn geworfen werden. Er sieht nicht nur die verworrene Weltlage im *großen,* er begnügt sich ja nicht mit der göttlichen Perspektive eines Gesamtüberblicks. Er kommt ja wie in den Stunden, da er über die Erde ging, zu dem einzelnen, dem Namenlosen, der in irgendeinem Hinterhause verlassen lebt; er weiß um die kleinen Sorgen der Kinder und um die grausigen Wahnvorstellungen der Geisteskranken, die nie ein Wort zu fassen und nie ein Herz zu verstehen vermag. Ja, er erkennt noch die Lebensfreude des Sperlings und das Jauchzen und die Angst der kleinen Geschöpfe, die tief unterhalb jener Zone leben, die wir Menschen mit unserm Interesse bedenken.

Könnte ein menschliches Auge den Anblick dieser Summe von Unglück und Grauen, von Verstümmelungen und Todesangst ertragen, könnte ein menschliches Ohr den Schrei der Unglücklichen ertragen, der Tag um Tag und Nacht um Nacht zum Himmel dringt?

Und weil er's nicht nur registriert, sondern mit Liebe hört, darum verwundet es ihn, darum ist sein Herz durchlöchert von jedem Dolch, der gezückt, von jeder Kugel, die geschossen, von jedem bösen Wort, das gesprochen wird.

Nur so können wir ja sein Leiden, sein Mitleiden verstehen. Denn er läßt sich das Grauen der Weltfront ja nicht einfach »nach hinten« in den Himmel melden, wo es dann schon in abgeblaßten Berichten ankommt, er sieht es auch nicht aus der Höhe der himmlischen Distanz, von wo es merkwürdig verkleinert und summarisch wirkt – so, wie es ein Flieger erleben mag, der aus mehreren Kilometern Höhe die Zerstörung einer Stadt erlebt und der von da aus nicht mehr das »Kleine« und »Einzelne« sieht: nicht mehr die Mutter, die in Todesangst ihr Kind an sich drückt, nicht mehr die Not der Verschütteten und nicht mehr das Dahinsinken der Heiligtümer, in denen viele Generationen zur Ewigkeit fanden. Sondern Jesus Christus sieht dies alles so, daß er dabei ist. Er ist ja durch sein Menschwerden selber dem Tode, den Schmerzen, den grauenvollen Händen der Menschen, der Gefangenschaft, der Blöße, dem Hunger, der Heimatlosigkeit ausgeliefert gewesen: »Ich bin (wirklich) hungrig gewesen, ich bin (wirklich) bloß, durstig, einsam gewesen und wahrhaftig nicht nur ›symbolisch‹. Ich habe das alles auf mich genommen, was auf euch hereinbricht oder nur je hereinbrechen mag. Wahrlich, ich kann als euer ›Hohepriester‹ Mitleid haben, weil ich mitleide.«

So laufen alle Straßen des Unglücks in ihm zusammen, und alle tödlichen Pfeile treffen seine Brust. In jedem Keller, der unter den Detonationen schüttert, ist er zu Gast; in jedem Flüchtlingstreck wandert der Heiland mit – seit Jahrtausenden und bis an den Jüngsten Tag.

Darum gilt jetzt eines mit aller Bestimmtheit:

Wenn wir in der Übermacht des Weltleides uns unserm Nächsten schuldig bleiben, wenn unser Mitleiden sich verhärtet, dann wollen wir uns nicht in den Anblick des Grauens versenken, um uns innerlich aufzupeitschen. Wir sollen uns ebensowenig von dem allem zurückziehen und auf kurze Stunden des Vergessens bedacht sein. Sondern wir sollen mitten in der Übermacht des Leidens das *Leiden des Herrn* bedenken. Indem wir *seiner* Armut gedenken, gedenken wir aller Armen; indem wir *seine* Gefangenschaft betrachten, sind alle Gefangenen in unsern Gedanken gegenwärtig; indem wir *seinen* Tod betrachten, helfen wir allen Sterbenden und legen ihnen eine helfende, geleitende Hand unter den Kopf. *Sein Leiden ist stellvertretend für alle.* Und alles, was wir *ihm* tun, haben wir auch seinen geringsten Brüdern getan. Und alles, was wir ihm schuldig bleiben, das bleiben wir auch unsern Brüdern schuldig.

[VI,100–102]

Heimatlos – geborgen

Was sagt die Heilige Schrift zu unserer Heimatlosigkeit und dem Ungeborgensein? Es ist merkwürdig, in wie vielen Zusammenhängen das Wort von der Heimatlosigkeit im Rahmen der Bibel auftaucht:

Da ist Abraham, der Vater des Glaubens. Gott gebietet ihm: Gehe aus deinem Vaterland und aus deiner Freundschaft und aus deines Vaters Haus in ein Land, das ich dir zeigen will. Gott ruft uns ja oft, wenn wir ihn ernst zu nehmen beginnen, aus vertrauten Bindungen heraus. Es kann sein, daß uns der Glaube gegenüber alten Freunden und Arbeitskameraden, manchmal sogar gegenüber der eigenen Familie einsam macht und isoliert, so daß wir uns als Fremdkörper in einer Umgebung vorkommen, die von ganz anderen Dingen und Interessen bewegt ist als wir und deren Leidenschaften woanders sitzen. Aber ist Abraham, indem er so aus allem Vertrauten gelöst wird, ein preisgegebener und unsteter Mann?

Weil er unter dem Schatten der ausgestreckten Hand Gottes dahingeht, ist er es gerade nicht. Wo Gott mit uns geht und wir Vertrauen behalten, gibt es keine Fremde und kein Land Nod mehr. Abraham baut seinem Gott Altäre; wo aber die Gegenwart seines Wortes ist, entsteht ein Stück Heimat. Mancher, der in russischer Kriegsgefangenschaft die zwei oder drei getroffen hat, die in »seinem« Namen zusammenkamen, sah sich in eine Geborgenheit versetzt und einem Sinn zugeordnet, die ihm alles Unstete und Flüchtige und Verlorene nahmen und die ihn weniger einsam sein ließen, als er es vielleicht heute im vertrauten Rhythmus seines heimatlichen Alltags ist.

Und wie ist es mit der Heimatlosigkeit Jesu, der doch aus der Geborgenheit seiner ewigen Heimat in die Fremdheit von Haß, Schuld und Unverstehen hinausging? »Die Füchse haben Gruben und die Vögel unter dem Himmel haben Nester; aber des Menschen Sohn hat nicht, wo er sein Haupt hinlege« (Matthäus 8,20).

Nirgendwo sein Haupt hinlegen, niemals sich fallen lassen können, immer umstellt und eingekreist und dem Ansprung eines Unbekannten ausgeliefert sein: das ist Ungeborgenheit, das ist das Heimatlose schlechthin. Dennoch ist er geheimnisvoll einbezogen in den Plan Gottes und geht unter dem Schatten seiner höheren Gedanken dahin.

Man muß einmal die Evangelien unter dem Gesichtspunkt lesen, wie Obdachlosigkeit und Preisgegebensein sich in diesem einmaligen Leben mit der Behütung durch die Engel und die ewigen Hände verbinden. »Meine Stunde ist noch nicht gekommen«, sagt er einmal – also stellt ihm sein Vater Räume und Stunden zur Verfügung. Darum kann er gelassen im Schifflein schlafen, das zu kentern droht und in dem die Panik seiner Gefährten ausbricht. Selbst in der äußersten Preisgegebenheit, als ihm das Antlitz des Vaters um die neunte Stunde am Kreuz entschwindet und als er sein Verstoßensein nur noch hinausschreien kann: »Mein Gott, mein Gott, warum hast du mich verlassen?«, faßt er seine äußerste Klage noch in ein Psalmwort der Heiligen Schrift und betet also mit den Worten, die ihm sein Vater dafür gegeben hat. So ist der Stromkreis mit dem Ewigen denn auch hier wieder geschlossen, und sein Vater ist bei ihm. Wenn er schließlich sagt: »Vater, ich befehle meinen Geist in deine Hände«, dann ist das wie ein Dank für die Bergung im Allervertrautesten, wie ein Dank dafür, daß er sich nun ohne Sorgen fallen lassen kann, selbst wenn sein Leib ohnmächtig an den Nägeln des Kreuzes hängenbleibt.

Weil diesem Herrn die Gewalt über Himmel und Erde gegeben ist, gibt die Welt keine Fremde mehr aus sich heraus. Wenn Eleonore von Reuß in ihrem Neujahrslied singt: »Warum es so viel Leiden, so kurzes Glück nur gibt? … weil diese arme Erde nicht unsre Heimat ist« – dann sagt das gerade jemand, für den der Schrecken der Fremde zugleich weggescheucht ist durch die Lichter des Vaterhauses. Denn die sind ein Zeichen dafür, daß wir erwartet werden und daß wir ein Ziel haben.

[XI,229f]

Auferstehungsbotschaft

Wir wissen nicht, was und wie das alles vorgefallen ist. Das Ereignis selbst liegt in einer Zone des Schweigens und ist in den Schleier des Geheimnisses gehüllt. Wie sollte hier auch in der Manier eines historischen Berichtes oder einer Reportage etwas ausgesagt werden können, für das unsere Kategorien nicht zureichen? Denn der Apparat unseres Verstehens ist ja nur für die Vorgänge unserer gegenständlichen Welt eingerichtet. Er ist innerhalb des humanen Bereichs zum Beispiel auf die *Geschichte* abgestimmt, die sich im Werden und Vergehen vollzieht und auf alle Fälle mit dem Tode endet. Hier aber wird stammelnd etwas bezeugt, was die vertraute und übliche Gestalt aller Geschichtsprozesse durchbricht und darum auch unsere Wahrnehmungswerkzeuge und unser Aussagevermögen verwirrt – ähnlich einem Seismographen, der von der Übermacht eines Erdbebens blockiert wird und nicht mehr exakt registrieren kann. Wir sehen nicht das Geschehen selbst und nicht das Ding »an sich«. Wir bemerken nur das Vorher und das Nachher: das Vorher, wo die Jünger in Hoffnungslosigkeit und Depression verharren; und das Nachher, wo ein völlig neuer Glaube von ihnen Besitz ergreift. Wir sehen, wie in einem Augenblick absoluter und objektiver Hoffnungslosigkeit, wie im Inferno der schrecklichsten Verzweiflungen plötzlich und ohne jede psychologische Vorbereitung jene Kirche entsteht, die die Pforten der Hölle nicht überwältigen können und die die Kunde von diesem Ereignis nun wie einen Stafettenstab von Geschlecht zu Geschlecht weiterträgt und uns zu sagen wagt, daß wir alle von dieser *einen* Stunde leben.

Verstehe das, wer kann; ich verstehe es nicht. Andererseits ist es aber auch nicht möglich, sich der Übergewalt dieses Geschehens dadurch zu entziehen, daß man sich sagt: Das ist ein »Mythos«, wie er hundertfach in der Antike erzählt wird. Mögen die Menschen auch total (also auch mit ihrer Phantasie) von diesem Geschehen ergriffen gewesen sein, mögen sie legendäre Züge angefügt und

Gott nicht nur mit Worten, sondern auch mit Bildern und symbolischen Gestalten gelobt haben: ein Mythos ist das eben nicht. Denn Mythen bestehen immer darin, daß man Ideen (zum Beispiel die vom Werden und Vergehen) in das Gewand der Geschichte kleidet, so daß man sie nicht mehr bloß abstrakt dozieren muß, sondern daß man sie als »Geschichten« erzählen und ihren Sinn erraten lassen kann. Die Kinder genießen es dann wie eine spannende Götter- oder Heldenerzählung; nur die Erwachsenen und Reifen haben das Gefühl, daß noch mehr dahinterstecken könnte und daß das alles mit Sinn geladen sei. Darum sind die Gestalten des Mythos auch immer Götter oder Helden der *Vorzeit,* die als geschichtliche Wesen nicht greifbar sind und auch gar nicht greifbar sein *sollen.*

Hier aber wird die Nachricht: »Er ist auferstanden, er ist wahrhaftig auferstanden«, nicht von einer nebulosen Traumgestalt ausgesagt, sondern von einem Menschen, den sie doch alle gekannt und mit dem sie gesprochen haben.

Ein antiker Mensch konnte wohl, ohne sich als Vernunftwesen zu kompromittieren, den Kult des auferstandenen Dionysos mitfeiern. Er konnte bei diesem Mythos sogar tiefsinnige Gedanken hegen. Aber kein vernünftiger Mensch konnte zu sagen wagen: »Der Mann, den du vorgestern auf der Via Dolorosa gesehen hast, der zum Balkon des Hauses Nr. 82 heraufblickte und dessen Mutter – du weißt doch, die Frau aus der X-Straße – weinend und von Frau Magdalena gestützt etwa zwanzig Meter dahinterging, dieser Mann ist wieder lebendig geworden.«

So tolldreist und wahnwitzig hätte man damals auch nicht sein dürfen. Und die Leute von Jerusalem hätten diese tollste aller Botschaften ebenso von sich gewiesen wie wir, wenn – ja, wenn sie nicht von den umstürzenden Fakten über den Haufen gerannt worden wären.

[II,209–211]

Der Auferstandene

Daß der tote Jesus angeblich aus dem Grabe auferstanden sein sollte, hätte die Jünger niemals zum Glauben bringen können, wenn sie seinem *Wort* nicht geglaubt hätten. Dann hätten ihnen schon genug andere Erklärungen nahegelegen: etwa die, daß der Leichnam Jesu gestohlen oder wegtransportiert worden sei. Ein Mirakel hat noch nie jemanden zum Glauben gebracht. Ich muß jedenfalls von mir persönlich bekennen, daß eine bloße Mirakelgeschichte niemals imstande wäre, mich umzuwerfen. Ein Mirakel kann man sich immer auch anders erklären.

Auch das leere Grab hat die Jünger nicht zum Glauben gebracht (das ist wichtig!), sondern etwas ganz anderes ist geschehen: Angesichts dieses leeren Grabes und unter dem Eindruck der Engelworte ist es ihnen wie Schuppen von den Augen gefallen. Im Osterlicht des dritten Tages sahen sie auf einmal, daß alle Taten und Worte Jesu gleichsam zu »geometrischen Örtern« wurden und darauf deuteten, daß der Tod ihn nicht halten konnte.

Daß Jesus sagen konnte: »Dir sind deine Sünden vergeben« und daß der Mann dann wirklich aufstand und als ein neuer, buchstäblich entlasteter Mensch wegging, das konnte nur von jemandem gesagt werden, der an einem uns unverfügbaren archimedischen Punkt saß, von dem aus er unsere Welt bewegen konnte. »In mir werdet ihr Ruhe finden für eure Seelen«: das konnte nur einer sagen, der selber in einem Frieden und einer Gemeinschaft mit dem Vater lebte, die von nichts, auch vom Tode nicht, gebrochen oder unterbrochen werden konnte. Das Wort: »Kommt her zu mir alle, die ihr mühselig und beladen seid, ich will euch erquicken«, das konnte nur jemand sagen, der zwar selbst alle Mühsal und Beladenheit verstand und sie brüderlich teilte, dessen Leben aber aus anderen Quellen gespeist wurde und von dessen Leibe Ströme des lebendigen und nie versiegenden Wassers ausgingen.

Das alles ging den Jüngern plötzlich und jäh im Lichte dieses dritten Tages auf. Das ganze Leben des wandernden Heilandes, der heilend und helfend, vergebend und neue Anfänge schenkend, über diese Erde gegangen war, gewann für sie eine neue Perspektive. Es war so, als wenn ihnen plötzlich der Schlüssel zu seinem Geheimnis in die Hand gedrückt sei. Während sie in seiner Gesellschaft lebten und seinen Alltag teilten, *hatten* sie ihn noch gar nicht erkannt. Zwar hatte ihr Herz gebrannt, und eine dunkle Ahnung wie von einem Ungeheuren hatte sie überschattet. Jetzt aber erst ging ihnen auf, *wer* mit ihnen gewandert war. Jetzt kam plötzlich Licht in seine rätselvollen Worte, und der Himmel öffnete sich über dem, den sie für einen der ihren, wenn auch den größten, gehalten hatten und der doch der »ganz andere« war, der aus der Ewigkeit des Vaters kam und als Gefährte und Meister ihr Leben teilte.

Diese revolutionäre Gewißheit kam nicht etwa in ihr Leben, weil sie an die Auferstehung geglaubt hätten (auch wir können nicht »an die Auferstehung glauben«; man kann überhaupt nicht an eine Sache oder an ein Ereignis glauben); sondern das Neue kam in ihr Leben, weil sie an den Auferstandenen glauben lernten und weil sie kapitulieren mußten vor der Art, wie er sich ihnen bezeugte.

[II,212]

Ostergelächter

Die mittelalterlichen Christen, die noch nicht von liturgischem Ernst versteinert waren, wußten, was sie taten, wenn sie nach der Verlesung der Ostergeschichte in den »risus paschalis«, in das Ostergelächter ausbrachen, so daß ihre Kirchen dröhnten. Die Ostkirche tut das heute noch, obwohl sie eine verfolgte Kirche ist. Sie lobt mit diesem Ostergelächter den Vater, der seinen Sohn aus der Umklammerung durch den Tod herausreißt und der die Welt »mit ihrem Lachen und ihrem großen Zorn« zum Gespött macht.

Wie sollte es diese Fröhlichkeit, wie sollte es dieses große Ja zum Leben nicht geben können, wenn wir uns von den Schweinetrögen des Lebens abwenden und mit Entschlossenheit auf die erleuchteten Fenster des Vaterhauses zugehen, wo wir in Liebe erwartet werden?

[II,46]

Wunder

Nein, unser Glaube lebt nicht von den Berichten der Wunder. Wir leben vom *Wort* des Herrn, wir leben von dem, der er selber *war* und *ist* und immer *sein* wird. Wir glauben auch nicht »an die Auferstehung« (weil wir etwa einen Wunderbericht über die Ereignisse am dritten Tag nach seinem Tod hätten), sondern wir glauben an den Auferstandenen, der uns in der Gesamtheit dessen, was er sagt und tut, überzeugt und der uns das Wunder am dritten Tag dann als ein Geschehen erkennbar macht, dem alles in diesem Leben zudrängt. Wir glauben nicht an Wunder, die uns Christus als unsern Herrn *erweisen,* sondern wir glauben an den *Herrn,* der Wunder tut, der unser Leben zu wenden vermag, der uns alle Dinge neu sehen läßt und der auch heute mit seinen Wundern, seiner Behütung und seinen unbegreiflichen Führungen zur Stelle und an unserer Seite ist.

[X,120]

Meine eigene Schuld

Das ist das Verhängnis in unserem menschlichen Leben und im Völkerleben, daß es sich immer auf der »Schuld des andern« aufbaut und es verlernt, an die eigene Brust zu schlagen. Und unsere Welt kann nicht zum Frieden kommen, weder die Völker noch die einzelnen in ihrem privaten und beruflichen Umkreis können es, solange nur der Schrei nach Vergeltung unter uns zu hören ist und solange wir nicht zur Sühne bereit sind: Vergib uns unsere Schuld!

Damit ist das entscheidende Stichwort gefallen, auf das uns Jesus führt. Er lehrt uns nicht bitten: Räche die Schuld, Vater! Du siehst doch das Unrecht, und dir stehen Blitze und Donner zur Verfügung, um die Frevler niederzustrecken! Du kennst doch die Schuldigen, du kennst die Quäler und Peiniger unserer sich windenden Welt. Und die Geißeln, welche sausend auf uns herniederzischen, sind doch deine göttlichen Geißeln. Warum kannst du sie nicht zerbrechen und wegwerfen, nachdem sie als deine Werkzeuge schuldig geworden sind? Kannst du mir den Nebenbuhler, den einen Kollegen, den einen Hausgenossen, den einen Menschen, der mein Leben zerbrochen hat, nicht vom Halse schaffen?

Das alles lehrt Jesus uns nicht. Er macht sich in geradezu herausfordernder Weise nicht zum Anwalt dieser Stimme unseres Blutes und unseres natürlichen Instinkts. Er lehrt uns statt dessen: »Vergib uns unsere Schuld.« Und wahrhaftig, er meint das nicht als ein bloß privates Erbauungsgebet. Nein, ich bringe die Schuld der ganzen Welt, ich bringe Krieg und Kriegsgeschrei, ich bringe allen bewußten und ungekannten Frevel in das Licht vor Gottes Angesicht, wenn ich diese Worte bete.

Wenn wir das so sagen, bedeutet es zweierlei:

Erstens: Bei alledem, was an Schuldverhängnis über der Welt brütet, über ihren Kontinenten und Meeren, ist *auch meine Schuld* dabei. Das alles ist ja *mein* Herz, was da – nur in riesige Perspektiven, in Weltausmaße übersetzt – mir entgegentritt: Vergeltung ist ja auch das Gesetz, unter dem *mein* kleines Leben steht. Ich weiß ja selber, wie sehr ich ein Echo bin auf das, was meine Umgebung mir entgegenbringt. Tritt sie mir freundlich gegenüber, so hellen sich auch *meine* Züge auf. Schikaniert sie mich, so verfinstert sich mein Sinn im gleichen Maße. Wir brauchen nur zu beobachten, wie der Funke des Bösen in rasender Geschwindigkeit von Pol zu Pol eilt, wie zum Beispiel in einer überfüllten Bahn oder beim Schlangestehen vor irgendeinem Amt eine einzige Bosheit oder Ungeduld sofort überspringt und ansteckend wirkt und wie im Handumdrehen eine förmliche Masseninfektion daraus geworden ist.

Zweitens: Darum muß ich bei allem, was über die Weltschuld zu sagen ist, bei mir persönlich und bei meiner eigenen Schuld beginnen. Ich kann gleichsam nicht zum Fenster hinausschauen und mich moralisch über das große Babylon entrüsten, das in seiner gottlosen Finsternis da vor mir liegt, sondern ich werde durch alles, was ich dort draußen in Weltausmaßen erkenne, nur an mein eigenes »babylonisches Herz« (Francis Thompson) erinnert. Und unwillkürlich fühle ich mich an die harte Seelsorge des Propheten Nathan erinnert, der auf David mit dem Wort zufuhr: »Du bist der Mann!« *Ich* bin es also, der Vergebung haben muß und bei dem die Sanierung der Welt zu beginnen hat.

[VI,108–110]

Liebe macht finderisch

Im allgemeinen versteht das Evangelium unter »Schuld« und »Schulden« nicht so sehr den aktiven Verstoß gegen Gottes Gebot als vielmehr etwas, das ich wirklich schuldig geblieben bin, etwas, das ich versäumt und unterlassen habe (Matthäus 18,24; Lukas 16,5 u. a.).

Jesus Christus wird uns im Jüngsten Gericht einmal auf dieses Schuldiggebliebensein ansprechen und zu uns sagen müssen: »Ihr habt mich *nicht* gespeist, *nicht* getränkt, *nicht* besucht (Matthäus 25,43), als ich in der Gestalt des hungrigen, gefangenen, vereinsamten Menschenbruders euren Weg kreuzte. Ihr seid mir Speise, Kleider und Trank, ihr seid mir euer Aufmerken schuldig geblieben.« – »Ich will einmal gar nicht« – so mag er fortfahren – »davon sprechen, wie ihr euch in einem bösen Wort, in einer herzlosen Abfuhr oder mit raffiniert gezielten Nadelstichen gegen euren Nächsten vergangen habt, sondern ich will nur von *den* Dingen reden, die zu tun ihr *schuldig* geblieben seid«:

»Erinnert ihr euch noch an den Menschen, der euch durch die Trauer auffiel, die über seinen Zügen lag, und der darauf wartete, daß ihr ihm ein helfendes, weiterführendes Wort sagtet? Ich finde dieses Wort in der ganzen Ewigkeit nicht, es ist wohl nicht gesprochen worden.«

»Denkt ihr noch an den Soldaten, der an die Front fuhr in eine fast aussichtslose Lage und der euch mit einem Scherzwort die Hand zum Abschied reichte, weil er sich nicht anmerken lassen wollte, wie er im hintersten Winkel seines Herzens danach lechzte, daß er euer letztes Wort als ein segnendes Geleit, als einen stärkenden Zuspruch mit sich nehmen könnte? Ihr aber wart gerade mit andern Dingen beschäftigt, ihr hattet gerade etwas Nettes oder Interessantes erlebt oder wart durch irgendeine Banalität oder Augenblickswichtigkeit abgelenkt. So nahmt ihr den aufgeräumten Ton des Soldaten gerne auf, um eure Laune nicht überschatten zu lassen und um nicht einen Augenblick in Gedanken den Abgrund mit zu durchleiden, auf den der andere zuging. Jetzt ist er tot oder vermißt. Ich finde«, sagt der Herr des Jüngsten Gerichtes, »euer Sterbegeleit für diesen einen, der da von euch in den Tod ging, in der ganzen Ewigkeit nicht. Es muß wohl unterblieben sein.«

Und da ist dein Kamerad und dein Arbeitskollege, der stille Mann in deinem Betrieb, dessen Chef du bist. Er ist ein wenig zurückgezogen, und man kommt nicht ganz hinter ihn. Er spielt eigentlich kaum eine Rolle, und neulich auf dem Kameradschaftsabend wußte der Glossendichter kaum etwas von ihm zu sagen. Bis sich auf einmal herausstellte, daß er entsetzlich unglücklich ist, sei es, daß in seiner Familie etwas nicht stimmt oder daß er an erblicher Schwermut leidet. »Wie konnte ich das übersehen«, sagt ihr dann, und ihr leidet darunter, daß ihr ihm nie ein gutes Wort gabt.

In wieviel Selbstmordfällen habe ich es schon erlebt, daß die Angehörigen und Kameraden sagten: Wir ahnten ja nicht, was in ihm vorging. Warum ahnten wir es nicht? Etwa deshalb nicht, weil wir psychologisch zu wenig geschult waren oder weil unser Instinkt versagte? Nein, nur deshalb nicht, weil wir ihm die *Liebe schuldig* blieben. Aus keinem andern Grunde. Denn die Liebe setzt mit ihrem helfenden Beistehen ja nicht erst dann ein, wenn man erkannt hat, wo eine Not sitzt. Sondern es ist umgekehrt: Die Liebe hilft uns bereits solche Nöte finden. Man kann nur das verstehen, was man liebt, sagt Goethe einmal – und er meint wahrhaftig damit nicht nur die Botanik und die Mathematik, deren Geheimnisse sich eben nicht erschließen, wenn man mit Widerwillen an sie herantritt, sondern er meint damit gerade den lebendigen Menschen, den Nächsten, den ich nur dann verstehen kann, wenn ich ihn liebe. Liebe macht nicht nur erfinderisch, sondern zunächst einmal finderisch. Die Liebe, wenn sie wirklich da ist, hilft uns nicht nur Wunden heilen, sondern vor allem Wunden entdecken. Nur darum ist auch mit der Mutterliebe das tiefste Verstehen verbunden. Denn die Mutter versteht ihr Kind schon, ehe es sagen kann, warum es weint, und vielleicht schon, ehe es überhaupt weint. Sie versteht es nicht deshalb, weil sie alle Fächer der Säuglingspflege in Theorie und Praxis studiert hätte, sondern weil sie es liebt. Sage mir, wieviel du vom Leiden deiner Menschenbrüder weißt, und ich will dir sagen, wie sehr du sie geliebt hast. Und immer wenn wir das heimliche und vielleicht bewußt verschwiegene Leid eines Menschen übersehen haben, vernehmen wir den Herrn des Jüngsten Tages, der uns sagt: »Ihr seid die Liebe schuldig geblieben, sonst hättet ihr es erkennen müssen. Denn die Liebe spricht ja gar nicht nur aus der helfenden Hand, sondern vor allem aus der Wachheit eures Blicks. Ich suche den wachen Blick eurer Liebe«, spricht der Herr des Jüngsten Gerichtes, »in der ganzen Ewigkeit vergebens. Er muß wohl unterblieben sein.«

Wenn deshalb das Evangelium uns immer wieder berichtet, daß Jesus weiß, was im Menschen ist, und daß er ihn also versteht und bis in sein Innerstes durchschaut, dann liegt das daran, daß er ihn liebt. Vielleicht können wir nur deshalb den Gedanken ertragen, daß Gott uns bis ins Letzte durchschaut, ja, daß er auch unsere unerkannte Sünde ins Licht vor seinem Angesicht stellt (wie entsetzlich ist dieses Heraustretenmüssen der Schuld aus der Tarnzone ihrer Heimlichkeit!), weil wir wissen: Es geht ja hier gar nicht um eine so theoretische Eigenschaft Gottes wie um seine sogenannte »Allwissenheit«, um das Schreckgespenst eines himmlischen Riesenintellektes, dem nichts entgeht, sondern es geht darum, daß er uns so unendlich liebt. *Darum* versteht er uns so genau. Es ist nicht das Wissen eines Großinquisitors, der jede Miene und jede Herzensregung von uns belauert und in die himmlischen Bücher einträgt, sondern es ist das Wissen, das ein Vater um sein irrendes Kind hat, es ist die göttliche Liebe, der nichts entgeht, weil sie alles *an*geht und weil es sie bewegt und weil sie nicht nur die Schuld, sondern auch das Heimweh in der Fremde sieht.

[VI,94–97]

Durchschaut

Gibt es einen größeren Trost, als zu wissen: Es ist jemand da, der ganz um uns weiß und dennoch nicht irre an uns wird? Vielleicht sind wir Leute, die in der menschlichen Gesellschaft angesehen und geachtet sind. Man respektiert unsere weiße Weste. Aber geht es den einigermaßen Feinnervigen unter uns dann nicht manchmal so, daß sie denken: Wenn die wüßten, wovon ich manchmal träume? Wenn die wüßten, welche heuchlerische Verstellung sich manchmal hinter meinem offenen Gesicht ereignet, welcher Morast an Neid und Mißgunst in mir ist, wenn ich äußerlich fair und mit aufgeblendeten Augenscheinwerfern meinem erfolgreicheren Kollegen oder Konkurrenten gratuliere? Wenn die wüßten, wie viele Gedankenmorde ich schon auf dem Gewissen habe, wie verlogen ich bin und wie egal mir mein Nächster ist! Wenn die wüßten, daß ich seinerzeit im Dritten Reich sehr genau über Geisteskranken- und Judenmorde hätte orientiert sein können. Aber ich *liebte* nicht, darum *verstand* ich auch nicht und darum *litt* ich nicht mit. Ich hütete mich sogar, zu lieben und Bescheid zu wissen, weil es mir an die Nerven gegangen wäre und ich vielleicht etwas hätte unternehmen müssen … Es ist gut, daß sie das alles nicht wissen! Denn *wenn* sie es wüßten, so würden sie irre an mir werden. Darum brauche ich das Aushängeschild der weißen Weste …

Hier aber ist einer, der dies alles von mir weiß und der trotzdem nicht irre an mir wird, sondern der mir sagt: Gerade für solche Leute bin ich da. Ich leide *mit* dir, wenn du an dir selber leidest.

Das ist der Trost, der uns hier zugesprochen wird: Ich bin durchschaut, aber ich bin von einem Liebenden durchschaut. Hier wird um mich gewußt, aber von einem Mitleidenden. Hier übernimmt einer meine Last. Fürwahr, er trug unsere Krankheit und lud auf sich unsere Schmerzen.

[II,134f]

Sünde – Sünder

Worin besteht die Vergebung?

Im Grunde in nichts anderem als darin, daß Jesus die Gemeinschaft mit denen aufrechterhält, deren Schuld und Entfremdung ihn schmerzen und ihm nahegehen. Voraussetzung für diese Möglichkeit der Vergebung ist, daß *Jesus zwischen den Sündern und der Sünde eben unterscheidet.* Wenn er sich von der Sünde distanziert – und das tut er ja –, distanziert er sich nicht von den Sündern.

Wenn der Psalmist inmitten seiner Anfechtungen und seines Irrewerdens an Gott sich zu dem Satz durchringt: »Dennoch bleibe ich stets an dir« (Psalm 73,23), dann spricht Jesus – zwischen den Zeilen – diesen Satz nun seinerseits auch zu dem schuldig gewordenen Menschen: »Dennoch – obwohl du aus der Fremde kommst und die Runen des Lasters in deinem Gesicht stehen –, dennoch bleibe ich stets an dir und sage mich nicht von dir los.«

Der Verirrte ist ihm nicht ein Gegenstand der Verachtung, sondern des Erbarmens: »Ihn jammerte des Volkes; denn sie waren verschmachtet und zerstreut wie Schafe, die keinen Hirten haben« (Matthäus 9,36). Vergebung durchbricht so den ständigen Rückkopplungsprozeß zwischen Schuld, Strafreaktion und tieferer Verstrickung. Der Schuldige wird nicht mehr mit seiner Vergangenheit identifiziert, sondern im Licht dessen gesehen, was Gott mit ihm vorhat.

[XII,147]

Vergebung

Was ereignet sich denn, wenn ich einem anderen Menschen vergebe? Es heißt doch nicht, daß ich »vergessen« könnte, was er mir angetan hat. Das kann ich ja gar nicht. Nein, wenn ich einem anderen vergebe, dann trete ich selbst in den Zwiespalt; dann sage ich mir: »Das, worin der andere an dir schuldig geworden ist, worin er dich gehaßt hat und gemein gegen dich gewesen ist, das ist auch in meinem Herzen da. Du bist in einer letzten Solidarität mit ihm.« Wenn ich von Herzen zu meinem Nächsten sage: »Ich vergebe dir«, dann übernehme ich sozusagen die Last seiner Schuld auf das eigene Herz, als ob es meine Schuld wäre. Ich sage dann nicht zu ihm: »Es war gar nicht so schlimm, darum will ich es nicht tragisch nehmen.« O nein, so eine harmlose Sache ist die Vergebung nicht. Sondern ich sage: »Doch, es war sehr schlimm, was du mir angetan hast; es war sogar entsetzlich. Aber ich weiß von mir selber, wie wankelmütig und böse das menschliche Herz ist. Darum kann ich es nachvollziehen, was du mir getan hast. Das alles liegt auch in *mir* auf dem Sprunge. Und so leide ich es denn mit dir durch. Ich versetze mich an deine Stelle. Ich trage deine Last mit.« Wenn ich einem anderen Menschen vergebe, dann trete ich *mit* unter die Last seiner Schuld. Dann werde ich sein Bruder und seine Schwester, dann werde ich ein Lastträger an seiner Seite.

Genau dies geschieht auf Golgatha. In Jesus Christus, dem Leidenden und Gekreuzigten, tritt Gott selbst an unsere Seite. Alle Versuchung und Gefährdung unseres Herzens hält er selber aus. Leiden und Angst, Einsamkeit und Todesfurcht, alles Menschliche in seiner Fragwürdigkeit und Hinfälligkeit nimmt er auf sich, indem er sich selber dem Druck der menschlichen Geschichte stellt und in Endlichkeit und Verlorenheit eingeht. Gott nimmt unsere Last auf sich, weil er uns vergibt. Golgatha ist ein Schmerz in Gott.

Hier ist also keine billige Liebe, die nur zudeckt oder fünfe gerade sein läßt. Sondern hier ist der heilige Gott, für den unser verlorenes Leben ein unsagbarer Schmerz ist und der dennoch »ja« zu uns sagt, der den Vater über den Richter siegen läßt und unsere Last auf das eigene Herz nimmt. Dort, wo der Gekreuzigte hängt, da leidet Gott selbst. Das ist hier gemeint. Dort, wo er ruft: »Mein Gott, mein Gott, warum hast du mich verlassen?«, da gibt sich das ewige Herz selbst allen Verlassenheiten und Verzweiflungen preis, die je ein Mensch in seiner Gottesferne durchlitt. Da gibt es nichts mehr, was zwischen Gott und mir steht, weil er mein Bruder geworden ist, weil er auf der Sohle aller Abgründe neben mir steht.

Dort, wo das Gericht mich treffen müßte, da steht Gott selbst, oder besser, da hängt Jesus Christus. Verstehe das, wer kann: ich verstehe es nicht. Aber die Lobgesänge aller Märtyrer steigen darüber zum Himmel empor, und alle, die Vergebung ihrer Schuld erfahren haben und darüber neue Menschen geworden sind, wissen, daß es *wahr* ist, daß es eine *Wahrheit* ist, von der man leben kann, die einen verwandelt und mit dem Glück eines neuen Anfangs beschenkt. Sie alle wissen es, und auch ich weiß es; und doch hat es niemand begriffen. Man kann es nur mit einem Lobgesang sagen. Doch wenn unsere Vernunft es aussprechen will, beginnt sie zu stammeln, so wie ich hier geradebrecht habe und nicht zu Rande gekommen bin und wie es mir einfach zu schwer war, was ich sagen sollte.

Dennoch kann es ein Kind mit dem Herzen verstehen, wenn die Mutter ihm vergibt und wenn damit etwas geschieht, was die Weisen dieser Welt nicht erklären können.

[II,147–149]

Königliche Freiheit

Was wir selbst in der Vergebung erfahren haben, will sofort wirksam werden in unserem Verhältnis zum Nächsten. Wo Gott großzügig ist und uns zehntausend Pfunde erläßt, sollen wir keine kleinlichen Schalksknechtsnaturen sein und uns um hundert Groschen lumpen lassen, die uns der Nächste schuldet (Matthäus 18,21ff).

Wenn Gott uns vergibt, daß wir mit einer Keule nach ihm geschlagen haben, sollen wir auch unsrerseits damit fertig werden, daß unser Kollege, unser Nachbar, unser Chef, unser Untergebener mit der Stecknadel nach uns gestochen hat. Denn so und nicht anders ist das Größenverhältnis zwischen dem, was Gott uns erläßt, und dem, was wir unserem Bruder zu erlassen haben.

Hier ist das einzige Rezept dafür, wie wir die Schuldfrage, die zwischen uns und unserem Nächsten steht, bewältigen können, die Schuldfrage in unserer Ehe oder in unserem Büro oder in der Schlange am Eisenbahnschalter, wo mich jemand in unverschämter Weise zur Seite zu boxen versucht. Nur der Blick auf das, was Gott uns getan und was er uns erlassen hat, kann mich mit einem Schlage über die Situation erheben, kann mich von der lauernden Gegenreaktion des Böse- und Verbittertwerdens erlösen und mir die königliche Freiheit schenken, zu vergeben.

Ich sage: Nur das kann diese Freiheit bewirken. Wenn ich nämlich nicht selbst ein begnadigter Sünder bin und unter der Vergebung stehe, kann ich nicht vergeben. Ich kann dann meinen Zorn nur verdrängen und beherrschen. Aber das führt nur dazu, daß sich immer mehr Bitternis und Galle in mir aufspeichert, bis es sich eines schönen Tages in einer jähen Explosion entlädt.

Das liegt dann ganz einfach daran, daß dieses Verdrängen nicht auf einer echten Freiheit beruhte, weil es nicht einer echten Erlöstheit und darum auch keiner Gelöstheit entsprang, sondern daß es verkrampft und darum krank war. Vergeben kann ich nur in der königlichen Freiheit der Kinder Gottes, als einer, der selber frei geworden ist und darum auch den anderen frei gegenübersteht.

[VI,118f]

Ohne mich?

Jesus Christus, das Licht der Welt, kann eine erschreckende und gleichsam strapaziöse Erscheinung für uns sein. Wenn wir uns mit ihm einlassen, dann müssen wir ja die Menschen anders sehen als bisher, dann müssen wir sie so sehen, wie Jesus sie sah, also nicht nur unter dem Gesichtspunkt: Dieser mein Nächster soll selbst sehen, wie er weiterkommt; mir hat auch keiner geholfen. Oder unter dem Gesichtspunkt: Wenn dieser mein Nächster da mit sich selber oder seiner Ehe oder seinen Finanzen nicht fertig wird, dann soll er sich an die Wohlfahrt oder den Pastor oder an das Parlament oder an den Fragekastenonkel unseres Lokalblättchens wenden.

Nein, es ist nun alles ganz anders: wenn man unter den Augen Jesu steht, dann gehen einen die Menschen plötzlich etwas an. Dann kann man nicht mehr an dem unter die Mörder Gefallenen vorüber, sondern dann muß man ihn verbinden. Dann ist der andere plötzlich viel mehr als nur ein »Kollege«, dann ist er jemand, für den Jesus Christus gelitten hat.

Mir ist es einmal bei einem Studenten so gegangen, der sich das Leben nahm. Er hatte immer in unserem Kreise gesessen. Mir war wohl aufgefallen, daß er oft in brütendem und schwermütigem Schweigen dasaß, aber ich dachte: Er wird vielleicht an seiner Examensarbeit grübeln; oder er hat ein melancholisches Temperament. Jedenfalls: wenn er etwas hat, so dachte ich, kann er ja zu mir kommen. Aber er kam nicht, sondern ging still weg. Und wir, die wir ihn so gehen ließen, hatten unseren Herrn verleugnet. Wir hatten uns wieder einmal totgestellt. Jesus Christus aber kann uns nicht finden, wenn wir uns so totstellen. Das ist häufig der Grund, warum wir nicht zum Frieden kommen und das Schlüsselloch zum Christenstande nicht finden können.

Von allen diesen Fragen sind wir täglich umgeben. Wenn wir die vielen Fragenkastenbriefe in der Presse lesen, dann hören wir von lauter Enttäuschungen in der Liebe, von Langeweile, von lästig gewordenen Ehen, von geschäftlichen Nöten. Und es geht dabei doch immer um die Menschen, die um uns herum leben. Wer schickt denn solche Briefe sonst?!

Aber wir sehen diese Menschen normalerweise nicht, obwohl sie um uns herum sind. Wir treiben Vogel-Strauß-Politik, und darum flüchten sie sich auch in die Anonymität solcher Briefkästen. Die Liebe aber, die wir bei Jesus an uns erfahren und dann auch selbst lernen, macht nicht nur erfinderisch, sondern sie macht zunächst einmal finderisch. Sie schenkt uns einen suchenden und wissenden Blick.

Das ist gewiß auf der einen Seite eine Strapaze. Denn der Liebende ist immer im Zustande der Mobilmachung, er ist immer in Alarmbereitschaft. Ich kann an jedem Tag, trotz meiner Müdigkeit und trotz meines vollen Terminkalenders abkommandiert werden, um die Fährte eines Nächsten zu verfolgen, der in Not ist. Sollte es nun nicht vielleicht die Angst sein, in diesen ständigen Alarm verwickelt zu werden, die uns abhält, uns mit Jesus Christus einzulassen? Sollte es diese Angst sein, die uns veranlaßt, in der satten Ungestörtheit des »Ohne-mich« zu leben?

Wir sollten uns einmal daraufhin prüfen. Denn nicht irgendwelche Dogmen hindern uns in der Regel, ein Christ zu werden, sondern etwas ganz anderes hindert uns: die Angst, in dieses Licht zu treten, die Angst, uns ganz durchschauen zu lassen, auch in den tiefsten Rumpelkammern unserer Seele, und ständig im Aufbruch, ständig in der Mobilmachung zu sein und diesem Herrn zu folgen, wohin auch immer er mit uns geht.

Und doch ist es die reine Seligkeit und erst die Erfüllung unseres Lebens, wenn wir es einmal mit ihm versuchen. Wenn wir heute noch damit beginnen, irgendeinem unserer Nächsten ein Glas Wasser in seinem Namen zu reichen, werden wir das Herz unseres Heilandes schlagen hören und durch seine Nähe beglückt sein. Wir werden erkennen, wie finster und kalt das Leben ohne ihn war, und werden dann auch in unserem Leben die Frische jenes Schöpfungsmorgens zu spüren bekommen, in der es hieß: Es werde Licht.

Die große Helle ist ja schon da. Die Feier des Lichtes ist doch für dich und für mich von Gott veranstaltet! Wir brauchen nur die Läden unseres dunklen Hauses aufzustoßen und die flutende Fülle hereinzulassen.

Wie sollten wir es sonst auch merken, was Gott an uns tun will, wenn wir die Läden immer geschlossen halten? Wer sich aber in dieses Licht hineinstellt, wer es wagt, aus seinem dunklen Leben in dieses Licht hineinzuspringen, der wird selbst zu leuchten beginnen, der wird eine neue Form von Freude erleben, die ihm die Augen übergehen läßt.

[XI,41–43]

Hoffnungslosigkeit

Halten wir doch ruhig einmal – als Brüder des Zweiflers Thomas! – unserer heimlichen Hoffnungslosigkeit stand: der Sorge zum Beispiel, daß *keine* Erweckung mehr über unser Land hinwegbraust, daß Säkularismus und Indifferenz weiterwachsen, daß die Vermassung fortschreitet, daß der Herrenname Jesu immer mehr durch die Tatsachen widerlegt wird und daß nur ein paar alte Leutchen noch um die Altäre herumhocken. Machen wir uns mit einem tapferen, heroischen, verzweifelten Ruck einmal los von allen Träumen einer Rechristianisierung oder von optimistischen Kirchenstatistiken. Machen wir uns einmal klar, daß wir als Christen vielleicht entsetzlich einsame Vögel sein werden und daß das letzte alte Weiblein, das uns noch zuhört (sogar in diesem Lande der Reformation!), eines Tages stirbt und daß dann die Prediger von einst hausieren gehen können. Trösten wir uns einmal *nicht* damit, daß eben dies das »Ärgernis« sei, das Jesus vorausgesagt habe. Sondern sehen wir dem kalten, schleichenden, beklemmenden Gedanken entgegen und tapfer ins Auge, daß dies eine *Widerlegung* Jesu Christi sein könnte, daß er uns also, wie es Jean Paul einmal ausdrückte, als Waisen ohne Vater zurückließe und daß er selber ein armer Waisenknabe gewesen sei, daß wir also einer gigantischen Täuschung aufgesessen wären.

Hören wir ja nicht vorzeitig mit unserem Zweifel auf. Verdrängte Zweifel sind nicht gut. Sie schwelen unter der Decke. Und unser Glaube soll doch nicht das Produkt einer Verdrängung sein. Halten wir dieser äußersten Hoffnungslosigkeit stand – wie Thomas. Denn die Anfechtung lehrt, aufs Wort zu merken. Aber dann, wenn wir so zweifeln, sollten wir nicht davonlaufen oder sterben wollen oder uns die Kugel durch den Kopf schießen. Sondern dann sollten wir uns als letztes sagen: Gut, dann will ich eben mit ihm sterben. Hat er sich geirrt, gut; dann will ich mich auch irren, dann will ich mich zu seinem Irrtum bekennen, dann will auch ich mir nicht zu gut sein für diesen Irrtum und mit ihm in den Abgrund stürzen. *Wenn ich das so sage, habe ich mich auf Jesus geworfen, wie das kein Mensch tun kann, der heimlich von anderen Hoffnungen lebt.* Dann bin ich gerade ganz und bis ins letzte sein Jünger, *nur* sein Jünger und kein heimlicher Anhänger einer christlichen Kultur oder einer wirksamen christlichen Gegenparole gegen den Osten, die mich im Grunde zu nichts verpflichten würde. Dann hat mich gerade und ausgerechnet meine völlige Hoffnungslosigkeit in seine Arme getrieben.

Darum sind auch die Hoffnungsarmen gesegnet. Denn nur sie haben ihr Schicksal ja an Jesus gebunden, wenn auch verzweifelt gebunden. Und Jesus betrügt uns nicht; unsere Hoffnungen aber trügen alle. Unser Leben ist voller Enttäuschungen: Unsere Pläne erfüllen sich nicht, wir haben lange Durststrecken in unserem Leben zu überwinden, und viele Menschen, denen wir trauen, halten das nicht, was sie versprechen. Aber Jesus trügt nicht.

Wir sollen ihm ruhig – meinetwegen verzweifelt – die Verantwortung zuschieben, das unter Beweis zu stellen. »Zeige mir, was an dir ist«, so dürfen wir ihm sagen, »und wenn nichts an dir ist, hat alles andere im Leben auch keinen Zweck mehr.« Und Jesus zeigt, was an ihm ist.

[I,110–112]

Das Salz der Erde
Nachfolge und Gottesdienst

Gott loben heißt, die Dinge von ihrem Ende her sehen,
sie von den großen Zielen und
Erfüllungen Gottes her betrachten.

Es ist ein bedenkliches Zeichen, wenn die Welt
in einem allzu ungetrübten Frieden mit der Kirche lebt
und wenn eine Gemeinde allzu begeistert
von ihrem Prediger ist.
Dann hat er in der Regel kein Salz von der Kanzel gestreut.

In Deutschland sind die Menschen so
entsetzlich unter sich,
denn es hat aufgehört, ein betendes Land zu sein.

Kompaß

Wenn ich in der Nachfolge Jesu stehe, dann ist es einerseits so, daß ich dem Evangelium keine gesetzlichen Verhaltensvorschriften und keine detaillierten Normen entnehmen kann, die mich auf Schritt und Tritt gängeln. Andererseits ist es aber *auch* nicht so, daß ich *ohne* alle Weisung und nur meiner subjektiven Willkür überlassen wäre, so daß es – wie man heute gerne sagt – zu einer reinen Gesinnungsethik käme. Vielmehr ist es so (und nun gebrauche ich das verdeutlichende Bild): zwar wird mir von der Bibel keine Wanderkarte in die Hand gedrückt, auf der der Weg, den ich einzuschlagen habe, genau vorgezeichnet wäre. Mir wird also nicht für jede Wegkreuzung vorgeschrieben, ob ich nach rechts oder links gehen soll. Ich kann auf der vermeintlichen Wanderkarte der Bibel also nicht ablesen, wie ich mich in Fragen der Empfängnisverhütung, der Schwangerschaftsunterbrechung, der Homosexualität, der Anti-Baby-Pille, der Todesstrafe oder – in einem ganz anderen Bereich – bei Fragen der betrieblichen Mitbestimmung entscheiden soll. Könnte ich die Lösung all dieser Fragen mechanisch ablesen, würde ich ja wieder nur einem fremden Willen gehorchen, und ich wäre es gar nicht selbst, der hier gefordert wäre und sich zu engagieren hätte.

Und doch stehe ich auch dann, wenn ich so auf keine vorfabrizierten Entscheidungen zurückgreifen kann, durchaus nicht einfach im Leeren. Ich bin dann keineswegs ohne Weisung, deren ich zu meiner Orientierung doch so dringend bedarf. Aber welchen Marschbefehl sollte ich denn nun noch haben?

Nun: Statt einer Wanderkarte bekomme ich gleichsam einen *Kompaß* überreicht und werde dann losgeschickt. Die Kompaßnadel zeigt auf das Gebot der Gottes- und Nächstenliebe. In diese Richtung habe ich also zu gehen. Und bei jeder Wegkreuzung wird mir die Frage gestellt, ob ich die angezeigte Richtung der Nadel einhalte. *Aber ich muß selber den Weg finden.* Das ist meine Freiheit, das ist auch die *Last* dieser Freiheit. Denn ich kann ja nicht einfach und stur im Sinne der Kompaßrichtung bloß geradeaus gehen. Es stehen mir doch Ströme, Berge und andere Geländehindernisse im Weg, die ich umgehen muß. Ohne Bild heißt das: Meine Wegrichtung ist beeinflußt durch die jeweiligen Situationen, in denen ich mich befinde. Ich kann in einer Diktatur leben oder in einer Demokratie; ich kann krank sein und mich schonen müssen; ich möchte vielleicht in ein Helferkorps für die Entwicklungsländer, aber ich habe eine Familie, die mich ebenfalls braucht – man könnte einen langen Katalog von lauter Rücksichtnahmen, Beengungen und Pflichtenkollisionen nennen, die mich einfach daran hindern, ohne nach rechts und links zu blicken, nur stur geradeaus zu gehen. Und diese Hindernisse gleichen genau den Flüssen und Strömen, die sich mir in den Weg stellen, wenn ich der Kompaßnadel folge. Ich muß sie eben umgehen. So habe ich manchmal innezuhalten und zu überlegen. Die Kompaßrichtung läßt mir die *Freiheit,* so innezuhalten und auch erfinderisch und selbständig zu sein bei dem Versuch, die Geländehindernisse in meinem Leben zu überwinden und zu umgehen. Aber diese Freiheit ist auch eine Last und sie *soll* es sogar sein. Denn ich darf ja in ihrem Namen nicht im Gelände herumvagabundieren, sondern ich muß bei allen Um- und Zick-Zack-Wegen die Richtung der Kompaßnadel im Auge behalten. Das ganze Gelände ist mein; das ist meine Freiheit; ich aber bin Christi, und die »Liebe dringet« und leitet mich (2. Korinther 5,14).

Das also ist der Spielraum des Wagnisses und der Freiheit: *Ich muß selber die Wege finden zu den Zielen, die Gott mir durch das Liebesgebot gesetzt hat.*

Ich kann diese Wege freilich nicht finden ohne den, der mir auch die Ziele setzt. Es sind *seine* Ziele. Und er ist nicht nur der Herr der *Ziele,* sondern auch der Herr der *Wege.* Darum suche ich im Nebel und im finstern Tal diese oft sehr unkenntlichen Wege, indem ich den Herrn der Ziele und Wege um die rechte Führung bitte und ihm meine Hilflosigkeit anvertraue: »Weiß ich den Weg auch nicht, du weißt ihn wohl.« Er ist ja mein Stecken und Stab, und er baut Brücken über Abgründe, vor denen ich mich fürchte und die ich für unbegehbar halte. »Weg hat er allerwegen, an Mitteln fehlt's ihm nicht.«

So gehe ich wie ein Kind ins Dunkle an einer Hand, die mich geleitet. Mit dieser Bitte um die rechte Führung wage ich dann meinen Weg und traue der Verheißung, daß ich nicht zuschanden werden soll.

So unter dem Gebot der Liebe wählen zu dürfen, so grenzenlos mit eigener Verantwortung beschenkt zu sein, das ist meine Freiheit, das ist der verpflichtende Adel der Kinder Gottes – ein Adel, der ihr ganzes Herz und auch das ganze Vermögen ihres Geistes in Anspruch nimmt. So frei ist der Mensch – und so gebunden ist er.

[I,189–191]

Gottes Brief

Wenn wir von Paulus als »Brief Gottes« bezeichnet werden (1. Korinther 3,1–6), dann ist das schon deshalb nicht im Sinne eines Empfehlungsschreibens gemeint, weil der Brief ja gar nicht von uns selber handelt. Er redet vielmehr von lauter Tatsachen und Umständen, die außerhalb meines Ichs liegen. Es gibt vor allem drei Gesichtspunkte, an denen man sich das klarmachen kann:

Erstens. Wenn wir als Gemeinde dieser Brief Christi sind, dann ist diese Gemeinde nicht als ein Kollektiv religiös und ethisch verantwortlicher Persönlichkeiten verstanden. Vielmehr handelt es sich um Leute, die sich um eine *Nachricht* sammeln, und zwar um eine Nachricht, die sie selber keineswegs produziert haben: um die Nachricht nämlich, daß wir geliebt werden und daß es keine Fremde gibt, die uns so entstellen dürfte, daß der Vater uns nicht wiedererkennen und in seine Arme aufnehmen würde (Lukas 15,20).

Zweitens. Wenn der einzelne Mensch als dieser Brief Christi bezeichnet wird, dann wiederum nicht deshalb, weil er ein wertvolles Glied der Gesellschaft oder eine Säule der Gemeinde wäre, sondern weil er Träger dessen ist, was Luther die »fremde Würde« nennt. Damit meint er das Gegenteil aller eigenen Würde, wie sie sich etwa aus unserer Funktionstüchtigkeit im Beruf und im gesellschaftlichen Gefüge ergäbe. »Fremd« ist unsere Würde deshalb, weil sie in dem gründet, was Gott für uns getan, was er an uns gewandt und womit er uns »teuer erkauft« hat (1. Korinther 6,20; 7,23).

Drittens. Wenn ich als Prediger des Evangeliums ein solcher Brief sein soll, dann nicht deshalb, weil ich ein Schriftgelehrter wäre, besondere Einsichten hätte und ein »Profi« des Glaubens wäre. Das alles bin ich ja gar nicht. Oft sieht mich der Text, über den ich zu predigen habe, rätselhaft an, und ich möchte ihm ausweichen. Manchmal, wenn ich über die Liebe predigen soll, kann ich das schier nicht, weil ein Mensch so gemein gegen mich gewesen ist, daß ich ihn hasse und daß mir das Wort von der Liebe im Hals steckenbleibt. Oder ich kann es nicht, weil meine Ehe zerrüttet ist oder weil ich mit einem Kollegen zerfallen bin und mir bei jedem Wort, das ich über die Liebe sagte, als Heuchler erscheinen müßte. O nein: Ich bin kein Brief Christi, weil ich über all dies erhaben wäre. Sondern ich bin es nur, weil ich auf etwas *vertraue:* darauf, daß Gott mein kümmerliches Wort in seinen Dienst stellen, daß er *selber* darin anwesend sein will. »Das Wort der Predigt ist der die menschliche Natur annehmende und tragende Christus selbst«! (Dietrich Bonhoeffer). Darum kann ich diese Aufgabe, Brief Christi zu sein, nur mit einem Gebet übernehmen, das Jeremia im Wissen um die eigene Fragwürdigkeit *und* um die Treue Gottes gebetet hat: »Herr, wir erkennen unser gottlos Wesen ...; wir haben gegen dich gesündigt. Aber um deines Namens willen laß uns nicht zuschanden werden, laß den Thron deiner Herrlichkeit nicht in Unehre fallen! Gedenke unsrer und laß deinen Bund mit uns nicht ein Ende haben!« (14,20f).

Ein glaubwürdiges Dokument Gottes kann ich also nur dann sein, wenn ich die Sätze, die meine eigene Fragwürdigkeit betreffen, nicht von mir aus tilge oder verschönernd retuschiere. Täte ich das, wäre ich wieder nur ein Heuchler. Heuchelei aber ist das genaue Gegenteil einer Empfehlung. Wer erkennbar anders ist, als er sich gibt, lockt nicht an, sondern stößt ab. Wer unglaubwürdig ist, kann nicht erwarten, daß man ihm den Glauben abnimmt. Ein glaubwürdiges Dokument bin ich nur, wenn ich mein Versagen, mein Defizit, meine Brüchigkeit als irdenes Gefäß und sogar meinen Kleinglauben nicht verberge und gerade im Eingestehen dessen die Güte Gottes preise, die mich nicht aufgibt.

[XII,47–49]

Gereifte Kirche?

Denken wir einmal an den Augenblick, wo der Teufel dem Herrn Christus alle Reiche und Länder der Welt anbietet.

Eine Ahnung, was dieser Augenblick für Chancen und Versuchungen in sich enthält, haben wir in dem hinter uns liegenden christlichen Jahrtausend wahrhaftig gespürt. Denn dieses Jahrtausend, das jetzt zu Ende geht, ist das konstantinische Zeitalter der Kirche. Es bot die berauschende Möglichkeit, daß das Christentum eine feste Verbindung mit der Öffentlichkeit, vor allem mit dem Staat, eingeht. Man braucht nur an das Stichwort »Thron und Altar« zu denken, um das zu verstehen: die Schulen waren gleichsam automatisch christliche Schulen; die Presse stand der Kirche großenteils zur Verfügung; die Zünfte hatten in der Kirche ihre festen Plätze, wie das die Nürnberger Lorenzkirche besonders eindrücklich zeigt. Gab diese feste Verbindung von Kirche und Staat, von Gemeinde und Öffentlichkeit nicht eine ungeheure Möglichkeit zur christlichen Durchdringung aller Lebensgebiete? Drückte sich darin nicht der Herrschaftsanspruch des Christus über alle Bereiche des menschlichen Lebens eindrucksvoll aus?

Aber wir haben nun gesehen, wie dieses Pauschalchristentum der großen Masse und der christlichen Taufscheinbesitzer nach 1933 einfach zusammenbrach, weil es zu einer christlichen Fassade des öffentlichen Lebens geführt hatte, hinter der schon seit langem die Götter und Mythen eines heidnischen und atheistischen Zeitalters geisterten, Götter und Mythen, die alle nur auf den Augenblick lauerten, wo sie diese Fassaden umstoßen und ihre offene Herrschaft proklamieren konnten.

Und haben sie das nun nicht auch eindrucksvoll und konsequent genug getan? Konnten wir nicht alle miteinander baß erstaunt sein, was in unserem namenchristlichen Volk, in unserem fassadenchristlichen Volk sich auf einmal an Heidentümern und an Neuheidentümern erhob? Hätten wir es je für möglich gehalten, daß sich inmitten eines Volkes, dessen Glieder doch fast alle getauft, konfirmiert oder sonstwie in christlichem Einfluß erzogen waren, im Berliner Sportpalast und den größten Sälen aller Städte Hunderttausende sammelten, die der deutschen Glaubensbewegung oder anderen Ideologien des Heidentums zujubelten? War es tatsächlich möglich gewesen, daß sich das alles hinter der eindrucksvollen Fassade eines »christlichen Volkes« vorbereitet hatte?

Gott hat seine Gemeinde aus der selbstverständlichen Öffentlichkeit des konstantinischen Zeitalters jählings und hundertprozentig herausgeführt. Er hat der Kirche die Reiche dieser Welt und ihrer Herrlichkeit genommen. Er hat sie ins Ghetto ihrer Kirchenmauern und zum Teil in die Katakomben zurücktreiben lassen. Und in diesen Räumen der kleinen Dinge hat sich dann mit Gottes Beistand ein Reifeprozeß vollzogen, der die Kirche ganz neu zur Substanz ihrer Botschaft und zu den biblischen Fundamenten zurückfinden ließ. Gerade darin, daß Gott der Kirche die Öffentlichkeit nahm, hat sich seine Gnadenführung bewährt, die den Weizen von der verwirrenden Spreu schied, die den Dschungel des sogenannten »Christentums« bis auf die paar ragenden Bäume »Schrift und Bekenntnis« ausrodete und den »heiligen Rest« wieder zur Erscheinung brachte und seine Kirche maßgeblich tragen ließ.

Nicht als ob dieses Ghetto das Ideal wäre und als ob die Kirche in ihren Mauern eingeschlossen sein sollte, um auf die Welt zu verzichten! So möchte ich niemals verstanden werden! Aber es ist ein Unterschied, ob die Welt einfach durch höheres Kommando mit christlichen Etiketten beklebt und von christlichen Fassaden umstellt und so das Potemkinsche Dorf einer öffentlichen Scheinchristlichkeit errichtet wird, oder ob eine im Ghetto und in den Katakomben gereifte Kirche, ob der im Feuer des Leidens bewährte und angefochtene »heilige Rest« dann (erst dann!) aus diesen Mauern hervorbricht und draußen in Vollmacht die Herrschaft des Christus auch über die Welt proklamiert. Nur so hat Jesus den Taufbefehl verstanden, wenn er befiehlt, daß die Jünger im Namen ihres Herrn, dem alle Gewalt gegeben ist, hinausgehen sollen in die Welt.

[VI,148–150]

Stillehalten

Die Propaganda der Menschen, auch da, wo sie sich als eine Art von Evangelisation gebärdet und ein kircheneigenes Unternehmen wird, beruht immer auf der verfluchten Vorstellung, daß Erfolg und Mißerfolg, daß Frucht und Ernte von unserer menschlichen Aktivität, von Phantasie, Energie und Intelligenz, eben von unserem »Machen« abhänge. Darum muß sich die Kirche auch hüten, zu einem umtriebigen Unternehmen, und darum müssen die Pfarrer sich hüten, zu religiösen Managern ohne Vollmacht und mit vertrockneter geistlicher Substanz zu werden.

Jesus ist kein Propagandist. Daß er das nicht ist, sieht man an einem einzigen Faktum: daß ihm das betende Sprechen mit seinem Vater wichtiger ist als das Reden zu den Menschen, auch wenn sie sich noch so sehr um ihn drängen und wenn sie in noch so großer Masse um ihn versammelt sind. Wenn man denkt, jetzt müßte er die Stunde nützen, jetzt müßte er die warm gewordenen Massen schmieden und formen, dann geht er mitten durch sie hindurch und zieht sich in die Stille der Zwiesprache mit dem Vater zurück.

Warum redet er denn gewaltiger als die Pharisäer und Schriftgelehrten? Weil er rhetorisch so begabt, weil er voller Dynamit und Dynamik ist? Nein, er redet so gewaltig, weil er vorher mit dem Vater geredet hat, weil er immer aus der Stille kommt. Er ruht in der Ewigkeit, darum bricht er so gewaltig in die Zeit hinein. Darum ist er eine solche Unruhe für die Zeit. Er lebt im Zwiegespräch mit dem Vater. Darum wird seine Rede zu den Menschen das Ereignis von Gericht und Gnade, dem sich niemand entziehen kann.

Jesu gewaltige Rede rührt daher, daß er ein gewaltiger Beter ist, und – er kann es sich eben *leisten,* gewaltig zu beten und die besten Stunden des Tages an diese Aussprache mit dem Vater zu setzen, weil er weiß: Während ich in der Ewigkeit ruhe, geschieht nicht nichts, sondern da gebe ich gerade dem Geiste Gottes Raum, da arbeitet Gott, da geht der Same auf. Wehe der Nervosität der Kleingläubigen, wehe dem Sorgengeist und der Umtriebigkeit der Gebetslosen!

Luther hat einmal gesagt: »Während ich mein Töpflein Wittenbergisch Bier trinke, läuft das Evangelium.« Das ist wahrlich das schönste und tröstlichste Wort, das ich je über das Bier gehört habe. Die Bekehrung des Menschen ist nicht machbar. Das neue Leben kann nur dadurch entstehen, daß man Gott wirken läßt. Darum kann Luther getrost von der Kanzel heruntertreten, darum braucht er nicht in einem fort zu rufen und zu schreien und durch die Lande zu brausen. Er kann in aller Ruhe sein Töpflein Wittenbergisch Bier trinken und auf Gott vertrauen. Den Seinen gibt es der Herr im Schlaf. Wir sündigen heute in den meisten Fällen nicht dadurch, daß wir pflichtvergessen wären und zu wenig arbeiteten. Wir sollten uns im Gegenteil fragen, ob wir überhaupt noch fähig sind, im Namen Gottes einmal faul zu sein. Oh, es kann Gottesdienst sein, einmal alle viere von sich zu strecken und aus dem ewigen Machen herauszukommen.

Vielleicht sagt nun der eine oder andere: »So mag es tatsächlich sein, wie er uns das da alles erklärt hat. Aber wie bringe ich es denn zustande, *daß* ich zu jener Distanz komme, in der ich mich nicht mehr vom Umtrieb entführen, sondern Gott wirken lasse?« *Das* ist doch das Problem. Wie kommen wir zu diesem Stillehalten?

Es gibt Dinge und Zusammenhänge, bei denen es nicht genügt, daß man sie nur einsieht, sondern die man einüben muß. Es kann sein, daß ich ein Klavierkonzert von Mozart in seiner musikalischen Struktur völlig durchschaut habe, ich kann auch seinen geistigen Gehalt intuitiv oder intellektuell bis in seine Tiefe erfaßt haben; aber ich kann dieses Klavierkonzert deshalb noch lange nicht spielen, denn ich habe es nicht geübt. Genau so (wirklich: genau so!) kann ich auch das Geheimnis der still wachsenden Saat erfaßt haben, ohne imstande zu sein, Gottes Saat in *meinem* Leben nun wirklich wachsen zu lassen. Ich weiß genau, daß ich jetzt mein Töpflein Wittenbergisch Bier trinken, daß ich einmal vertrauensvoll abschalten und mich fallen lassen müßte. Aber ich kann es eben nicht. Ich finde den Knopf nicht, durch den ich meine Aktivität und mein krampfhaftes Selbermachenwollen abstellen könnte.

Darum möchte ich damit schließen, daß ich ein kleines Rezept verrate, obwohl Rezepte in einer Predigt immer etwas Anrüchiges haben; denn sie könnten den Anschein erwecken, als gäbe es gewisse Tricks, als gäbe es gewisse Formen eines Trainings, mit dessen Hilfe man die Kunst des Glaubens erlernen könnte. Als ob der Glaube überhaupt eine »Kunst« wäre! Glaube ist ja nur ein Stillesein, wenn Gott spricht; nur ein Stillehalten, wenn Gott handelt. Nur um dieses Stillehalten geht es, wenn ich das Folgende sage: nur darum also, so könnte man sich ausdrücken, daß wir uns nicht selber im Lichte stehen, wenn Gott uns ein Licht aufstecken will.

Wenn wir in der U-Bahn oder im Omnibus oder hinten im Fond unserer Limousine sitzen, wenn das Telefon einen Augenblick schweigt und die Sekretärin mit ihrem Terminkalender einen Augenblick verschwunden ist, dann sollten wir einmal nicht nach unserer Zeitung oder dem nächsten Aktenfaszikel und nicht nach irgendeinem Knopf, sei es am Radio oder sei es an der Klingelleitung, greifen. Sondern dann sollten wir, nicht ohne Atem zu holen, einmal sagen: »Ehre sei dem Vater und dem Sohne und dem Heiligen Geiste, wie es war im Anfang, jetzt und immerdar und von Ewigkeit zu Ewigkeit.« Das gibt Distanz und Frieden.

Wir können diese Worte dann auch noch meditierend umkreisen: Ehre sei »dem Vater« – das heißt doch: Ehre sei dem, der mich in diesen Augenblick meiner Tagesgeschäfte geschickt hat, der mir meine Mitarbeiter anvertraut und der letzten Endes über alles das entscheidet, was ich nun zu entscheiden habe.

Ehre sei »dem Sohne«. Der Sohn ist niemand anders als Jesus Christus, der für mich gestorben ist. Darf ich mich nun – ich, für den er doch solche Schmerzen gelitten und dem er die Ewigkeit aufgeschlossen hat – in Lappalien und lauter Nichtigkeiten vertun und verzetteln? Muß nun das *eine,* was not ist, mir nicht ständig gegenwärtig sein und das Vielerlei relativieren, es ein bißchen dämpfen und in Schranken weisen? Für wen oder für was ist denn Christus gestorben: für meine Ladenkasse, für ein Augenzwinkern meines Chefs, den ich bei Laune halten muß, für meinen Fernsehapparat oder andere Belanglosigkeiten? Oder ist er nicht vielmehr gestorben für die Kollegin neben mir, die sich mit etwas herumschlägt, oder für meine Kinder, die ich kaum noch sehe? Und was die Kinder anbelangt: Ist er für ihre Ernährung und Garderobe gestorben oder für ihre Seelen, die ich nicht kenne, weil das Vielerlei sich zwischen ihre Seelen und mich drängt?

Ehre sei »dem Heiligen Geiste«. Oh, ich bin voller Geist, ich bin nicht unterbelichtet. Ich habe auch Gefühl und Herz und Gemüt und Phantasie. Aber halte ich noch still, damit ein ganz anderer mich mit seinem Geist durchdringen und mir den Sinn für die wahren Dringlichkeitsstufen des Lebens geben kann?

»Wie es war im Anfang, jetzt und immerdar und von Ewigkeit zu Ewigkeit.« Wie sind wir hier umfangen von ewigen Händen, umwölbt von dem Bogen einer verläßlichen Treue und gegründet auf Fundamente, wie sie der Flugsand der täglichen Routine niemals zur Verfügung stellen kann.

Wenn wir diese kleine Übung immer wieder anstellen, werden wir schon bald erfahren, daß das kein mystisches Getue ist und erst recht keine innere Emigration, durch die wir uns den täglichen Pflichten entzögen. O nein, wir werden auch unserem Berufe ganz neu zurückgegeben, wir werden zu Realisten in einem neuen Stil, denn wir wissen um das Große und das Kleine, wir wissen das Eigentliche und das Uneigentliche zu unterscheiden.

Die Fanatiker der Machbarkeit sind im Grunde Toren und sind weltfremd, obwohl sie die kalten und nüchternen Augen von Tatsachenmenschen haben. Wer aber das Geheimnis der still wachsenden Saat begriffen hat und wer wie der Bauer des Gleichnisses, nachdem er das Seinige tat, noch einmal grüßend über die Felder sieht und sich in Gottes Namen schlafen legt, der tut das Frömmste und auch das Klügste. Denn Frömmigkeit und Klugheit hängen enger zusammen, als unsere Schulweisheit und – die Weisheit der Manager sich das träumen lassen.

[III,115–119]

Lachen über das Vorletzte

Der Christ macht sich nur über das Vorletzte lustig, während das Letzte ihm unantastbar und heilig bleibt. Er kann dieses Letzte in seiner Heiligkeit gerade auf diese Weise *ehren.* Er hält es nämlich von der Zone des Lächerlichen ausgerechnet dadurch fern, *daß* er sich über alles Nachgeordnete und nur Garnierende, daß er sich über die bloßen Kulissen lustig macht. Die Größe des auf der Bühne gesprochenen Textes kann unter Umständen gerade vor unzureichenden, gar nicht vorhandenen oder inadäquaten Kulissen hervortreten. So löst der christliche Humor die falschen Synthesen auf – nicht die Synthese, wie sie in der Gottmenschheit Christi steckt, wohl aber die Synthese, wie sie in der Verbindung Gottes mit dem Menschlichen, Allzumenschlichen von uns gesehen werden kann.

So machte mir einmal ein sehr erfahrener und mit Humor gesegneter Krankenhausseelsorger den Unterschied zwischen nord- und süddeutscher Seelsorge klar: »Wenn ein Pastor (in diesem Fall) ein ›Klarer, Kühler aus dem Norden‹ einen Hamburger Krankensaal betritt, fragt er mit ziemlich schnarrender Stimme (das dürfte übrigens eine recht freche Übertreibung sein): ›Wünscht hier jemand Privatseelsorge?‹ Als niemand sich meldet, sagt er: ›Dann werde ich eine Andacht halten.‹ – Im Schwabenland dagegen setzt sich der Pfarrer auf die Bettkante eines alten Weibleins und fragt sie: ›Nun, wo fehlt's denn, Fraule?‹ – ›Am Bläsle, Herr Pfarrer.‹ – ›Ja‹, tröstet sie darauf der Pfarrer, ›der Heiland kann auch am Bläsle anklopfe.‹«

Hier wird, so finde ich, in sehr liebenswerter Weise das Menschliche und durchaus Komische einer seelsorgerlichen Methode samt ihrem Bilder-Cocktail (also wieder ein Vorletztes!) von der Botschaft selbst abgehoben. In ihrem eigentlichen, ihrem *letzten* Kern bleibt die Botschaft durchaus unangetastet.

[VII, 149f]

Würdenträger

Auf den Gegensatz zwischen Letztem und Vorletztem ist eines der ältesten Zeugnisse christlichen Humors gegründet, das wir besitzen. Es stammt aus der Zeit der Wüstenväter, aus dem vierten Jahrhundert. In einer solchen Mönchsgemeinschaft fand sich ein junger Novize, der sich recht aufsässig gebärdete und dem der Abt wegen seiner Disziplinwidrigkeit oftmals ein Privatissimum halten mußte. Bei solchen Gelegenheiten pflegte er ihm zu sagen: »Wenn du so weitermachst, wirst du einmal ins höllische Feuer kommen!« Als der Novize dann tatsächlich starb, wurde es dem Abt durch eine besondere Gnade des Himmels ermöglicht, mit dem abgeschiedenen Novizen in Verbindung zu bleiben. So fragte er ihn denn, wie es ihm gehe und ob er nun die Folgen seiner Aufsässigkeit erleiden müsse. »Ja, ehrwürdiger Vater«, erwiderte der Novize, »Ihr habt in allem recht gehabt. Ich stehe in einem feurigen Strom und leide schreckliche Qualen.« – »Siehst du, mein Sohn, dir geschieht nun ganz recht, aber ich bete immer für dich, daß deine Strafe gemildert wird.« – »O ja«, sagte der junge Mönch, »das merke ich deutlich, daß Ihr für mich betet, ich habe schon Erleichterungen bekommen.« Darauf, etwas verwundert, der Abt: »*Welche* Erleichterungen sind dir denn durch mein Gebet zuteil geworden, mein Sohn?« – »Nun: ich bin zwar noch in dem feurigen Strom, aber nicht mehr so tief; ich darf jetzt auf dem Kopf eines Bischofs stehen.«

Das Vorletzte, das hier relativiert und zum Gegenstand humoriger Belächelung wird, ist die kirchliche Institution samt ihren Amts- und Würdenträgern. Sie dürfen durchaus eine wenig honorige Rolle in der Hölle spielen! Die Ehrerbietung vor dem »Letzten« – der Respekt vor Gericht und Verwerfung – bleibt davon unberührt, selbst dann, wenn auch die Höllen-»Vorstellung« ihrerseits noch mit in den Umkreis des Relativierbaren und Vorletzten verwiesen wird.

Gerade hier manifestiert sich eine Eigenschaft des Humors, die Jean Paul geradezu als sein tragendes Element bezeichnen kann, wenn er geistvoll formuliert: der Humor vernichte das Endliche durch den Kontrast mit der Idee. Man braucht hier statt »Idee« nur zu sagen: »das unbedingt Ernste, das Ewige«, und für das »Endliche« nur den Begriff des Vorletzten zu verwenden – und schon haben wir ein Strukturbild des christlichen Humors.

[VII,151f]

Alter Hut

Der große englische Erweckungsprediger Spurgeon war dafür bekannt, daß er hinreißend betteln und für viele gute Zwecke den Leuten das Geld aus der Tasche ziehen konnte. So sprach er eines Tages vor einer größeren Schar wohlsituierter Bürger, bei denen er zu besagtem Zweck seinen recht abgetragenen Hut herumgehen ließ. Diese Leute hatten sich nun geschworen, dem sehr geschätzten Prediger wenigstens *einmal* seine erfolgssichere Bettelei zu verhageln, und einmütig beschlossen, den Hut leer zurückgehen zu lassen (um dann nachträglich doch noch etwas zu stiften). Da Spurgeon nicht nur ein großer Bettler, sondern auch außerordentlich schlagfertig war, erwarteten sie mit Spannung, wie er sich aus der Affäre ziehen würde. Diese Affäre war noch besonders pikant dadurch, daß das Opfergeld nach englischer Sitte auf den Altar getragen und mit Segen und Dankgebet begleitet wurde. Wie würde Spurgeon dieses liturgische Problem angesichts des leer gebliebenen Hutes lösen? Man durfte in der Tat gespannt sein. – Ohne eine Miene zu verziehen, nahm Spurgeon den leeren Hut entgegen, wandte sich zum Altar und betete: »Lieber Gott, ich danke dir, daß diese Leute mir wenigstens meinen alten Hut zurückgegeben haben!«

[VII,52]

Gott vom Ende her loben

Was ist das Geheimnis jenes mitternächtlichen Lobes, das Paulus ausgerechnet in der Dunkelhaft seines Gefängnisses anstimmt? Ist es ihm so wohl? Hat er einen lyrischen Augenblick, wo der Überschwang seines Herzens sich einfach in Worte fassen muß? O nein! Sein Rücken ist wund von den Peitschenhieben, seine Füße sind in einen Marterstock gespannt, und es ist feucht und beklemmend um ihn her; und auch der Gedanke mag ihn peinigen, was aus der Gemeinde werden soll, wenn Gott es zuläßt, daß ihre Führer von der Polizei geschnappt und mundtot gemacht sind. Der Körper und die Seele des Paulus sind gleichsam von allen Seiten durch die Qual umzingelt.

Aber er lobt Gott, statt zu jammern oder auch (wie *wir* es vielleicht tun würden) statt die Zähne aufeinanderzubeißen.

Warum?

Gott loben heißt, die Dinge von ihrem Ende her sehen, sie von den großen Zielen und Erfüllungen Gottes her betrachten. *Darum* kann Paulus um Mitternacht singen, obwohl ihm so bang und beklommen zumute ist. Darum *muß* er sogar singen, denn er weiß: Wenn er in all den physischen und inneren Qualen es einfach wagt, Gott zu loben – allem Augenschein und seinem Verstande und seinen Nerven zum Trotz –, dann wird dieses Ende der Wege Gottes vor seine Seele treten, und dann wird mitten in dem feuchten Loch das Reich Gottes um ihn sein.

Wer von uns gar nicht mehr aus noch ein weiß, der soll einmal alles Hadern und vielleicht sogar alles Bitten einen Augenblick lassen und soll getrost einmal *loben,* damit er sich auf dies Ende der Wege Gottes einspielt, wo die ewige Liturgie in dem Himmel erklingt. Nichts verändert uns so – und gerade in den dunkelsten Augenblicken unseres Lebens – wie das Lob Gottes. Und ich kenne jemanden, der durch seine Stille und Gelassenheit vielen Menschen Frieden zu geben vermag und das gerade auch in den schwierigsten und aufgeregtesten Zeiten des Bombenkrieges vermochte. Er sprach mir einmal von diesem Geheimnis: In den fürchterlichsten Augenblicken eines Fliegerangriffs höre er auf, Gott zu bitten, sondern würde ihn nur noch loben. Dadurch sei er gleichsam der Bannung durch den schrecklichen Augenblick entzogen, dadurch blicke er über diese Sekunden der Todesangst hinaus und sehe die Weite der Ewigkeit und das Ende aller Wege Gottes, auf denen diese bangen Sekunden eben nur ein vorüberrauschender Augenblick seien. Dadurch stiegen seine Gedanken gleichsam über die Feuerglocke empor und gewännen eine ganz neue Perspektive.

So bedeutet Gott loben, die Dinge von ihrem Ende her sehen.

Einen Menschen kann man nur loben, wenn man gesehen hat, was er leistet. Gott muß man loben, um zu sehen, was er leistet. Darum sollen wir ihn gerade in den ausweglosesten Augenblicken unseres Lebens loben. Dann lernen wir auch für unser Leben den Ausweg sehen, einfach deshalb, weil Gott am Ende aller Wege und Sackgassen steht.

[VI,164–166]

Salzkraft

Wenn man viele Christen in ihrer oft weichen und femininen und süßlichen Art sieht, möchte man meinen, daß sie *doch* den Ehrgeiz hätten, der Honigseim der Welt zu sein. Sie versüßen und verzuckern die Bitternis des Schicksals durch eine allzu billige Vorstellung vom lieben Gott. Sie erweichen die Härte der Schuld durch eine fast beängstigende Kindschaftsromantik. Sie haben die Hölle wegretuschiert und sehen nur den Himmel offen. Sie stecken vor Teufel und Anfechtung den Kopf in den Sand und haben das ewige und verkrampfte Lächeln einer gespielten Weltüberwindung auf ihren Zügen. Das Reich Gottes, das unter den Wehen der Geschichte und unter wilden Schmerzen, das unter den Exzessen des Antichrists und unter dem Stöhnen der Märtyrer hereinbrechen soll, ist ihnen zu einem harmlosen Blütengarten geworden, und ihr Glaube ein süßer Honig, den sie diesen Blüten entnehmen. Daher kommt es denn auch, daß die Welt sich an diesen Christen immer wieder überißt und sich angeekelt abwendet, weil sie spürt, daß das Leben härter ist und daß es deshalb größeren Anstand verrät, wenn man seine Bitternisse unverzuckert erträgt.

Aber Jesus sagt ja gar nicht: »Ihr seid der Honig«, sondern »Ihr seid das Salz«. Das Salz beißt; und die unverkürzte Botschaft vom Gericht und von der Gnade Gottes hat denn auch noch immer gebissen, so sehr, daß man dagegen aufbegehrte und oft genug wieder gebissen hat. Der Honiggott der natürlichen Weltanschauungen war leichter zu ertragen. Wo Salzkraft in einer Kirche und in einer Predigt ist, da findet man auch immer das saure Reagieren. Denn das Salz beißt und ätzt überall da, wo wir Menschen wunde Stellen haben. Wir aber wollen eine Heilung ohne Schmerzen – und außerdem sind wir nicht gern an jene wunden Stellen erinnert. Darum schreit die Welt nicht nur nach dem Goldenen Kalb, sondern nach den Honiggöttern, die unsere tiefsten Wunden vergessen machen.

Wo das saure Reagieren auf die Botschaft nicht mehr da ist, da fehlt das echte Salz. Es ist ein bedenkliches Zeichen, wenn die Welt in einem allzu ungetrübten Frieden mit der Kirche lebt und wenn eine Gemeinde allzu begeistert von ihrem Prediger ist. Dann hat er in der Regel kein Salz von der Kanzel gestreut. Die Menschen unter der Kanzel hat es nicht gebissen, und so sind sie denn nach Hause gegangen und haben gemeint, sie seien gesund, sie trügen keine Wunden, und der liebe Gott hätte sie »mit heiler Haut« davonkommen lassen. Begeisterung und allzu einmütige Zustimmung zu einer Predigt pflegen auf bedenkliche Mangelerscheinungen zu deuten.

Und weiter: Das Salz hat eine fäulnisverhindernde, eine konservierende Kraft. Das Fleisch des Abendlandes ist faulig und stinkend geworden, seitdem das Salz fehlt. Gewiß, man hat Fortschritte gemacht, man ist technisch auf der Höhe, man hat die Freude des Diesseits entdeckt, man liebt das braungebrannte, das lebensfrohe, das junge Fleisch. Aber darin kann der Wurm sitzen, und wohin wir mit der Devise der sonnengebräunten Lebensbejahung gekommen sind, in welchen Abgrund die Welt ohne Gott stürzt (diese in ihren eigenen Wonnen erschauernde und sich selber vergötternde Welt), das haben wir ja wahrhaftig in einer Weise am eigenen Leibe erfahren, daß ich darüber kein Wort zu verlieren brauche.

Wir, einschließlich aller nur denkbaren Freidenker, Atheisten und Antitheisten, leben alle noch vielmehr vom christlichen Erbe, vom »Salz im Fleisch«, als wir es selber wissen. Aber der Organismus unseres Vaterlandes, ja unseres ganzen Erdteiles, hat es allmählich aufgesaugt. Darum sind die Jünger so nötig, die neue Salzkraft in die Welt tragen und sie gegen die eingedrungenen Giftstoffe der Fäulnis und der Verwesung – gegen alle jene Prozesse, die man mit einem ahnungsvollen Namen als »Untergang des Abendlandes« bezeichnet – immunisieren helfen.

[IV,40–42]

Dummheit

Der einsame Christ steht unter einer großen Verheißung: Er ist Salzkorn. Die große Masse des Teiges hat diese Verheißung nicht – höchstens insofern, als sie sich salzen *läßt.* Dieser eine Christ aber *hat* nicht nur die Verheißung, sondern er ist als Salzkorn auch *Träger* der Verheißung; das ist seine Verantwortung.

Aber freilich, um dieser Verheißung teilhaftig zu werden und diese Verantwortung zu erfüllen, muß er nun aus dem Salzfaß heraus. Und im Salzfaß ist es doch *sooo* schön! Da sind die Frommen unter sich. Da versteht man einander. Darum sind die Christen oft so schwer in den Teig hineinzukriegen. Sie überlassen ihn lieber seinem Fäulnisschicksal und trösten sich damit, daß er ja doch verloren ist. Sie haben Angst, von den Weltkindern angesteckt zu werden, sich mit Politik zu besudeln, am inneren Leben Schaden zu nehmen. Dabei ist es gerade umgekehrt. Wer im Faß bleibt, wird dummes Salz, und nicht, wer in den Teig geht. Man soll doch Verheißung und Befehle Jesu einmal ganz ernst nehmen. Manche sagen: Ich muß erst selber noch mehr wachsen und am inneren Leben zunehmen, ehe ich davon reden, ehe ich mich in eine Diskussion einlassen oder überhaupt nur öffentlich als Christ bekennen kann. Ich bleibe lieber noch im Salzfaß. Du Narr, weißt du nicht, hast du nicht gehört, daß dir der Geist Gottes übermächtig schenken und ins Ohr sagen wird, was du weiterzugeben hast, und daß du gerade im Herausgehen wachsen wirst? Aber du mußt hinaus, sonst merkst du es eben nicht. Dein inneres Leben wächst an den Aufgaben, die dein Herr dir stellt, aber bestimmt nicht im Salzfaß.

Die meisten Christen sind dumm wie die Schildbürger. Ungehorsam ist nämlich immer zugleich auch Dummheit (in jenem gefüllten Sinne, in dem die Gottlosen »Toren« genannt werden), obwohl die meisten Menschen ausgerechnet aus Klugheit und Berechnung meinen, ungehorsam sein zu müssen. Ich habe z. B. immer beobachtet: Wer im Kirchenkampf, als es um harte und oft gefährliche Entscheidungen ging, nicht wagte, gehorsam zu sein und Gottes Verheißungen blindlings zu vertrauen, der hatte für seine ungehorsamen und auf lange Sicht auch dummen Kompromisse immer die klügsten Argumente und raffiniertesten taktischen Erwägungen. Genau so ist es auch in unserem Fall. Der Christ bleibt im Salzfaß, weil er meint, er sei hier am besten aufgehoben. Er will also klug sein und wird gerade darum – *dummes* Salz. Das Salz wirkt und *ist nur,* indem es sich opfert.

[IV,43–45]

In der Minderheit

Nur auf die Menge gesehen, bleiben die Christen ein kleines Häuflein, da sind sie eine hoffnungslose Minorität, und Luther hat gewußt, was er sagte, als er den Christen einen einsamen Vogel nannte, der irgendwo auf dem Dach sitze und sein Liedchen trällere. Wir haben das ja alle schon einmal an uns selbst erlebt, wie es ist, wenn wir in unserem Betrieb oder im Büro oder in unserer Klasse niemanden haben, der in den entscheidenden Dingen des Lebens mit uns einig ist. Wir fürchten uns manchmal vor dem etwas befremdeten Blick, mit dem uns sonst sehr nette und verständige Leute ansehen, wenn wir im Gespräch einmal Glaubensdinge anklingen lassen oder gar unser Tischgebet verrichten. Dann ist es manchmal so, als ob wir von einer unsichtbaren Isolierschicht umgeben wären, die einen trotz allem herzlichen Verhältnis und trotz aller Kameradschaft doch ein bißchen fremd, im *Entscheidenden* fremd bleiben läßt. Ja, so ist es: Wir sind in der Minorität. Nur daß Jesus uns nun zu verstehen gibt: Dieser quantitative Gesichtspunkt des Abzählens ist völlig falsch. Wie lächerlich ist es, zu sagen: Hier sind ein paar Gramm Hefe, und da sind zwei Pfund Mehl. Nach der demokratischen Verfassung des Backofens muß also das Mehl den Ton angeben, weil die Hefe überstimmt ist. Jesus sagt uns gerade umgekehrt: Es kommt darauf an, wo die eigentliche Wirkkraft sitzt, und die hat eben die Hefe und nicht das Mehl; die hat das Salz und nicht die Suppe; die hat das Licht und nicht die hundert Kubikmeter Finsternis.

Solange die Salzkörner freilich im Salzfaß sind, und solange das Licht unter dem Scheffel ist, merken sie nichts von dem, was ihnen als Kraft innewohnt. Und wenn das Licht denken und träumen könnte, würde es vermutlich Angstvorstellungen bekommen, wenn es sich klarmachte: Draußen ist alles kohlrabenschwarze Nacht, und ich bin nur ein kleines Licht. Was soll ich da machen?

Das ist genau die Angstvorstellung vieler Christen, vielleicht unser aller geheimer Alpdruck, wenn wir so im Banne des verfluchten Zahlendenkens zu dem Minderwertigkeitskomplex der Minorität kommen, wenn wir uns klarmachen, daß so viele prominente und einflußreiche Leute rein gar nichts von dem wissen wollen, der nun einmal unser Leben ergriffen hat, und wenn wir uns dann in das Salzfaß und unter den Scheffel unserer christlichen Gesinnungsgemeinschaften zurückziehen, wo die paar frommen Körnlein und die christlichen Kerzenstümpfe verschüchtert zusammenhocken und Trübsal blasen.

Statt dessen sollten wir uns von Gott einmal den frommen Schwung und die herzhafte Keckheit schenken lassen, uns in die Weltsuppe und in die Weltfinsternis hinauszuwagen. Wir sollten dort, wo immer wir auch stehen, zu sagen wagen, wer wir sind und was wir glauben. Dann würden wir schon unser blaues Wunder erleben: daß der Herr nämlich recht hat, wenn er von der Kraft des Durchsäuerns und des Leuchtens spricht. Wenn wir die anderen und wenn wir unsere Umgebung nicht durchsäuern, wenn wir also unsere Christengabe nicht *arbeiten* lassen, werden wir selber säuerlich. Und die vielen säuerlichen Christen und »verdruckten« Existenzen, die wir in der Kirche haben, das sind lauter Salzfaßprodukte, die sich nicht hinaustrauen; die sind dann selber von chemischen und psychischen Zersetzungsprozessen angefressen. Wir müssen uns ganz realistisch klarmachen, daß die Leute in unserer Umgebung, die Christus nicht kennen, ein sehr armes und fades Mehl sind, ja, daß sie den Wurm haben – auch wenn sie äußerlich vielleicht »Großkopfete« und piekfein gemahlene Körner sind. Wir müssen uns einfach daran erinnern lassen, daß sie uns als Salz und Sauerteig bitter nötig haben. Dann verlieren wir ganz von selbst die Angst vor der Minorität und werden dessen inne, daß wir einen Auftrag haben und daß es sich lohnt – ganz einfach *lohnt!* –, den Verheißungen Jesu zu trauen und realistisch mit ihnen zu rechnen.

[III,77–79]

Das Wunder der Kirche

Wo Jesus durch sein Wort und seinen Geist Kirche gründet, da ist das immer daran erkennbar, daß die Seinen aus ihrem bisherigen Leben herausgerufen werden und daß eine reibungslose Installierung in der Welt (und auch wohl in der »pluralistischen Gesellschaft«) nicht mehr möglich ist. Es war keine Kleinigkeit für Abraham, wenn er aus Vaterland und Freundschaft und allen vertrauten Bindungen hinweggerufen und ins Unbekannte entboten wurde. Und es war keine Kleinigkeit, wenn Jesus denen, die seine Pflugschar ergriffen, verbot, zurückzuschauen (zurückzuschauen auf die Toten, die sie noch begraben, auf das Weib, das sie noch nehmen, und den Acker, den sie noch kaufen wollten). Sie bekamen zwar alles vielfach zurück, was sie so hinter sich ließen, und sie alle wußten am Schluß, daß sie beschenkt worden waren und daß sie die *eine* köstliche Perle gefunden hatten, um derentwillen es sich lohnte, alles andere preiszugeben. Sie alle wußten im Rückblick, daß Gott sich nicht hatte »lumpen« lassen und daß sie an dem, was er ihnen schenkte, überhaupt erst erfuhren, was das Leben zu sein vermag und was Glück ist. Aber vorher mußten sie eben durch Sterben und Abschied hindurch. Vorher mußten sie im Vertrauen auf diese Großzügigkeit Gottes alles von sich abwerfen, was ihrem Leben Sinn und Inhalt gegeben hatte. Zuerst mußten sie bereit sein, die große Operation an sich vollziehen zu lassen. Dann erst standen sie als neue Menschen auf.

Vielleicht muß auch unser heutiges Christentum durch dieses Feuer der Läuterung hindurch. Vielleicht werden der Kirche einmal alle jene staatlichen Stützen entzogen, und die Tümpel mit dem brackigen Wasser werden abgelassen. Vielleicht wird nicht nur die kommunistische, sondern auch die sogenannte freie Gesellschaft des Westens sich von diesem Fremdkörper in ihrem Leib befreien wollen oder ihn durch allgemeine Gleichgültigkeit auszuschwitzen trachten. Vielleicht hat Gott diese Pferdekur tatsächlich mit uns vor. Aber gerade dann wird die Stunde der Verheißung anbrechen, weil dann jener heilige Rest bleiben wird, mit dem Gott seine Schlachten schlägt. Dann werden wir vor dem Wunder der Kirche stehen, weil nur dann deutlich werden kann, daß sie vom Worte ihres Herrn lebt, *nur* von diesem Wort und von nichts anderem. Dann wird dieses Wort sich vielleicht (wie in Rußland) der Großmütter bedienen, die ihre Enkel den Katechismus lehren. Dann werden im geheimen ordinierte Priester in Katakomben predigen. Und während die großen Dome zerbrochen oder zu Garagen entfremdet sind, wird die Fackel des Wortes im Verborgenen weitergereicht von Hand zu Hand, bis die Stunde kommt, wo die großen Fanale wieder aufleuchten und die Stadt auf dem Berge von allen gesehen wird.

Denn das ist das Wunder der Kirche: daß sie aus allen selbstbereiteten oder von anderen geschaufelten Gräbern wieder aufersteht und daß sich der Rhythmus von Golgatha und Ostermorgen immer neu an ihr vollzieht. In wie viele Begriffsgräber ist sie von den Philosophen eingesperrt worden, wie viele Grabplatten falscher Theologien und pseudochristlicher Zeitgeister haben das Wort in die Gräber gedrückt. Aber aus allen Verfälschungen, aus allen Häresien hat es sich wieder erhoben und war taufrisch wie am ersten Tag. Keine »Idee« hätte das ausgehalten, ohne kaputtzugehen oder im Mausoleum der Geschichtsbücher einen traurigen Nachruhm zu genießen.

Aber es geht ja auch gar nicht um eine »Idee«, sondern es geht darum, daß Christus auferstanden ist und lebt und daß er immer wieder neu an unsere Pforten klopft, wenn wir ihn ausgesperrt haben. Das, das ist das Wunder der Kirche.

[II,294f]

Gottesdienst

Die Kirche ist niemals Selbstzweck. Um es einmal ganz banal auszudrücken: Wir sind ja keine Christen, damit es eine Kirche geben kann; sondern es gibt eine Kirche, damit wir Christen sein und damit wir unser Heil gewinnen und zu unserer ewigen Bestimmung durchfinden können. Insofern hat die Kirche eine nur dienende Funktion. Wenn jemand allzuviel davon redet, ist das nur verdächtig. Dann könnte ihm vielleicht die Institution näher stehen als der Herr, dem die Institution dient.

Ich weiß, warum ich das heutzutage sagen muß: Manche scheinen nämlich völlig darin aufzugehen, liturgische Ordnungen der Kirche aufzubauen und über die Gestalt der Gottesdienste nachzudenken und sie zu reformieren. Ich will nichts gegen diese ehrenwerten Männer sagen. Aber sie müssen sich doch fragen lassen, ob es wirklich Gottes Wille ist, daß wir hier manchmal allzu selbstzwecklich einen pompösen Kultus zelebrieren, *oder* ob der Gottesdienst nicht dazu da ist, daß er uns eine eiserne Ration und eine Wegzehrung mitgibt für das, was wir draußen – *außerhalb* des Gottesdienstes! – brauchen: wenn wir nämlich auf unserm Kontorschemel sitzen oder an unserer Werkbank stehen oder unsere Briefe ins Diktaphon hineinsprechen. Der Gottesdienst ist doch dazu da, daß wir auf eine neue und gestärkte Weise ins Leben entlassen werden und daß er uns das Wort des Herrn mit auf den Weg gibt, damit wir unterwegs davon leben können.

Darum singen wir auch am Schluß des Gottesdienstes »Unsern Ausgang segne Gott« und bitten darum, daß das, was wir eben gehört haben, nun unser sehr weltliches Tun und Lassen bestimmen und als Wolke des Segens über uns stehen möge.

Selbst das *Abendmahl* ist nicht eine kultische Handlung, in der wir so etwas wie den »Höhepunkt des Gottesdienstes« und die Verbundenheit der »Kerngemeinde« erleben sollten (was ist das überhaupt?), sondern es war ursprünglich und sollte auch heute sein:

eine Stärkung zum Aufbruch, wenn wir wieder zu Kampf und Arbeit und Anfechtung hinaus müssen, wenn wir wie Schafe mitten unter die Wölfe geschickt werden. Das ist keine kultische Feier, sondern die tröstende Vergewisserung, daß der Herr bei uns bleibt, wenn der Kultus *zu Ende* ist und wenn die Welt der Terminkalender, der Telefone und der Motoren uns mit ihren Geräuschkulissen umstellt. Dann sollen wir dessen gewiß sein, daß er auch *diese* Welt regiert, daß er uns Aufgaben der Liebe stellt (in Vorzimmern und Laboratorien und daheim in unserem Haus) und daß er überall am Wegesrand seine Grüße für uns parat hat und uns dessen gewiß werden läßt, daß er unser gedenkt.

[II,289f]

Kein betendes Land

Man könnte die religiöse Geschichte Deutschlands schreiben unter dem einen Gesichtspunkt, welche Rolle das Gebet gespielt hat und spielt. Es gilt, das eine ganz eindeutig und ganz klar zu erkennen: Wenn die Menschen aufhören zu beten, d. h. aufhören, *mit* Gott zu reden und in seiner Gemeinschaft ein- und auszuatmen, dann reden sie nur noch »über« Gott. Dann diskutiert man über ihn und setzt sich über die Gottesfrage auseinander. Und je mehr man über ihn redet, um so mehr ist der Faden und ist die Lebensbrücke zu ihm durchbrochen – obwohl diese Gespräche so fromm und so ernsthaft klingen. Es dauert dann nicht mehr lange, bis man auch nicht mehr »über« ihn spricht, sondern in einer mehr oder weniger atheistischen Weise zur Tagesordnung übergeht. »Ihr sogenannten religiös Interessierten, warum betet ihr nicht?« Der Seufzer eines Sterbenden zu Gott ist mehr als eine ganze religiöse Weltanschauung; denn bei jenem seufzenden und stammelnden Aufblick ist der Sterbende *allein mit Gott* – und darauf kommt schließlich alles an; aber in der religiösen Weltanschauung sind die Menschen *unter sich.* In Deutschland sind die Menschen so entsetzlich unter sich, denn es hat aufgehört, ein betendes Land zu sein. Darum werden die Auen so dürr und die Herzen voll Haß, und der Segen beginnt zu weichen. Wenn wir die Gemeinschaft mit Gott verlieren, zerfallen wir auch untereinander. Die Schwerthand muß zugleich Bethand sein, sonst verdorrt sie.

[VI,38]

Mehr als Philosophie

Das Neue Testament und auch die Lieder der Kirche weisen darauf hin, daß wir alle (auch wir mündigen, vernünftigen und intellektuell vielleicht auf Hochglanz polierten Leute) solche Augenblicke kennen, wo wir nur noch ein Häufchen Elend sind, wo wir nicht mehr geordnet und in sinnvollen Satzperioden sprechen, sondern wo wir nur noch »seufzen« können. Wer sein Heil bei einer Lehre oder auch bei einem christlichen theologischen Dogma sucht, ist verraten und verkauft, wenn er nur noch seufzen kann und vielleicht ein Nervenbündel ist. Denn Seufzen und Erkennen, Stöhnen und Denken sind zweierlei.

Wer aber weiß, daß er es eben nicht mit dem »Es« eines Dogmas oder einer tiefsinnigen Erkenntnis, sondern mit einem lebendigen Herzen, eben mit dem Heiland zu tun hat, der ist dessen gewiß (und das ist so ungeheuer, daß man es nicht begreifen kann!), daß auch sein letzter Seufzer, daß die Satzfragmente und Wortfetzen der Sterbenden oder auch der Irren hier noch ankommen, hier noch gehört und in Liebe verstanden werden. »Wenn ich auch gleich nichts fühle von deiner Macht«, wenn ich diese Macht auch in meinem Denken nicht mehr finde, wenn ich nichts mehr sehen, fühlen und schmecken kann, »du führst mich doch zum Ziele auch durch die Nacht«.

Manchmal im letzten Krieg schrieben meine Studenten aus dem Felde an mich, und immer wieder kehrte der eine Satz in vielen Variationen wieder: Ich bin so erschöpft vom Marschieren, ich bin so leer im Magen, ich bin so verlaust und von Juckreiz geplagt, ich bin so zerquält von der schneidenden Kälte in Rußland und so todmüde, daß mich das alles total ausfüllt und ich keinen Innenraum mehr frei habe, an irgend etwas Vernünftiges zu denken. Nicht nur Hölderlin ist schon lange vergessen, ich bin auch zu schwach, nur die Bibel aufzuschlagen; selbst für das Vaterunser bin ich zu apathisch. Meine ganze geistige Existenz ist zerrüttet und verkommen. Ich vegetiere nur noch.

Was sollte ich diesen jungen Männern antworten? Ich habe ihnen geschrieben: Seid dankbar, daß das Evangelium mehr ist als eine Philosophie. Wäre es eine Philosophie, so hättet ihr sie nur so lange, wie ihr sie auch denken und wie ihr euch den Komfort des geistigen Menschen leisten könnt. Wenn ihr aber nicht mehr an Gott denken könnt, so denkt *er* doch an *euch.*

Das, genau das, ist das Wunder des Evangeliums: Nicht nur *wir* sind auf dem Wege. Es kommt uns auch einer entgegen, der uns kennt. Wenn wir nichts von ihm fühlen, so fühlt er doch uns. Wenn wir wie Zachäus auf dem Beobachtungsposten im Baum sitzen und Ausschau halten, was die Religionen und Philosophien uns zu bieten haben und ob es sich vielleicht lohne, in dieser Konkurrenz auch Jesus von Nazareth einmal näher in Betracht zu ziehen, so hat er uns schon erblickt und kennt unseren Namen und ruft uns zu: Komm schnell herunter, ich will zu dir. Das alles liegt in der einen Tatsache beschlossen, daß wir es nicht mit den Heilsideen oder der Ethik des Christentums, sondern daß wir es mit einem lebendigen Heiland zu tun haben. Und während wir das Herz aller Dinge suchen, ist uns in diesem Herzen schon längst eine Heimstatt bereitet. Wir aber haben keine Ahnung davon.

[I,37f]

Unser Vater

Vor einigen Jahren brachte eine bekannte Zeitschrift folgenden Gedankengang über das Gebet: Irgend so etwas wie beten müsse der Mensch wohl, und zwar aus folgendem Grund:

Auf den heutigen Menschen stürme von außen so viel an Arbeit, Betrieb, Telefon, Korrespondenz, Hupen und Klingeln der Verkehrsmittel, Rundfunk und Kino herein, daß er unbedingt einen Wall aufrichten müsse, um sich vor dieser Unsumme an Eindrücken und Anforderungen zu schützen. Das beste Schutzmittel nun, um nicht völlig von diesen Eindrücken und Aufgaben absorbiert und aufgefressen zu werden, sei ein Zustand innerer Sammlung, der gleichsam einen Ausgleich bilden müsse gegen das ständige Nach-außen-gewandt-Sein in unserem heutigen Lebensstil. Dieser Zustand innerer Sammlung habe zweifellos Ähnlichkeit mit dem, was der Christ als »Gebet« bezeichne. Natürlich, so meinte dann jener Artikelschreiber, dürfe man bei diesem inneren Selbstgespräch nicht so tun, als ob man wirklich mit einem »Du«, mit »Gott«, rede. Auf diese Hilfskonstruktion im Jenseits, wo angeblich unsere heimlichsten Worte aufgefangen werden, müsse man billigerweise verzichten. Man müsse sich ganz nüchtern klarmachen, daß es sich dabei wirklich nur um ein klärendes und der Sammlung dienendes *Selbstgespräch* in unserem Innern handle.

Ist diese Sehnsucht nach dem Gebet, die sich selbst die eigentliche Erfüllung versagt, nicht erschütternd? Spielt sich hinter dem heroisch erstarrten Antlitz dieses Menschen nicht die ganze Tragödie eines Kindes ab, das seinen Vater verloren hat?

Denn die innere Situation, die sich hier abzeichnet, ist doch so: Der Mensch geht durch den dunklen, nächtlichen Wald des Lebens. Um ihn herum lauern Gespenster und beunruhigen ihn erregende Geräusche. Es gibt so viele Gefahren in diesem dunklen Wald. Der heutige Mensch hat für die Witterung dieser Gefahren das Wort »Lebensangst« erfunden. Er gäbe etwas darum, wenn einer da wäre, der ihn begleitete, der ihm die Hand auf die Schulter legte und sagte: »Sei ruhig, ich bin bei dir! Ich kenne die Schluchten, ich kenne die gefährlichen Abhänge, ich kenne die räuberischen Höhlen, ich bringe dich sicher hindurch. Solange ich bei dir bin, kann dir niemand etwas tun.« Er gäbe etwas darum, wenn es so wäre.

Aber nun weiß der Mensch – oder glaubt es wenigstens zu wissen –, daß es diesen Jemand, der da käme, gar nicht gibt und daß er eben allein in dem dunklen Walde seines Lebens ist. Darum beginnt er nun laut vor sich hin zu reden, so wie das Kinder tun, wenn sie allein die finstere Kellertreppe hinunter müssen, damit sie sich am Klang der eigenen Stimme beruhigen. Aber es ist ja niemand da, und man ist so fürchterlich allein.

Seht, und nun lehrt uns Jesus Christus, allem Augenschein dieser Lebenslage zum Trotz, daß wir wirklich sagen dürfen: »Unser Vater!« und daß da nun eine Stimme ist, die uns wirklich und wahrhaftig antwortet. Jedoch, wenn ich *unsere* Stimme und die antwortende Stimme des *Vaters* so nacheinander nenne, habe ich eigentlich das Verhältnis umgekehrt, denn die Stimme des Vaters ist ja viel eher da als die unsrige. Es ist ähnlich wie in den Samuelgeschichten des Alten Testaments: Ich höre eine Stimme, die meinen Namen ruft. Und nun kann ich nur noch sagen: hier bin ich, hier hast du mich! Nun darf ich mit dem, der zuerst einmal meinen Namen gerufen hat, sprechen wie das Kind mit seinem Vater, darf ihm von allen großen und kleinen Dingen erzählen, die mich bewegen.

[VI,14f]

Auf sein Wort hin

Die Hauptsache beim Beten ist eigentlich nicht, daß wir bestimmte Anliegen vorbringen, sondern daß wir in Verbindung, in persönliche Gemeinschaft mit dem Vater kommen. Wenn ich gar nichts anderes tue, als nur von Herzen sage: »Lieber himmlischer Vater!«, dann ist die Hauptsache bereits geschehen.

Nun wissen wir aber schon aus menschlichen Gemeinschaften, daß zu ihnen einfach die Sprache hinzugehört. Wir alle wissen zum Beispiel um Ehen, in denen man nicht mehr miteinander spricht. Diese Ehen sind erstorbene Gemeinschaften und traurige Überreste einer längst versunkenen Liebe, auch wenn sie nicht geschieden sind. Zur lebendigen Gemeinschaft gehört das *Wort*, gehört der Austausch; und wenn Walter Flex einmal sagt, die Tiefe einer Freundschaft erweise sich darin, wie lange man miteinander schweigen könne, ohne daß es peinlich wirke, dann ist eben hier das *beredte* Schweigen gemeint. Dieses beredte Schweigen deutet auf einen Grad der Gemeinschaft, in dem man sich gleichsam in dauerndem innerem Austausch befindet, aber doch so, daß man ihn nicht mehr in gesprochene Worte zu fassen braucht, weil die Wellen des inneren und unhörbaren Gespräches immer hin und her spielen.

Weil also das Wort zu jeder persönlichen und lebendigen Gemeinschaft hinzugehört, steht auch das Wort im Mittelpunkt der Heilsgeschichte unseres Gottes. Darum wird Jesus geradezu das »fleischgewordene Wort« genannt; denn in allem, was er sagt und tut, wie er lebt und stirbt, spricht Gott ein Wort in mein Leben hinein, das Wort nämlich: Du sollst mein Kind sein, und mein ganzes Herz steht dir offen!

Darum hat uns Gott nicht nur fromme *Gefühle* und eine subjektive »Religiosität« gegeben, wie sie etwa unter dem Duft des Weihrauchs, unter dem Klang der heiligen Musik oder im Schweigen einer sonnendurchfluteten Waldlichtung geweckt werden mögen; diese frommen Gefühle vergehen, vielleicht schon in der nächsten Stunde, wenn mich irgendeine Katastrophennachricht erreicht. Das »Wort« aber vergeht nicht. Die Tröstung (und d.h. eben das Wort): »Ich habe dich bei deinem Namen gerufen, du bist mein«, gilt nicht nur, wenn es mir in der Feierlichkeit einer Gottesdienststunde nachgerufen wird, sondern es folgt mir auch nach in die Unfeierlichkeit meines feuchtkalten Luftschutzkellers oder in die verzehrende Sonnenglut der afrikanischen Steppe.

Darum heißt es eben auch nicht, wie es Goethes »Faust« gerne möchte: »Im Anfang war die Tat«, sondern es heißt eben und bleibt so: »Im Anfang war das Wort.« Denn Taten und Täter vergehen, und der Gischt, der ihre Kiellinie im Ozean der Geschichte bezeichnete, sinkt schon bald wieder zur Glätte der Wasserfläche zusammen, und kaum etwas erinnert dann noch an die Erscheinungen, die einmal so viele erregten und die Tiefen der Geschichte aufwühlten. Nochmals: Taten und Täter vergehen! Aber das Vater-»Wort« Gottes, das uns Menschen vom ersten Schöpfungstag an zuruft: »Du bist mein!« – dieses Wort besteht auch in den Sonnenfinsternissen der Geschichte und gilt noch unter dem Hufschlag der apokalyptischen Reiter und wird noch das rettende Wort in der großen Endabrechnung Gottes sein, wenn der Richter auf uns zutritt und auf einmal unser Vater ist. Und seht, darum müssen auch wir durch unser »Wort« diese Gemeinschaft suchen. Nur wenn wir mit unseren Worten alles aussprechen, was uns bedrängt (die großen und die kleinen Sorgen, unsere Bedrängnis durch die Schuld und den Hunger nach Frieden), nur wenn wir das alles in »Worten« zusammenfassen und vor ihn treten und zu ihm dringen und zu ihm sprechen: »Du hast *gesagt:* Alle eure Sorgen werfet auf mich – hier werfe ich sie denn; du hast *gesagt:* Klopfet an, so wird euch aufgetan – hier klopfe ich denn; du hast *gesagt:* Alles, was ihr bitten werdet in meinem Namen, das soll euch werden – hier bitte ich denn; du hast es alles gesagt, und nun komme ich auf dein *Wort* hin« – nur wenn wir so vor ihn treten, wird uns seine Gemeinschaft geschenkt und bekommen wir seinen Frieden zu spüren.

[VI,35–37]

Herzpunkt der Welt

Wir sollen nicht »zum Fenster hinausblicken« in das böse Babylon und sagen: Ja, wenn unser Volk nur zurückfinden wollte …! Wir haben keine Ursache, ihm mit pharisäischer Geste zuzuwinken!

Das, was »draußen« passiert, ist nichts anderes als die makrokosmische Spiegelung dessen, was in deinem und meinem Herzen an Haß, Neid, Lüge, Mordgier und Ehebruch ist. Darum läßt sich Gottes Heilsgedanke mit der Welt im Grunde auf eine ganz einfache Formel bringen: *Durch das menschliche Herz ist die Schöpfung verdorben worden, darum muß auch in diesem Herzen jede Erneuerung und jede Kur beginnen.* Dies und nichts anderes ist auch der ganz einfache Grund dafür, daß das Evangelium den so oft bemängelten Fehler zu haben scheint, kein Rezept für eine neue Weltordnung zu besitzen, – ein Rezept zum Beispiel mit gültigen Gesetzen darüber, wie eine politische Ordnung oder der Aufbau des Rechtslebens oder die Gestaltung der sozialen Struktur in Angriff zu nehmen sei. Alle Parteien, Gruppen, Vereine und Regierungen, die von hier aus die Welt zu kurieren versuchen und uns in schnellstem Wechsel Programme, Konferenzen, Ausschüsse usw. servieren, müssen scheitern, weil sie nicht vom Licht der Ewigkeit aus denken und darum an der falschen Stelle mit ihren Reformen beginnen, weil sie das Pferd paradoxerweise vom Schwanze her aufzäumen.

Ich sage: Das Evangelium enthält in der Tat kein Rezept für eine gültige Weltordnung, sondern es ist eine Arznei für unser Herz. Hier nämlich, am Ausgangspunkt aller Weltleiden, am Ausgangspunkt auch jenes entsetzlichen Weltenbruches, der heute den Boden unter uns allen wanken läßt, setzt Jesus mit der Heilung ein. Die schmerzhaften Eitergeschwüre, die heute am Körper der ganzen Menschheit aufbrechen, können nicht dadurch kuriert werden, daß man von außen an ihnen herumdoktert und -schneidet, sondern nur so, daß von innen heraus das Blut und die Säfte gereinigt werden und daß die belebende und alles regulierende

Mitte des Körpers, daß das Herz erneuert wird. Auf diesem Herzpunkt der Welt lenkt Jesus unsern Blick, wenn er uns bitten läßt: »Vergib uns unsere Schuld.« Er meint damit das heimlichste Verhängnis der ganzen Welt, er meint damit das Lawinengesetz der korsischen Blutrache und ihrer Verwandten, er meint damit die Friedlosigkeit und Unversöhnlichkeit in zahllosen Häusern und Familien, er meint damit auch den Knäuel der ineinander verbissenen und sich zerfleischenden Völker.

Dies alles meint Jesus in diesem einen Gebet, das wahrhaftig die Welt umspannt.

Aber er meint dieses Weltumspannende so, daß er damit dein und mein Herz meint und daß er das Weltenheil und das Weltgericht an die ganz persönliche Geschichte bindet, die du und ich mit ihm eingehen sollen. Mit der Bitte »Vergib uns unsere Schuld« sagt er uns, daß »ich« und daß »mein Herz« der Ort sein sollen, wo das Neue, das ganz Neue, wo das »Weltenheil« beginnen soll.

[VI,112–114]

Positiv beten

Wenn Gott verbietet, mit dem Baum (im Garten Eden) Kontakt aufzunehmen, dann heißt das offenbar soviel wie: Sorgt dafür, daß ihr ihm nicht einmal zu nahe kommt! Haltet euch in gebührender Distanz von ihm! Ohne Bild ausgedrückt, heißt das: Begebt euch gar nicht erst in die versuchliche *Situation!*

Auch das Vaterunser ruft uns bezeichnenderweise die Bitte zu: Führe uns nicht in Versuchung; laß uns gar nicht erst in die kritische Situation *kommen!* Die Bitte lautet eben nicht: Führe uns aus der Versuchung *heraus* – wenn wir einmal drin sind! –, sondern sie lautet: Führe uns nicht in die Versuchung *hinein!* Haben wir uns erst *in* die Nähe des Baumes begeben, dann rauscht das Blut, die Neugier flackert hoch, und die Leidenschaften kochen. In einer derartigen Situation ist dann unsere Entscheidungsfähigkeit gelähmt.

Darum kommt so viel darauf an, daß wir nicht erst *in* der Versuchung zu beten beginnen, also erst, wenn der Aufruhr schon in uns tobt. Es ist uns auch nirgendwo verheißen, daß wir dann überhaupt beten können. Darum kommt alles darauf an, daß unser Gebet schon in der Stunde der *Nüchternheit* einsetzt: am Tagesbeginn also, wo wir noch nicht gefangen sind, weder gefangen in der Umstrickung durch unser Blut noch gefangen in der Hast der täglichen Abwicklungen, sondern wo der Tag noch vor uns liegt und die Wünsche und Begierden noch nicht die Väter unserer Gedanken sind.

Viele von uns, die mit dem Beten nicht fertig werden und die sich doch danach sehnen, sollten es einmal so versuchen. Sie sollten nicht erst so lange warten, bis sie sich in der Hochspannungszone des gefährlichen Baumes befinden – und wie oft sind wir jeden Tag in seinem Ausstrahlungsbereich! –, sondern sie sollten zu diesem Dienst in der ersten und letzten Stunde des Tages antreten.

Alles, was mit Gott zu tun hat, läßt sich nämlich nicht in Türspalten klemmen und nebenbei und nach Laune absolvieren. Wir müssen schon für Gott in planvoller Weise einige Minuten am Tage aussparen, in denen er dann *alles* für uns ist. Wer die Zeitung liest und nebenbei noch einen Radiogottesdienst hört oder wem Gott gut genug ist, auf ein x-beliebiges Stoßgebet in irgendeiner verfahrenen Situation reduziert zu werden, der hat nichts gehört und hat auch nichts gesprochen und darf sich deshalb nicht wundern, wenn er der Verzauberung durch den gefährlichen Baum vollends verfällt.

Ich möchte sogar noch weitergehen: Ich meine nämlich, wir sollten selbst in unseren Gebeten jenen Baum nicht berühren. Ich möchte in aller Kürze andeuten, was ich damit sagen will:

Wir fühlen uns im allgemeinen ja gerade dann zum Beten ermuntert, wenn uns irgendeine Sorge quält: Die Mütter quälen sich ab mit Sorgen um ihre Kinder, der Geschäftsmann mit dem möglichen Abflauen der Konjunktur, der Politiker mit der nächsten Wahl, der Student mit seinem Examen. So trägt jeder von uns sein Sorgenpäckchen oder auch sein Sorgenpaket. Auch eine derartige Sorge kann so ein Baum sein, den wir nicht berühren sollen. Wenn Jesus Christus uns zuruft: »Sorget nicht«, dann weiß er sehr genau, an welchen dunklen Punkt in unserem Leben er dabei rührt. Denn jede Sorge ist ein Mißtrauensvotum gegenüber Gott. Jede Sorge will uns mit schlangenhafter List daran hindern, getrost zu sagen: »Der Wolken, Luft und Winden gibt Wege, Lauf und Bahn, der wird auch Wege finden, da dein Fuß gehen kann.«

Nun meine ich: Dieser Baum der Sorge darf auch in unseren Gebeten nur in gemessenem Abstand gemustert werden. Wir dürfen ihn nicht berühren und an ihm herummanipulieren. Ich habe an mir selbst und auch an anderen immer wieder die gleiche Beobachtung gemacht: Wenn wir zu dicht an den Baum der Sorge herankommen, wird sie übergroß und beherrscht auch unsere Gebete. Selbst unser Beten wird dann nur noch ein Mittel, um uns in die Sorge zu verbohren.

Mir ist das während des Krieges manchmal an der Gebetspanik im Luftschutzkeller klargeworden: Während es herniederkrachte, haben nicht selten auch solche, die sonst nicht zu beten pflegten, plötzlich Stoßgebete gen Himmel geschickt. Aber sie wandten sich im Grunde gar nicht an die Adresse »Gott«, sondern vor ihrer Phantasie stand nur das tödliche Gespenst der niederrauschenden Bombe. Nachdem dann alles gut vorüber war, hörte das Beten wieder auf. Im Grunde war Gott gar nicht gemeint, – sondern die Bombe.

Wir können damit ein sehr wichtiges Ergebnis feststellen:

Genauso wie sich der Versucher in die frommen und erbaulichen Gedanken der Eva einschleicht, so schickt er seine Partisanen – und zwar in Gestalt unserer Sorgen – auch in die Intimität unseres Gebetslebens. Beten allein besagt noch gar nichts. Man kann es ganz falsch machen. Wir können es als betende Menschen genauso verkehrt machen wie ein ungeübter Radfahrer, der den Zusammenprall mit einem Baum vermeiden will, aber ihn vor lauter Angst und Sorge so fest fixiert, daß er mit voller Wucht auf ihn zufährt.

Wie wir beten sollen, das lehrt uns Dürers Bild von Ritter, Tod und Teufel, das ich immer wieder in unser Gedächtnis rufen muß. Am Weg dieses ritterlichen Reiters lauern Gespenster und gräßliche Unwesen. Der Ritter aber übersieht sie alle. Er kann überhaupt keinen Blick für sie haben, weil dieser Blick an der heimatlichen Burg in der Ferne haftet. Auf diese Burg reitet er zu. Gerade dadurch, daß er sein *Ziel* im Auge hat, bleibt er dem Zugriff der Gespenster und ihrer Anfechtungen entzogen, braucht sich also gar nicht damit abzugeben.

Ich möchte als Beispiel einen sehr speziellen Fall anführen, an dem deutlich wird, wie wir den Versucher aus unserem Gebet herauskomplimentieren können:

Wenn ein junger Mann von der Wildheit seines Blutes angefochten ist, wenn es ihm ernst damit ist, in diesem Kampf mit blanker Wehr zu bestehen, dann wäre es ganz falsch, die versuchlichen Bilder der Phantasie ständig zu fixieren und dann gegen sie anzukämpfen oder auch gegen sie anzubeten. Der Versucher sähe es nur zu gerne, wenn er uns zu einem Ringkampf mit unseren Lüsten und Begierden animieren könnte, denn dann sind wir sehr wahrscheinlich die Unterlegenen. Und schließlich drängt sich die verabscheute Phantasie auch noch in unser Gebet und füllt es bis zum Rand aus. Je mehr wir die Bilder unserer Phantasie fixieren, wenn auch als *Feinde* fixieren, desto mehr gewinnen sie Macht über uns.

Wir sollen die Versuchungen an unserem Weg vielmehr so bekämpfen, daß wir das *positiv* machen. Wir sollen sie nicht feindselig und mißtrauisch anstarren, sondern wir sollen auf das positive Ziel, auf die Burg, auf die Heimstatt am Horizont blicken. Für den jungen Mann heißt das, daß er nicht betet: Herr, bewahre mich vor dem und dem, was mich fast erdrückt und zerreibt; du kennst ja mein verfluchtes Blut! Sondern daß er umgekehrt und positiv betet: Ich danke dir, Herr, daß du mir die Kraft in meinem Blut geschenkt hast. Gib, daß ich sie zu deiner Ehre und zu deinen Zielen verwende!

Gott ist immer positiv. Es gibt nichts, was wir nicht dankbar aus seiner Hand entgegennehmen dürfen. Solange wir es aus Gottes Hand nehmen, kann uns nichts passieren.

[XI,130–133]

Aus der Tiefe loben

Wenn die Angst vor der nächsten Zukunft, vor Hunger und Kälte, Krieg und Tod allzu groß wird, dann solltest du einen Augenblick das Schreien und Flehen lassen. Dann solltest du Gott einmal mitten in den Wettern zu loben wagen, wie ihn die Jünger im Gefängnis lobten. Denn Gott loben heißt, die Welt von ihrem Ende, vom großen Siege Gottes her sehen. Und in diesem Lobe Gottes kann sich dann unser übernächtigter, ins Kampfgewühl verstrickter Blick erholen und wieder Maß und Richtung gewinnen.

Das ist vielleicht die größte Gnade, daß wir Christen, die wir um den Sieg unseres Herrn wissen, Gott schon jetzt – und nicht erst am Ende selbst – loben dürfen, einfach, weil wir um das Ende wissen, einfach, weil wir wissen, daß Fremde und Heimatlosigkeit, Hunger und Durst, Rätsel und Geheimnis von dem sieghaften und strahlenden Thema bestimmt sind: Näher, mein Gott, zu dir!

Wer es wissen darf, daß am Ende der Friede Gottes steht, der darf nicht nur aus der Tiefe *schreien,* der darf auch aus der Tiefe *loben.* Wer aber Gott lobt, fürchtet sich nicht.

[IV,167]

Den Frieden im Rücken

Wer betet (nicht: wer nur arbeitet, sondern: wer betet), der bleibt wach, der verwechselt im Traum nicht das Große und das Kleine miteinander, sondern der behält einen hellwachen und realistischen Sinn für die wirklichen Proportionen des Lebens: »Ewigkeit, in die Zeit leuchte hell hinein, daß uns werde klein das Kleine und das Große groß erscheine.«

Wer betet, weiß, daß es nur auf eines ankommt: mit Gott ins reine zu kommen. Wer betet, verliert auch die Lebensangst, weil er weiß, daß die Geschichte – allen Zwischenfällen und Tücken zum Trotz – dennoch programmgemäß am Jüngsten Tag enden wird und daß uns nichts geschehen kann, als was er »ersehen« hat und was uns »selig« ist. Wenn uns aber die Angst genommen wird, dann haben wir auch keine Angst*träume* mehr, sondern dann werden wir wach. Ein Mensch, der mit Gott im reinen ist, hat den Frieden im Rücken und kann im Leben darum schlicht und realistisch sein. Denn Angstträume und Sorgen sind keine guten Ratgeber. Ein Mensch, der Angst hat, taxiert alles falsch ein. Er zittert vor einem Strohhalm, weil er ihn für einen stürzenden Balken hält, und er wird von einem Balken erschlagen, weil er in ihm einen Strohhalm sah. Wer betet, wird aus dem Angsttraum in die Wirklichkeit zurückgerufen, denn er hat die Ewigkeit und den Jüngsten Tag zum Maß.

Wer betet, den erlöst Gott auch von manchen Managerkrankheiten. Denn er nimmt ihm die Sorge und den Umtrieb für den anderen Tag und schenkt ihm statt dessen die Gelassenheit und den Frieden eines Menschen, der dem Jüngsten Tage entgegensieht – jenem Tage, an dem Gott seine Triumphe feiert und an dem alles relativiert ist, was sich im Augenblick für uns kurzsichtige Leute zu einer so unförmigen Scheinwichtigkeit aufbläht.

[III,270]

Ein zwiespältiges Herz

Es gibt in jener Masse, die Jesus nachfolgt, sicher auch Menschen, die fahren sozusagen zweigleisig. Sonntags hören sie sich gern einen Gottesdienst an. Sie sind sogar momentan davon ergriffen. Aber sowie sie montags wieder in ihre Werkstatt, an ihre Maschine und in ihr Büro kommen, ist es gerade, wie wenn sie einen Schalthebel herumgelegt hätten. Da sehen sie im anderen nur den Kollegen oder Konkurrenten, aber nicht den Nächsten, in dem ihnen Christus begegnet. Da streben sie nach Leistung und Erfolg und denken mit keiner Silbe daran, ob Gott ihre Arbeit auch segnet. Da jagen sie nach aller Hetze und Arbeit der Zerstreuung nach, ohne zu denken, daß man sich erholt, indem man sich sammelt und einmal der Frage standhält: Wo stehe ich, und wohin treibt es mit mir?

Jesus sieht alle diese Menschen um sich versammelt. Du und ich, wir sind auch darunter. Und er sieht, daß diese Menschen unglücklich und friedlos sind. Warum eigentlich? Nun einfach deshalb, weil sie ein zwiespältiges Herz haben. Sie wollen ein bißchen Gott. Und dieses bißchen Gott reicht gerade aus, damit ihr Gewissen unruhig wird und ihnen die Unbekümmertheit nimmt. Sie wollen ein bißchen Ewigkeit, aber ja nicht so viel, daß sie dadurch ernsthaft gestört werden, daß sie eine radikale Kehrtwendung machen müßten. Und gerade durch dieses bißchen Ewigkeit verlieren sie ihr Gleichgewicht. Wer zwischen Gott und Welt hin- und herschwankt, wer auf beiden Schultern Wasser tragen will, wer teils fromm und teils Weltmensch sein will, ist unter Garantie immer unglücklich. Er kann einerseits nicht mehr von ganzem Herzen hassen, lieben, vergnügt sein oder schuften, denn in ihm brennt die quälende Frage: Wo stehst du, und wie steht das alles, was du so treibst, unter den Augen Gottes da, was hat es letzten Endes für einen Sinn? Andererseits kann er aber *auch* nicht von ganzem Herzen beten und kann nie die Seligkeit dessen erleben, daß er in die Zwiesprache mit Gott versunken ist und den Frieden der Ewigkeit schmeckt, weil er viel zu sehr an all dem anderen hängt, weil er beim Beten schon an die Arbeit denkt, die er gleich verrichten muß, oder an die Sorgen, die ihm sein Geschäft macht, oder an das Rendezvous am Abend. Ein bißchen Gott und ein bißchen Ewigkeit sind immer gefährlich; es beginnt dann etwas in unserem Innern zu bohren und zu brennen und uns unruhig zu machen.

Wenn man so ein »Halb«-Christ ist, denkt man oft mit Neid an die ungebrochenen Weltmenschen. Die haben keine Hemmungen, einen unliebsamen Konkurrenten aus dem Wege zu schaffen. Die geben sich nicht mit solchen Sentimentalitäten ab, durch das Schicksal unserer Brüder im Osten belastet zu sein und auf Mittel und Wege zu sinnen, dem einen oder anderen zu helfen und ihnen Geld und Zeit zur Verfügung zu stellen. Und auch über ein bißchen Steuerhinterziehung oder über einen kleinen Ehebruch kommen sie ohne allzu deutliche Schrammen und Beulen in ihrem Gewissen hinweg. Unsereins – das heißt: wir Halbchristen – hat bei so etwas Hemmungen, Skrupel und Unannehmlichkeiten mit seinem Gewissen. Wir können keine saftigen und vollblütigen Sünder mehr sein wie jene, aber wir sind auch keine Heiligen, die dafür wenigstens die höheren Freuden des Gottesfriedens eingetauscht haben. Wir haben keins von beidem richtig; das ist unser Jammer. Darum fühlen wir Halbchristen uns auch so unbehaglich. Wir fahren immer nur mit halbem Dampf.

Wer nur ein bißchen Gott will, erlebt Gott immer nur als Bremse, als Hindernis, als Schmerz. Aber wer ihn ganz will, der erfährt, daß er Motor ist und daß man Freiheit und Schwung bei ihm bekommt, daß seine Nachfolge die fröhlichste Sache der Welt ist, weil er einen von all dem frei macht, was den Halbherzigen lockt und quält und in beidem hin- und herzerrt.

[III,203f]

Eindeutigkeit

Der Geist Gottes greift in unsere Zukunft ein.

Angst und Sorge, die vorher unser Verhältnis zur Zukunft bestimmten, werden vertrieben. Auch die Irrlichter falscher Hoffnungen, denen wir vertrauensselig folgten und auf die wir uns verließen, werden gelöscht: »Euer Herz erschrecke nicht!« Wir haben ja nun einen Tröster und einen Beistand. Was uns die Angst nimmt, ist der *Friede,* der uns verheißen wird. Friede aber bedeutet die Abwesenheit von Schrecken, Angst, Sorge und Verzweiflung.

Merkwürdig, daß hier ausgerechnet das Wort *Friede* als Gegensatz zur Angst gewählt wird und nicht, was wir vielleicht erwarten mochten, Mut oder auch Tapferkeit. Friede ist eine andere Bezeichnung für das, was ich Einklang mit Gott nannte.

Um diese Bedeutung des Wortes »Friede« zu ermessen und es als Gegenpol zu den Mächten des Schreckens zu verstehen, ist es sicher hilfreich, an ein mittelalterliches Beispiel zu erinnern. Man kannte damals eine spezifische Mönchskrankheit, der man die (weniger medizinische als geistliche) Fachbezeichnung »akedía« gab. Damit hatte es folgende Bewandtnis: Gerade bei Mönchen beobachtete man immer wieder Zustände der Angst, der Schwermut und der Melancholie. Die Diagnose dessen ergab, daß Mönche, die davon befallen waren, unter der »Geteiltheit des Herzens« (= akedía; wörtlich: Vernachlässigung) litten. Obwohl sie ihr mönchisches Leben »ganz« dem Herrn geweiht hatten, waren sie dennoch nicht ganz dabei. Ihre Gedanken und Affekte umkreisten vieles andere, was ihrem geistlichen Dienst zuwider war. Sie gehörten also diesem Dienst nicht ungeteilt. Das erzeugte dann Schwermut und Trauer über das viele, was ihnen entging und dem sie doch nachhingen. Was hier beobachtet wurde, wiederholt sich in vielen Spielarten auch bei Nicht-Mönchen: Weil wir uns dem Herrn nicht *ganz* anheimgeben – anders ausgedrückt: weil wir ihn nicht genug lieben –, sondern daneben an das fixiert sind, was wir *auch* noch festhalten und nicht loslassen wollen, darum sind wir *zwiespältig*. Das ist dann angsterregende Friedlosigkeit, die sogar zu Neurosen führen kann. Deshalb haben es die Halbchristen und Lauen auch schwerer als offene Atheisten, Nihilisten und andere betrübte Rotten, die wenigstens in ihrer Weise eindeutig sind und unter keinem (wenigstens nicht unter *diesem*) Zwiespalt leiden. Sie werden darum nicht selten von angefochtenen Christen sogar beneidet: Ihr habt es gut, ihr kennt unsere Konflikte nicht!

Und ebendiese Angst und diese Schwermut will uns der Geist Gottes nehmen, weil er uns nun nach der anderen Seite eindeutig macht. Wo wir ihn bei uns einkehren lassen, nimmt er uns das, was man im Siegerland mit dem wunderbar präzisen Wort »Vielwilligkeit« bezeichnet und womit man die Gespaltenheit unseres Willens meint. (Meine Mutter sagte mir manchmal, wenn ich als kleiner Junge ungezogen war und mich zwischen vielen »ich möchte dies, ich möchte das« hin und her gerissen fühlte: »Sei doch nicht so vielwillig!«)

Wer den Geist der Liebe erhält, überwindet aber den Zwiespalt zwischen Wollen und Sollen. Und ebendas ist der hier gemeinte Zustand des »Friedens«.

Wenn ich fortan sage: »Dein Wille geschehe«, dann kann das nicht mehr so gemeint sein, daß *ich* zwar dieses und jenes will, daß ich mich aber wohl oder übel dem höheren Willen Gottes füge, weil man ja doch nicht gegen ihn aufkäme. Die Bitte: »Dein Wille geschehe!« hat mit dieser erzwungenen Ergebung, mit dieser Kapitulation vor der Übermacht des Geschicks, schlechterdings *nichts* zu tun. Denn der Wille, dem ich mich hier übergebe, ist ja nicht eine personalisierende Umschreibung des Schicksals, sondern er ist doch der Wille dessen, den ich *liebe*, zu dem es mich *drängt* und dem ich mich *anvertrauen* möchte. Ich bin ja mit ihm in Frieden und kann mich getrost in seine Hand geben.

[XII, 131f]

Segnende Berührung

Neuer Geist und letzte Heimkehr

Wort ist Wunder von innen gesehen,
Wunder ist Wort von außen gesehen.

Unser zweifelndes Herz und unsere leeren Hände
empfangen schon jetzt die segnende Berührung,
die uns zu neuem Leben erweckt
und uns die Gewißheit neuer Ufer
und eines neuen Tages zuteil werden läßt.

Wer sich geliebt weiß, stirbt nicht mehr
am Haß der Menschen.
Wer den kennt, der die Welt überwunden hat,
ist den Gespenstern entronnen.

Neuer Geist

Wir sprechen bei dem, was wir kirchliche Lehre nennen, gerne (oder ungerne!) von »Dogmen« und empfinden sie nicht selten als Zwangsglaubenssätze, als Oktroi und insofern als etwas, das man eben glauben »muß«. Genauso empfand man auch im alten Israel das Gesetz immer wieder als Zwang, aus dem man auszubrechen versuchte. Die Geschichte Israels ist weithin eine Geschichte solcher Ausbrüche. Inmitten dieses Freund-Feind-Verhältnisses zu den Satzungen Gottes kommt es nun bei Jeremia zu einer der großen Geistverheißungen, die auf das revolutionierende Geschehen von Pfingsten hinweisen: »Ich will«, spricht der Herr, »mein Gesetz in ihr Herz geben und in ihren Sinn schreiben ... Und es wird keiner den anderen noch ein Bruder den anderen lehren und sagen: ›Erkenne den Herrn!‹, sondern sie sollen mich alle erkennen, beide, klein und groß« (Jeremia 31,33). Und bei Hesekiel heißt es entsprechend: »Ich will ihnen ein anderes Herz geben und einen neuen Geist in sie geben und will das steinerne Herz wegnehmen aus ihrem Leibe und ihnen ein fleischernes Herz geben, damit sie in meinen Geboten wandeln« (11,19).

Was hier verheißen wird, ist doch dies: Der Geist Gottes *verwandelt* das »du sollst!« der steinernen Gesetzestafeln, die uns von außen her – als Fremdgesetz sozusagen – vorgehalten werden und an denen wir uns die Köpfe wundstoßen. Er schreibt das bisher auf den Tafeln Verzeichnete nunmehr in unser *Herz,* so daß wir ihm nicht mehr als Opposition gegenüberstehen, sondern ihm spontan – wortwörtlich aus dem Herzen heraus! – zugetan sind. Der Geist Gottes sorgt dafür, daß das, was Gott will, auf einmal zu unserem eigenen Willen wird (oder, wie man heute gerne sagt: daß es internalisiert wird).

Das bedeutet zweierlei: Es besagt *erstens,* daß uns Gott ganz nahekommt, so nahe, daß er nunmehr *in* uns ist. Sein Geist dringt in uns ein. So kann es sogar zu der Feststellung kommen, daß Menschen »voll« des heiligen Geistes, daß sie von ihm »erfüllt« seien. *Zweitens* ist damit ausgedrückt, daß es überall da, wo der Geist Gottes uns anrührt, keinen Widerspruch mehr gibt zwischen dem, was *Gott* will und was *ich* will. In dem Maße, wie wir uns dem Geist öffnen, werden wir Gott »konform«, wie Luther es ausdrücken kann.

Das hat enorme Konsequenzen, die ich hier nur andeuten kann. Im modernen Bewußtsein, das in ethischer Hinsicht wesentlich durch Kant geprägt ist, erscheinen die Gebote Gottes in der Regel als ein Fremdgesetz, das mit dem Anspruch des mündigen Menschen auf Autonomie kaum in Einklang zu bringen ist. Hier aber sehen wir, daß der Gegensatz von Heteronomie und Autonomie, von Fremd- und Selbstbestimmung überwunden, daß er zum alten Eisen geworfen wird. Denn der Geist hat nun für Gott einen Brückenkopf auf dem Territorium meines Ichs gewonnen, er hat dieses Ich verwandelt, so daß es nun von sich aus das wollen kann, was Gott will. Es kommt nun zu einer spirituell geläuterten Autonomie, zu einer Selbstbestimmung »im höheren Chor« (wenn man das so ausdrücken darf).

Ich sagte, der Geist Gottes mache uns sein Wort vertraut, er schließe es auf und bringe es uns nahe. Er tut also das, was wir in unserer Verkündigung mit schwachen und unzulänglichen Mitteln ebenfalls versuchen, wenn wir »den Leuten aufs Maul schauen« und so unsere Botschaft verständlich darzubieten suchen. Wenn das nun wirklich einmal geschieht und wenn uns dieses Nahebringen mit dem Beistand des heiligen Geistes gelingt: Was passiert dann? Nicken die Leute nun beifällig mit dem Kopf, sagen sie: »prima«, oder auch: »kapiert, vielen Dank!«? Haben wir sie dann sozusagen in die Tasche gesteckt?

Nein, es passiert etwas völlig anderes. Wenn wir an Ostern nur in der konventionellen Kirchensprache sagen: »Christus ist auferstanden«, *dann* nicken sie, wenn auch etwas schläfrig, mit dem Kopf. Es ist ja das Vertraute, das *allzu* Vertraute. Deshalb sind sie ja schließlich am Ostermorgen gekommen, um sich das längst Gewußte noch einmal bestätigen zu lassen. Wenn ihnen diese Botschaft aber so nahekommt, daß ihnen plötzlich aufgeht, was das *heißt*, wenn also das Aha-Erlebnis über sie kommt und sie merken, daß sie damit aus allem Gewohnten herausgerufen werden und ihr Leben ändern müssen, dann beginnen die Puppen zu tanzen, dann geht es ihnen »durchs Herz«. Dann kommt es auch sofort zu Scheidungen: Die einen nehmen das dankbar als erlösendes und befreiendes Wort an; sie werfen die Ketten des alten Lebens weg und atmen die Luft einer nie gekannten Freiheit. Die anderen aber wehren protestierend ab. Sie wollen gar nicht, daß ihnen etwas unter die Haut geht und ins Herz dringt. Sie wollen selber die Herrn ihres Herzens bleiben und betrachten Gott als unerwünschte Besatzungsmacht auf ihrem ureigensten Territorium.

Es ist eben so: Wo der Geist Gottes uns die Botschaft des Lebens enthüllt, da wird diese Botschaft stets zu beidem: zur Gnadenzusage *oder* zur Gerichtsbotschaft, zum Evangelium *oder* zum Gesetz.

[XII, 111–113]

Offenbarung

Paulus hat über das Problem, warum wir Gott nicht erkennen können, eine tiefsinnige Betrachtung angestellt (1. Korinther 2,11). Er sagt dabei dem Sinne nach: Gleiches kann immer nur durch Gleiches erkannt werden. Wir aber sind Gott ungleich. Darum erkennen wir ihn nicht.

Daß eine gewisse Gleichheit oder Ähnlichkeit die Vorbedingung dafür ist, daß man etwas versteht, kann einem klarwerden, wenn man mit seinem Hunde spricht. Obwohl ich meinen Hund liebe und wir befreundet sind, bleibt eine Mauer des Unverstehens zwischen uns. Wenn ich über meine Predigt nachgrüble und nicht weiter weiß und ihn frage: »Was soll ich nur machen?«, dann wedelt er ob dieser Anrede vergnügt mit dem Schwanz, um mir zu sagen, daß er mich gern hat. Aber das wollte ich in diesem Augenblick gar nicht wissen, sondern ich möchte von ihm einen guten Rat. Den kann er mir aber nicht geben; er hat keine Ahnung von meiner Gedankennot. Er versteht mich nicht. Aber der *Hund* denkt vielleicht auch seinerseits: Mein Herrchen versteht rein gar nichts von den wunderbaren Düften, die den Füßen seiner Besucher entströmen und die mich in solches Verzücken versetzen. Er ist doch ein armes nasenloses Wesen, dem das Beste in meinem schönen Hundeleben entgeht.

So verstehen wir uns im Entscheidenden eben doch nicht. Denn nur der Geist des Menschen weiß, sagt Paulus, was im Menschen ist; der Geist des Hundes weiß es nicht. Er ist zu »ungleich«.

Sobald man nun diese im Grunde sehr banale Feststellung auf Gott bezieht, wird sie sehr aufregend. Denn dann muß man konsequenterweise sagen: Nur Gott weiß (und er allein!), was in Gott ist; denn nur er selbst ist sich gleich. Ich als Mensch weiß nicht, was in Gott ist, und zwar keinesfalls nur deshalb nicht, weil ein endlicher Geist keinen unendlichen begreift und darum hilflos und unverstehend vor seinen höheren Gedanken und ihren Rätseln steht.

Sondern vor allem deshalb begreife ich ihn nicht, weil wir Menschen uns von Gott gelöst haben und unsere eigenen Wege gehen. Gott wäre ja die große Störung. Er wäre eine Revolution in unserem Leben, *wenn* wir ihn ernst nähmen. *Und dies wollen wir nicht.* Wir sind ja auf der Jagd nach unseren Wünschen. Wir haben unsere eigenen Lebensprogramme, und wir wollen nicht, daß uns hier jemand zur Ordnung ruft und uns dahin führt, wohin wir nicht wollen. Wir verstehen die Gedanken Gottes nicht; darum *wollen* wir sie auch nicht. Diesen Satz kann man auch umkehren und sagen: Wir wollen Gott nicht, darum können wir ihn nicht *verstehen.*

Das ist der Grund für die These des Paulus, daß nur Gott weiß, was in Gott ist. Man könnte also wirklich zu der etwas verwunderlichen Feststellung kommen: Die einzige Erkenntnis Gottes ist seine Selbsterkenntnis. Nur sein eigener Geist weiß um die Tiefen der Gottheit. Wo wir Menschen von ihm reden, geht es meist um unsere Wunschbilder, die wir an den Himmel projizieren.

»Offenbarung« heißt gar nichts anderes, als daß Gottes eigener Geist uns geschenkt wird und daß wir so an der Selbsterkenntnis Gottes beteiligt werden.

[II,279f]

Das Wort kommt an

In vielen Kirchen sind bunte Fenster mit gläsernen Mosaiken. In der Gestalt des Bildes erzählen diese Fenster die großen Taten Gottes. Die ehrwürdigen Gestalten der Propheten und Apostel sehen uns an. Vielleicht sind es auch Stationen des Lebens Jesu oder Symbole der Heiligen Dreifaltigkeit, die uns im Bilde nahekommen. Diese Fenster haben nicht – oder doch nur nebenbei – den Sinn, die Stätte der Andacht ornamental zu umgrenzen oder die Stimmung der Meditation zu erzeugen. Sie wollen vielmehr eine *Botschaft* ausrichten. Sie sind sozusagen bildgewordenes Wort und möchten ebenso, wie die Orgel das in Tönen tut, »verkündigen«. Wenn ich nun eine Kirche von außen sehe (sozusagen um sie herumgehe), erscheinen diese Fenster in einem leblosen Grau in Grau. Sie sind stumm und ohne Aussage. Sobald ich aber den Innenraum betrete, glühen sie in allen Farben auf; dann sind sie von Licht erfüllt, ihre Bilder beleben sich und beginnen tatsächlich zu »sprechen«. Alles, was sie mir mitzuteilen haben, war auch vorher auf ihnen abgebildet, als ich ahnungslos um die Kirche herumschlich, aber es war noch nicht »für *mich*« da. Ich mußte erst im Heiligtum sein, damit die Botschaft mich erreichen konnte.

Ohne Bild heißt das im Klartext: Das Geistwunder ereignet sich so, daß jenes totgeglaubte Wort, das ich seit Konfirmandentagen scheinbar nutzlos in meinem Gedächtnis mittransportiere, auf einmal *Leben* gewinnt; daß ich bei einer drückenden Schuld plötzlich höre – und zwar so höre, daß der schwere Druck meiner Seele wie weggeblasen ist –: »Dir sind deine Sünden vergeben!« Oder wenn ich in einer schrecklichen Hilflosigkeit wie gelähmt die nächste Welle des Schreckens erwarte und nun die Verse höre: »Es kann dir nichts geschehen, als was er hat ersehen und was dir selig ist«, dann hört sich das plötzlich *anders* an als vorher. Das ist es! Es scheint so, als ob eine Schallmauer plötzlich durchbrochen wäre und ich mich ins Freie versetzt sähe.

Dann mag ich mich erstaunt fragen: Wie kam es nur, daß du alles gewußt und doch nicht gewußt hast? Wie konnte es nur sein, daß Jesaja in deiner Phantasie (wenn du überhaupt einmal einen Gedanken an ihn verschwendest) ein etwas seltsamer Prophet mit riesigem Patriarchenbart und feierlich-dunklen Orakelsprüchen war, die komischerweise dem Pastor zu gefallen schienen, während jetzt – in jener Verwandlung – ein *Tröster* aus ihm wird, an den du dich klammern kannst?

Das pfingstliche Wunder, das die alten Zeugen als »Wehen des Geistes« erlebten, ist nichts anderes als das schreckhaft-beglückende Ereignis, daß das Wort plötzlich bei mir »ankommt«, daß es mich schüttelt und mitreißt, daß »der Groschen fällt«. Da zeigt sich mit einem Male, »daß dieses Wort eine überaus dynamische Sache ist und daß sich dann auch die Symbole des Bewegten und Elementaren, daß sich die Bilder von Feuer und Sturm wie von selbst einstellen – einfach um die Gewalt dessen anzudeuten, das da in mein Leben einbricht.

[II,270f]

Experiment des Glaubens

Die Frage, ob ich einem Menschen vertrauen kann oder nicht, ist nur so zu beantworten, daß ich ihn auf den verschiedensten Ebenen des Lebens *erprobe.* Dazu muß ich feststellen, und zwar als erstes, ob mich das überzeugt, was er *spricht,* hier also: was *Jesus* spricht. Ich muß mir zum Beispiel anhören und in meinem Herzen bewegen, was er in der Bergpredigt sagt, wo er die Abgründe im Menschen enthüllt und zugleich zeigt, wie ein neuer Pfad zu Liebe und Vertrauen beschritten werden kann. Ich muß auf mich wirken lassen, wie er mit den Kindern, mit einer bedrängten Mutter, mit dem tiefsinnigen Nikodemus oder einem jungen Sucher wie dem reichen Jüngling umgeht.

Ferner kommt viel darauf an, sich klarzumachen, was das für eine *Art* von Worten ist, die er spricht. Niemals »doziert« er ja einfach, niemals zimmert er wie die Philosophen an einem System. Immer aber hat er ein *vollziehendes* Wort, das ein Leben umkrempeln kann und das selbst dem Tod Paroli bietet. So hält er dem Gichtbrüchigen keinen »Vortrag« über den Zusammenhang von Schuld, Strafe und Vergebung, sondern er zerreißt seinen Schuldschein, nimmt ihm seine Lasten ab und eröffnet ihm ein neues befreites Leben (Markus 2,1–12; vgl. Kolosser 2,14). Sein Wort vollbringt das Wunder der Vergebung und der Heilung.

So sind Wort und Wunder bei ihm letztlich das gleiche:

Wort ist Wunder von innen gesehen; Wunder ist Wort von außen gesehen.

Man mag dabei an die Sterbestrophe in Paul Gerhardts Passionslied denken »Wann ich einmal soll scheiden, so scheide nicht von mir«: Daß er bei meinem Sterben nicht von mir scheidet, bedeutet ja mehr, als daß er mir nur Trostworte zuruft oder etwas Weisheitsvolles über die Endlichkeit des Menschen und sein »Sein zum Tode« sagt. Es heißt doch vielmehr, daß er das Sterben tathaft *verändert:* Er läßt mich nicht ins Nichts fallen, sondern er ist bei mir.

Er begleitet mich im Leben und legt mir, wie Matthias Claudius sagen kann, »die Hand untern Kopf«, wenn ich sterben muß. So spricht er auch hier ein vollziehendes Wort, das aus dem Sterben ein Heimgehen macht und ihm die Einsamkeit nimmt.

Um aber Vertrauen zu gewinnen, muß noch mehr geschehen: Ich muß feststellen, ob er selber zu seinem Wort steht und ob sein Leben mit seinen Worten kongruent ist. Wir sehen vielleicht zu, wie er am Kreuz hängt, und fragen uns, ob er da wirklich und für seine Person Ernst macht mit dem, was er über die Feindesliebe gesagt hat. Erst wenn wir hier vernehmen, wie er inmitten seiner Qual für die Henkersknechte betet, gewinnt sein Gebot, selbst die Feinde zu lieben, eine Leuchtkraft, für die unsere Augen beim ersten Lesen des Gebotes noch blind und unempfänglich waren.

Doch alles das, so wichtig es ist, reicht immer noch nicht aus, um sich ganz an ihn zu wagen und ihm vertrauen zu können. Ich sagte ja soeben: Wer einem anderen vertrauen will, muß ihn »erproben«, nicht nur »beobachten«. Erproben heißt, ihn im eigenen Leben auszuprobieren, also den Versuch zu machen, einmal mit ihm zu *leben.* Eine mögliche Form dieser Erprobung wäre es etwa, auf seine Zusage hin einmal meine Sorgen auf ihn zu legen, sie wirklich *seine* Sorgen sein zu lassen und mich dann nicht mehr um sie zu kümmern. Was mag dann geschehen? Ob wir einen Reinfall erleben oder ob er recht behält? Wir müssen es erproben.

Oder wir versuchen einmal, einen Menschen, mit dem wir Schwierigkeiten haben, zu *lieben* – einfach, weil dieser Mensch *ihm* wichtig ist und weil wir also in seinem Sinne handeln, wenn wir uns ihm zuwenden. Was mag daraus werden? Ob wir Hohn und Spott ernten oder ob wir das Wunder einer neuen Gemeinschaft, das Aufblühen eines Menschen erleben? Und selbst wenn es menschlich schiefgehen sollte: ob wir *ihm* dabei nicht näherkommen und die Freude erleben, ihm bei seinem Kreuztragen verbunden zu sein? Wir müssen es ausprobieren. Niemand aber kann über alles dies und vor allem über ihn selber urteilen, der sich nicht auf diese Nachfolge eingelassen hat, auf *Probe* eingelassen hat.

Vertrauen gibt es nur in der Erprobung. Nur wer ein solches Experiment wagt, kann erfahren, wer er ist. Vertrauen ist ja *immer* ein Wagnis. Und Jesus selbst spricht, wie wir sahen, von der Möglichkeit des Ärgernisses und des Irrewerdens an ihm. Darum enthält die Empfehlung des Erprobens keine Garantie dafür, daß wir den Glauben gewinnen. Das Erproben kann nie die Bedeutung einer Methode, womöglich einer »todsicheren« Methode haben. Wir können hier nur etwas wagen. Aber wir wagen es im Schatten der Zusage, daß Gott den nicht verstoßen werde, der ihn mit ganzem Herzen sucht (vgl. Jeremia 29,13).

Wer ihn aber so gefunden und dabei erfahren hat, daß er wirklich der ist, der da kommen soll, und daß wir auf keinen anderen zu warten brauchen, der wird nur bekennen können: Nicht das Suchen meines Herzens war es, das hier zum Erfolg geführt hat; auch nicht meine Hartnäckigkeit hat mir den Frieden gebracht. Nein: *Er* hat mir dies alles geschenkt, *er* kam mir entgegen. Ich hätte ihn gar nicht gesucht, wenn er mich nicht vorher schon gefunden hätte – und es ist alles wahr, was er mir versprochen hat, so abenteuerlich es für mich Glaubensanfänger auch klang.

[XII, 199–201]

Erfüllung

Wenn der Herr wiederkommt und wenn alle Sintfluten und Sintbrände schließlich an seinem Throne enden, wenn die Geretteten des Jüngsten Tages nicht in ein Weltengrab zurückschauen müssen, in dem auch – wie in der berühmten Vision Jean Pauls – ihre Gottesvorstellungen und ihre Träume von einem himmlischen Vater versunken sind, wenn sie vielmehr singen dürfen: »Bis hierher hat uns Gott gebracht« – ich sage: *wenn das alles stimmt, dann ist auch mein jetziger Lebensaugenblick radikal verändert.* Dann ist mein Sterben nicht mehr bloß ein Abschiednehmen, sondern ein Heimgehen. Dann sind Terror und Krieg, Flugzeugabstürze und Grubenkatastrophen, Ehekrisen und Krankenhausaufenthalte nicht mehr bloß seelenlos gesetzmäßige Abläufe der Materie, sondern dann sind die Heimsuchungen Nach-Hause-Suchungen; dann ist jemand da, von dessen Herzen es kommt und auf dessen Herz es zugelenkt wird.

Nicht, als ob wir Gottes Gedanken dabei *verstünden* – wie oft bleiben sie uns dunkel und rätselhaft, wie oft erscheinen sie unserm menschlichen Blick der Sphinx des Schicksals zum Verwechseln ähnlich! –, aber wir vertrauen dem, der sie denkt. Wir vertrauen ihm, weil wir Jesus Christus kennen.

Niemand hat diese Verwandlung des Augenblicks und seiner Schrecken tiefer zum Ausdruck gebracht als der johanneische Christus selbst (Johannes 16,20f.): »Ihr werdet weinen und heulen ..., ihr werdet traurig sein. Aber eure Traurigkeit soll in Freude verwandelt werden: Wenn eine Frau gebiert, dann ist sie bedrängt; denn ihre schwere Stunde ist gekommen. Sobald aber das Kind zur Welt gebracht ist, ist die Angst über der Freude vergessen, denn ein Mensch wurde der Welt gegeben!«

So also sehen wir das Leben nun an, wenn der Menschensohn wiederkommen und der Welt aufs neue – und dann öffentlich und in Herrlichkeit – gegeben wird: Dann werden unsere Schmerzen zu Geburtswehen. Und die sind eben anders als Zahn- und Bandscheibenschmerzen, bei denen ich mich ärgerlich oder verzweifelt frage, warum *mich* das denn ausgerechnet erwischen mußte. Die Geburtswehen lassen es freilich zu der »schweren Stunde« kommen, aber sie sind von Vorfreude und Erwartung erfüllt auf den großen Augenblick, der bevorsteht. Das legt dann über die schwere Stunde selbst schon den Schimmer des Advents. An den Knotenpunkten der Heilsgeschichte stehen deshalb immer mütterliche Bilder: die Jungfrau Maria im Stall zu Bethlehem bei der ersten Ankunft des Herrn und das Bild der werdenden, von Wehen geschüttelten Mutter als Gleichnis der Menschen des Glaubens, für die alle Schmerzen, alle Bedrängnisse geheimnisvoll verändert und geheiligt sind dadurch, daß sie auf eine große Erfüllung drängen: Der Herr ist im Kommen; der Zeiger rückt ein Stück näher auf zwölf.

[X,131–133]

Der Herr ist nahe

Im Alten Testament hat Gott seinen Namen kundgetan: Jahwe, das heißt »ich bin, der ich sein werde; ich werde sein, der ich bin«. Das ist der äußerste Appell an den Glauben, den wir – die Tiefe dieser Bezeichnung auslotend – zu denken vermögen. Denn Gott gibt darin nicht so etwas wie ein Programm der Weltgeschichte kund, er enthüllt darin nicht eine kosmische Strategie, sondern er gibt zu verstehen, daß wir wie ein Kind ins Dunkle laufen, daß es durch Schluchten und Abgründe, durch Abenteuer und endlose Ketten von Unvorhergesehenem geht. Zugleich aber gilt uns die Zusage, daß *er* in all dem Ungewissen der Gewisse bleiben will und daß wir auch dann, wenn wir nichts mehr haben, wissen dürfen, was wir an *ihm* haben. Denn er wird »derselbe« bleiben. Wenn *unsere* Liebe erkaltet, wird er weiter in Liebe zu *uns* entbrennen. Wenn *wir* an ihm irre werden, hält *er* uns fest. »Er ist, der er sein wird.« Darum wissen wir, daß er einmal auch alles in allem sein wird und daß das, was wir jetzt nur im Spiegel sehen und wonach unser Glaube wie durch eine Nebelwand greifen muß, einmal in Unmittelbarkeit vor uns stehen wird – *daß also Jesus Christus wiederkommt.* Es ist noch nicht erschienen, was wir sein werden. Aber dann wird es erscheinen. So ist in unserm Glauben ein Drängen und Ziehen nach vorne. Wir stehen vor Türen, die sich noch auftun werden.

Wie albern ist darum die Frage, ob »man« noch Christ sein könne, oder die andere, ob denn das alte Buch den heutigen Menschen »noch« etwas sage. Die Menschen der Bibel sind nie solche zurückblickenden Menschen, sie sind vielmehr an der Zukunft orientiert, an dem, was auf sie »zukommt«. Sie haben die Hand an den Pflug gelegt und blicken auf einen Horizont, an dem das Ende der Dämmerung sich ankündigt und die Morgenröte aufschimmert. Das Losungswort ist nicht das reaktionäre, immer nur zurückblickende »Noch«, sondern das Wörtchen »schon«: schon ist der Teufel vom Himmel gefallen wie ein Blitz, schon ist das

Reich mitten unter euch, wo Jesus Christus ist. Deshalb heißt es angesichts von Terror, Verfolgung und Katastrophen auch nicht: duckt euch, geht in Deckung! Sondern hier wird das schwingentragende Wort gesprochen: »Erhebet eure Häupter darum, daß sich eure Erlösung naht.« Je dunkler es wird, um so näher ist der Tag, um so dichter ist Gott mit seinen Überraschungen bei euch. Was dem Gottlosen zu einer Bestätigung des »Todes Gottes« werden muß und die Nacht seines Lebens mit noch größerer Düsternis erfüllt, das wird *euch* zur Bestätigung, daß der Herr nahe ist und daß er euch von der andern Seite entgegenkommt.

[X,135f]

Warten

Ich warte darauf, daß die Post mir morgen endlich einen Brief bringt, von dem viel für mich abhängt. Ich warte auf das Ergebnis einer ärztlichen Untersuchung. Ich warte darauf, wie es im Nahen und Fernen Osten weitergeht. Ich warte auf das Stelldichein heute abend. Aber auf den Herrn, dessen Kommen ich mir nicht vorstellen kann? Hat dieses Warten, dieses Beharren bis ans Ende denn in meinem Leben einen realen Ort? Wie vollzieht es sich denn?

Doch – dieses Warten *hat* einen Ort in meinem Leben. Es vollzieht sich gewiß nicht so, daß ich zum Fenster hinausblicke, ob sich mit dem Zeichen des Menschensohnes etwas tut und der Horizont zu flammen beginnt. Wer auf die Zukunft des Herrn wartet, muß ihn in seiner *Gegenwart* in Anspruch nehmen. Indem er das aber tut, merkt er, daß diese Gegenwart einen Ausgang nach vorne hat, daß sie über sich hinausweist und auf Erfüllungen drängt, die noch kommen.

Was aber *ist* diese Gegenwart des Herrn, wo *habe* ich ihn denn?

Ich habe ihn in meinem Nächsten. Dieser Nächste ist hungrig und fragt uns, ob wir ihm etwas mitgeben (Matthäus 25,35); er ist ein Vertriebener und fragt uns, ob wir ihn aufnehmen; er ist krank und fragt uns, ob wir ihn besuchen; er ist gefangen und fragt, ob wir zu ihm kommen. Und in dem allem ist der Herr selbst da – er, der zugleich dort ist, wo am Ende keine Gefangenen mehr sind und kein Leid und Geschrei und auch der Tod nicht mehr ist, wo die Tränen von allen Augen getrocknet sind. Hier, in unserm Nächsten, haben wir ihn, und indem wir ihn *da* haben und halten, kann es ein »Beharren bis ans Ende« geben und können wir nie ganz am Boden liegen und hoffnungslos sein.

Ein großer Teil unserer Verzagtheit rührt nicht daher, daß wir nicht fromm genug wären und daß wir zuwenig an ihn dächten und uns nicht genug im Warten übten. Sondern er rührt daher, daß wir uns ständig um uns selber drehen, daß wir uns so wahnsinnig wichtig nehmen. Dann wird nämlich alles verkehrt in unserm Leben: Unsere Sorgen blasen sich zu riesenhaften Schreckgebilden auf; unsere kleinen Eitelkeiten spielen eine ungebührliche Rolle, und wenn sie dann enttäuscht werden, kommt es zu immer neuem Seelenfraß. »Wir spinnen Luftgespinste und kommen weiter von dem Ziel.« Der meiste Jammer kommt ja gar nicht daher, daß es objektiv jammervoll um uns bestellt wäre, sondern daß wir uns einen *falschen* Jammer und ein *falsches* Glück einbilden, daß wir uns eben um uns selbst drehen. Daher kommen auch die meisten Neurosen.

In seinem schönen Buch »Hinter dem Walde« erzählt Gerhard Nebel von einer Schwester, die ganz in ihrem Dienst aufgeht und vom Glück der Playboys und Playgirls nichts weiß und es auch nicht sucht, die aber in der Kargheit ihres einfachen Lebens randvoll Glücks ist und es weiterstrahlt auf die, die sie pflegt. Er sagt dann: »Die Selbstaufopferung ist das einzig wirksame Mittel gegen Neurosen und Depressionen.« Weder der Spielsaal von Monte Carlo noch das verhätschelte Schoßhündchen noch die Cocktailparty sind das Mittel, sondern eben die Selbstaufopferung. Denn es ist der Herr, dem wir in diesem Nächsten begegnen. Wenn wir ihn *hier* halten, dann hält er uns. Wenn wir *hier* im Dienst sind, dann bleiben die Lenden umgürtet, und unsere Lampen brennen. Wer *hier* seine Gegenwart in Anspruch nimmt, der lernt seinen Reichtum, seine Unerschöpflichkeit kennen, der erwartet immer noch *mehr,* je länger er glaubt, der wird geradezu unersättlich in seiner Hoffnung. Und je größer die Erfüllungen sind, denen er entgegensieht, um so weniger wichtig nimmt er sich selbst, um so stärker verändert sich das Verhältnis von groß und klein, wichtig und nichtig – jenes Verhältnis, dessen Verzerrung die Neurosen und Verworrenheiten in meinem Leben hervorbringen konnte.

So überblickt Jesus Christus, der den Seinen diese letzten Dinge enthüllt, den Horizont der Geschichte von ihrem Beginn bis zum Ende. Er sieht den Abend des Tages, den Abend des Lebens, den Abend der Welt. Und er sagt das in dem verzehrenden Wunsch seiner Liebe: »Ach, daß du doch erkenntest zu dieser deiner Zeit, was zu deinem Frieden dient!« *[X,140–142]*

Silvesternacht

Dadurch, daß unsere Uhren rund sind, daß der Zeiger auf ihnen kreist und stets wieder an seinen Ausgangspunkt zurückkehrt, entsteht in uns die Illusion, als ob sich im Leben alles wiederholte und als ob wir immer wieder neu anfangen könnten.

In der letzten Nacht des Jahres aber begegnen wir der Zeit anders: Da bewegt sie sich auf einmal nicht mehr im Kreise, sondern geradeaus. Es gibt keine runden Jahresuhren, die nach 365 Tagen wieder neu bei der Ziffer »Zwölf« anfingen. Einen derartigen Jahreszeitmesser müßten wir uns ganz anders vorstellen: als eine gerade Linie nämlich, auf der jedes durchlebte Jahr als ein kleiner Abschnitt zu markieren wäre. Und auf dieser Zeitlinie kriechen wir während unseres Lebens entlang. Wir lassen einen Abschnitt nach dem anderen hinter uns. Der Zeiger kehrt nie wieder dahin zurück. Wir können die Entscheidungen, die wir einmal gefällt haben, nie wieder rückgängig machen.

Wir haben im abgelaufenen Zeitabschnitt vielleicht einen bestimmten Beruf ergriffen, wir haben geheiratet oder uns scheiden lassen, wir haben eine Freundschaft geschlossen oder uns an einem Menschen schuldig gemacht: Das alles ist nun zu unserem Schicksal geworden. Wir würden es vielleicht anders machen, wenn wir noch einmal in dieselbe Situation kämen. Doch »was vergangen, kehrt nicht wieder«. Wir müssen nun das »Gepäck unserer Vergangenheit« (Anouilh) weiterschleppen.

Die Zeitlinie, von der ich sprach, gleicht einem langen Korridor mit vielen Türen. Jahr für Jahr öffnen wir eine neue. Aber an der Rückseite hat sie keine Klinke. Wir können nicht mehr zurück und neu beginnen, wie das der Uhrzeiger tut. Und eines Tages – wir wissen nicht, wann und wo – ist der Korridor zu Ende, unwiderruflich. Die Kreislinie unserer Zifferblätter dagegen hört nie auf. Darum wiegen sie uns eben in der Illusion, als ob es immer so weiterginge. Die alten Sanduhren waren da gleichnisstärker.

In der Neujahrsnacht spüren wir, daß es eben *nicht* immer so weitergeht, sondern daß jeder Augenblick unseres Lebens einmalig ist und nicht wiederkehrt, daß unsere Zeit weiterläuft und auch einmal ausläuft. Wir spüren, daß wir »endlich« sind.

Ich verstehe deshalb die Menschen sehr gut, die in der Nacht der Jahreswende einen Gottesdienst besuchen, die ein Wort der Ewigkeit hören möchten und die es drängt zu beten. Es wäre dumm, zu meinen, daß diese Leute Pessimisten seien und Trübsal bliesen, während die Leute mit den Knallfröschen und Sektpfropfen das Leben bejahten. Auch die Menschen, die es zur Besinnung treibt, suchen die Freude, nur suchen sie sie in anderer Richtung oder wenigstens nicht *nur* bei Knall- und anderen Orgien. Sie wissen, daß unsere Endlichkeit nicht mehr angsterregend ist, wenn wir bei dem Herrn der Zeit geborgen, wenn wir mit ihm in Frieden sind. Was hinter mir liegt und was ich falsch gemacht habe, darf mich nicht mehr von ihm scheiden; das bringt er in Ordnung. Was ich vor mir habe – die neuen dreihundertfünfundsechzig Tage –, nehme ich aus seiner Hand entgegen. Und es darf mich nichts treffen, was nicht seine Zensur passiert hat und mir zum besten dienen muß.

Auch wenn der letzte Schlagbaum kommt, wird er mich erwarten.

Aus diesem Einklang mit dem Herrn der Zeit kommt eine Freude, die nicht mehr auf Verdrängung beruht. Die Jahreswende sollte für uns eine rote Ampel sein, die uns einen Augenblick anhalten und innehalten und dann die Frage stellen läßt, wohin wir fahren.

[V,173–176]

Der große Sabbat

Ich stelle mir manchmal vor, was mit mir los sein wird, wenn ich nicht mehr arbeiten kann: vielleicht, wenn das Alter kommt und wenn Hand und Auge müde geworden sind; oder auch in einer langen Frist sonstiger erzwungener Ruhe. Niemand von uns weiß ja, was uns noch bevorsteht und welche unerwarteten Seiten im Buch unseres Lebens von höherer Hand aufgeblättert werden.

Werde ich dann aus meiner Arbeit und aus meinem Umtrieb aufwachen wie aus einer Narkose und mich nicht zurechtfinden? Werde ich nichts mit mir anzufangen wissen und dann stöhnen, daß mein Leben keinen Sinn und keinen Inhalt mehr habe? Wie leer ist das Leben für viele alte Menschen, sobald sie zur Ruhe gesetzt sind!

Oder werde ich dann die hohe und heilige Hand erkennen, die alles, was ich werkte und schuf, mit einer erhabenen Bewegung hinwegwischt, und werde ich jetzt die Stimme hören: Wes wird sein, das du bereitet hast?

Dann wird das Geld, das ich vielleicht verdiente, von Motten und Rost zerfressen sein; und der berufliche Erfolg, der mir möglicherweise beschieden war, versinkt im wesenlosen Schein. Dann werden ganz andere Fragen lebendig werden: Gibt es in deinem Leben Schätze, die wertbeständig sind, die dir nicht wie Sand durch die Finger rieseln, sondern die in Ewigkeit bleiben? Hast du geglaubt, gehofft und geliebt? Hast du gelernt, auch wenn dich die größte Einsamkeit umgab, von Gott her etwas zu hören und ihm zu antworten und also in Vorfreude darauf zu leben – Kierkegaard hat das auf seinen Grabstein meißeln lassen –, »ewig, ewiglich mit Jesus zu sprechen«? Wem unter deinen Nächsten hast du geholfen? Wem hast du ein gutes Wort mitgegeben, als er trostlos war? Wem hast du Brunnen in der Wüste gegraben, wem hast du durch deine Liebe geholfen, und wer kann nun in Ewigkeit für dich zeugen?

Es kommt die Stunde, da nur *solche* Fragen noch etwas gelten, weil wir dann mit Gott sind und weil alles, was mit Arbeit, Leistung und Erfolg zu tun hatte, weit, unendlich weit zurückliegt und schon gar nicht mehr wirklich gilt.

Jetzt verstehen wir vielleicht, daß Gott unsere Arbeit nicht nur heiligt und uns den Segen für unseren Beruf versprochen hat, sondern daß auch ein Gericht über dies alles gelegt ist. Der Tod, die Schmerzen der Geburt und die Zweideutigkeit unseres Lebenswerkes: in alledem ist ein Gericht und eine heimliche Gnade, mit alledem will Gott mich auf das eigentliche Thema meines Lebens stoßen.

Was nützt selbst der spannendste Roman eines Lebens, ja, was hilft es, wenn mein Leben im Sekundären erfolgreich war und wenn die Menschen einmal Wagenladungen von Kränzen auf meinen Sarg häufen, was hilft das alles, wenn eine höhere Hand an den Rand dieses Lebens schreibt: Du hast dich im Thema vergriffen und hast die Pointe verfehlt. Ich habe dir in Gerichten und Verheißungen Signale über Signale zugewinkt. Du aber sahst nicht und hörtest nicht. Du sahst nur deine Scheunen, die du füllen wolltest, und nicht das Vaterhaus, vor dem du eines Tages stehen würdest. Du tatest so, als ob du ewig leben würdest – so, wie Adam das wollte – und als ob es keine Ewigkeit gäbe, an deren Strand deine Fahrt einmal endet.

Jedoch nicht nur unser persönliches Leben, »meine Lebenszeit« also, endet an diesem Strand – auch die *Geschichte* geht auf ihren letzten Tag zu. Ihre Unruhe und Qual, ihr Ruhm und ihre Schmach, ihr Kriegsgetümmel und ihre Friedenszeiten gehen einmal in den großen Sabbat ein, in dem das Schweigen der Ewigkeit das laute Geschrei, das Geklirr der Waffen und die Sirenen der Katastrophen ablöst und umfängt.

[XI,114–116]

Unser Name

Jesus sagt seinen Jüngern zwar, daß *er* es gewesen sei, der ihnen die Macht über Schlangen, Skorpione und die Geister der Besessenheit verliehen habe, fügt aber sofort hinzu: »*Darüber* freut euch *nicht*!« Das will sagen: Freut euch nicht darüber, daß und wie ihr bewahrt worden seid, sondern freut euch über den letzten *Grund* eurer Bewahrung, daß nämlich »eure Namen im Himmel angeschrieben sind« (Lukas 10,20).

Was ist mit den Namen der Großen dieser Welt geschehen, die in Stein eingemeißelt sind? Sie sind verwittert. Im besten Fall bleiben sie in der Erinnerung erhalten; aber als *vergangene* Namen; sie bezeichnen keine leibhaftige Gegenwart mehr. Wo Jesus Christus uns aber bei unserem Namen gerufen hat, da ist dieser Name in der Nähe Gottes deponiert, in einem Raum, zu dem niemand Zutritt hat und in dem niemand diesen Namen verwischen oder ausradieren darf. Hier steht er ein für allemal als ein lebendiger Name, als der Name von jemandem, der in Ewigkeit am Leben seines Herrn teilnimmt (1. Thessalonicher 5,10).

Was wir von uns aus tun und wirken können, ist ein wirres Gemisch aus Gold, Silber, edlen Steinen, Holz und Stroh. Wieviel Fragwürdiges gibt es in unserem Leben! Am Tag des Gerichts wird das Feuer Klarheit schaffen – und was wird da alles wie Zunder verbrennen? (1. Korinther 3,11). Mag es denn sein – wir selbst aber werden gerettet werden wie durch das Feuer hindurch (3,15). Unser Name wird bleiben. Dieses Buch ist feuersicher untergebracht.

Selbst unser Glaube ist wankelmütig. Wir können uns nicht auf ihn verlassen. Wir können nicht an unseren Glauben glauben. Eben war er noch stark und himmelhoch jauchzend; heute ist er matt und kleinmütig. Er bringt kaum noch ein Gebet zustande, und allerhand Zweifel nagen an ihm. Ich weiß nicht, *ob* ich glaube; aber ich weiß, an *wen* ich glaube.

So mag unser Glaube zwar ohnmächtig und fast tot sein. Wir selbst aber leben im Gedächtnis Gottes. Wir sind ja teuer erkauft. Der Name bleibt geschrieben. Nirgends wird uns gesagt, daß Gott dauernd mit Ausradieren und Neuschreiben beschäftigt wäre. Auch von ihm gilt: Was er geschrieben hat, das hat er geschrieben. Wen er angenommen hat, der bleibt bei ihm. Unser bleibender Wert, dessen Gedächtnis er in seinem Herzen trägt, besteht nicht in unseren Funktionen und Verdiensten, sondern darin, daß wir die »Gesellen« Jesu sind (wie es im Lied Paul Gerhardts heißt).

[XII,234f]

Ewige Gemeinschaft

Unser Leben läuft ab auf einer gerichteten Zeitstrecke, die durch Geburt und Tod begrenzt ist. Gerade deshalb stimmt eben das Bild vom Rhythmus der Jahreszeiten nicht. Denn dieser Rhythmus wiederholt sich ja stets aufs neue. Er verläuft zyklisch, und die Kreislinie kehrt immer wieder in sich selbst zurück.

Mit unserem Leben aber ist es doch ganz anders. Hier kehrt nichts zurück, was wir einmal durchlebten, und auch wir selbst kehren nicht zurück, wenn der Schlußpunkt einmal erreicht ist. So können wir nicht zurück und können nichts revidieren, was wir getan oder auch versäumt haben. Darum schleppen wir unsere Vergangenheit immer mit. Darum halten wir unseren Schuldschein in Händen und müssen mit ihm immer weiter, und neue Zettel gesellen sich dazu. Das ist auch der Grund dafür, warum die »Bewältigung der Vergangenheit« zum Problem wird, und zwar zu einem Problem, das im Grunde unlösbar bleibt.

Hier wird dann plötzlich das Thema Jesus Christus aktuell. Denn Jesus ist nicht nur deshalb der Todüberwinder, weil er uns über die Todesgrenze hinüberhilft und danach ewiges Leben eröffnet, weil *er* nicht von uns scheiden wird, wenn wir einmal scheiden müssen. Sondern Christus ist der Todüberwinder schon dadurch, daß er die Fessel löst, mit der wir an unsere Vergangenheit gekettet sind. Wenn er zu mir sagt: »Dir sind deine Sünden vergeben«, dann ist alles getilgt, was in meinem Leben, was in allem, was ich *hinter* mir habe, unbewältigt ist. Dann gehört es nicht mehr zu mir. Dann gibt es auf einmal einen Augenblick, in dem ich sagen kann: Nun darf ich meinen Weg noch einmal neu beginnen; denn nun hat sich *der* zu mir bekannt und mich bei der Hand genommen, über den der Tod keine Macht hat und der »meinen nichtigen Leib verklären wird, daß er ähnlich werde seinem verklärten Leibe«. Nun kann ich gelassen und unbeirrt meinen gegenwärtigen Lebensaugenblick auskosten. Ich brauche mich nicht mehr belastet zu fühlen von dem, was ich hinter mir habe: von den falschen Weichen, die ich gestellt habe, von dem, was ich schuldig *geblieben* und worin ich schuldig *geworden* bin, von allem, was ich nicht fertiggebracht habe und was unbewältigt geblieben ist. Einer ist da, der es mit seiner gebietenden Hand hinweggewiesen hat und mir nun sagt: Es darf dich nicht mehr von mir trennen; ich habe diese deine Last auf *meinen* Rücken geladen. Gerade weil ich so *unter* dir und *für* dich gelitten habe, darum bist du mir teuer und darum habe ich dich lieb.

Wie er mir so die Last der Vergangenheit abnimmt, so auch die der *Zukunft:* Sicher ertappe ich mich auch jetzt noch dabei, daß ich mich sorgend und bangend in diese meine Zukunft verbohre: Ich frage mich, was aus mir und meinen Kindern werden wird, was meinem Volk bevorsteht und ob es nicht innerlich vor die Hunde gehen wird. Es kommen wahrhaftig noch Gespenster genug von der Zukunft her auf mich zugekrochen und greifen nach mir. Das letzte Gespenst ist der Tod selbst. Aber wenn der sich zu mir bekennt, an den der Tod seine Macht verlor, dann weiß ich, daß mich nichts treffen darf, was nicht seine Zensurstelle passiert hat und von ihm für gut befunden wurde. Je mehr Sorgen mich quälen, um so mehr habe ich auch, was ich »auf ihn werfen« kann (»Alle eure Sorge werfet auf ihn ...«). Und alles, womit ich so auf ihn ziele, das verbindet mich ihm mehr und mehr und gibt ihm die Möglichkeit, sich immer neu als Sieger zu bewähren und der Herr meines Lebens zu werden.

So verwandelt er alles, was ich seiner Hand anvertraue. Und schließlich verwandelt er sogar den Tod. Ich brauche nicht mehr künstlich jung zu bleiben und Vergangenes krampfhaft festzuhalten. Ich kann jetzt getrost alt werden. Denn nun weiß ich, daß er für jeden Augenblick, nicht nur für das Kind, sondern auch für den Greis, seine Überraschungen und Gaben bereithält. Und wenn Tod und Endlichkeit vorher nur als schmerzliches Abschiednehmen und als Verlust, wenn sie nur als Negativum erschienen, so werden sie jetzt Gewinn und Heimkehr. Denn ich weiß nun, *wer* mich auf der anderen Seite erwartet und zu ewiger Gemeinschaft mit sich beruft.

[II, 174–176]

Weltüberwindung

Von den Wänden dieser vergehenden Welt hallt das Christenlachen wider, weil wir um die Überwindung wissen und darum, daß der Schlange der Kopf zertreten ist. In Johann Francks Lied »Jesu, meine Freude« (1650) wird jenes Lachen hörbar, das das Bersten des Weltgerüstes übertönt. Es erklingt aus dem Windschatten heraus, in dem sich die Singenden geborgen wissen und von dem her sie ihr Lied in den Sturm hinaus schmettern. Darum *beten* sie nicht nur wider den »altbösen Feind«, sondern sie können auch über ihn lachen – wie im Ostergelächter, wie beim Anblick der Schlangenhaut, die von dem gefährlichen Reptil allein noch übriggeblieben ist.

Trotz dem alten Drachen,
trotz dem Todesrachen,
trotz der Furcht dazu!
Tobe Welt und springe;
ich steh hier und singe,
in gar sichrer Ruh.
Gottes Macht hält mich in acht,
Erd und Abgrund muß verstummen,
ob sie noch so brummen.

Gegen Ende des Zweiten Weltkrieges hielt ich in einer Dorfkirche nahe bei Stuttgart die Sonntagspredigt. Während ich so schön im Schwung war, erhob sich plötzlich, ohne daß Fliegeralarm gegeben worden wäre, ein schauerliches Heulen von Flugzeugmotoren, dazu Maschinengewehrgeknatter und das Krachen der Flak. Bei Alarm schickte man die Gemeinde schleunigst nach Hause, aber das ging nun nicht mehr. Wir waren schon mitten im Schlamassel. Ich pflegte für Notfälle mit dem Organisten ein Lied zu verabreden, das beim Hinausgehen gesungen werden und die Menschen beruhigen sollte. Zu dieser geistlichen Waffe griff ich auch jetzt und brüllte durch den Höllenlärm hindurch: »Alle legen sich auf den Boden! Wir singen ›Jesu, meine Freude‹«, was die braven Leute denn auch genauso machten. (Damals wurde mir übrigens klar, daß der Choral keine fromme Lyrik, sondern ein Kampfgesang in den Wettern und die Rühmung dessen ist, der über den Wettern steht.)

Als ich die Gemeinde, die ich gar nicht mehr sah, so aus der Tiefe der Kirchenbänke heraus singen hörte, während es um uns krachte und wetterte, mußte ich lauthals lachen, obwohl die Situation kitzlig war und ich obendrein auf einer Kanzel stand, wo man so etwas nicht zu tun pflegt. Aber der – trotz der beengten Lage der Singenden – immer noch triumphale Choral schaffte wohl eine Entrückung und eine Distanz, die dieses Lachen auf der Kanzel möglich machten. Und ich denke, daß auch hier der liebe Gott das, was ich so gröblich tat, mit einem sehr feinen Lächeln begleitet hat, wie es dem hohen himmlischen Herrn gebührt.

[VII,178–180]

Auferstehung des Fleisches

Als einer meiner liebsten Studenten im Sterben lag, blieb ich in den letzten Nächten bei ihm in seinem Klinikzimmer. Er mußte durch schreckliche körperliche Qualen und Atemnot und griff immer wieder verzweifelt nach meiner Hand. Plötzlich bimmelte die Sechs-Uhr-Morgenglocke einer katholischen Kapelle in der Nähe. Da strahlte er auf und sagte: »Hörst du die Osterglocken? Jetzt ruft er mich, siehst du, jetzt stehe ich auf.« Das kümmerliche Glöckchen, das nur einen normalen Erdentag einläutete, wurde ihm in seiner letzten Not zum Signal des Osterfürsten, dem er im Leben vertraut hatte und der ihn nun dem finsteren Tal der Todesangst entriß.

Als der Herr dieses Wunder tat, ihn die Osterglocken hören zu lassen (wo doch nur ein alltägliches Gebimmel war), als er so wieder einmal Wasser in Wein verwandelte und aus kümmerlichen Brotlaiben wunderbare Sättigung wirkte, da wußte der Sterbende, daß er auch *seinen* qualgeschüttelten und nichtigen Leib verklären und in gewandelter Gestalt ewig bei sich halten würde. Und er *war* schon hinübergezogen in dieses ganz Andere, träumend und aller Erdennot entronnen, und grüßte mich schon von der andern Seite wie einen, den er in der Todeswelt zurückließ und dem er zuwinkte im Namen des gleichen Herrn, der die Lebendigen und die Toten empfängt. »Leben wir, so leben wir dem *Herrn,* sterben wir, so sterben wir dem *Herrn* ...«.

In dieser Stunde habe ich begriffen, was Auferstehung des Fleisches heißt. Ein Schimmer der Verklärung glitt schon über diese schmerzentstellten Züge. Und es war mit Händen zu greifen, daß nicht »Freund Hein« um das Haus schlich, sondern daß der Auferstandene auf dem Plane war und seinen getreuen Knecht träumend hinübergeleitete.

[II,313]

Wo sind unsere Toten?

Was geschieht mit den Menschen, die wir geliebt haben, wenn sie die Augen schließen? Was wird einmal mit *uns* geschehen? Versinken wir dann in eine dunkle Nacht, bis die Posaunen des Jüngsten Gerichts uns aus den Gräbern rufen?

Luther hat gelegentlich gesagt, wir sollten unsere Gedanken nicht in den Zonen solcher unlösbaren Fragen herumvagabundieren lassen. Es sei ganz einfach so: Die Toten seien aus dieser Zeitlichkeit abgerufen, während für uns die Zeit noch weiterlaufe. Darum könnten wir uns den Zustand des Totseins nicht vorstellen. Es sei damit ähnlich wie beim Schlaf: Auch der Traum hält sich ja nicht an die normalen zeitlichen Abläufe. Vielleicht erwachen wir nach langem Schlaf und wissen nichts von der Zeit, die inzwischen verronnen ist. So sei es auch mit dem Schlaf der Toten, der am Jüngsten Tage endet: Wenn wir auferweckt werden, ist dieses Zwischenstadium in einem Nu vergangen, und wenn unsere Gräber dereinst gesprengt werden von der letzten Posaune, dann meinen wir, daß wir eben erst eingeschlafen seien. Nur den Zurückbleibenden, die weiter an die Zeitlichkeit verhaftet blieben, erscheine das als ein langgestrecktes Zwischenstadium.

So verblüffend einfach hier alles aufzugehen scheint und der Zustand nach dem Tode dann gar kein Problem mehr ist, so wenig will uns diese Lösung befriedigen. Wir möchten trotz allem mit dem Liede sagen: »Was die lange Todesnacht mir auch für Gedanken macht …« Sie *macht* uns eben Gedanken: Sind unsere Toten allein in dieser Nacht, oder sind sie in der Herrlichkeit? Als einer meiner liebsten Studenten im Kriege fiel, hörte ich seinen Vater beten: »Wenn es möglich ist, so grüße ihn.« Ich habe dieses Gebet nicht vergessen. In ihm war in aller Kindlichkeit, ganz ohne Neugier und in innigem Glauben die Frage enthalten, wo der Vater seinen Jungen suchen solle.

Es ist bemerkenswert und gibt zu denken, daß die Bibel kaum

über diesen Zustand der Toten spricht. Sie wird dafür wohl ihre Gründe haben. In der Regel spricht sie nur von dem, was uns unmittelbar angeht. Sogar die sorgende Frage nach dem »anderen Tag« kann uns ja verboten sein; wieviel mehr die Frage nach dem Übermorgen der Todesnacht! Alles konzentriert sich darauf, daß *jetzt* die angenehme Zeit sei; alles geht um den gegenwärtigen Augenblick: »Heute, so ihr seine Stimme höret, verstocket eure Herzen nicht!«

Als der Vater des großen Theologen Adolf Schlatter im Sterben lag, standen fromme Stundenbrüder um sein Lager und suchten ihn rührend und erbaulich zu trösten: »Bald wirst du in Zions goldenen Hallen sein und auf das kristallene Meer blicken, bald wird dich der Glanz am Throne des Lammes umhüllen.« Und so redeten sie und ließen ihre fromme, aus ehrwürdigen Bildern der Bibel genährte Phantasie spielen. Da richtete sich der Sterbende noch einmal auf und fuhr sie an: »Laßt mich in Frieden mit dem Quark! Ich wünsche nur am Halse des Vaters zu hängen.« Bloß dieses *eine* Bild, wie der Vater den verlorenen Sohn empfängt, wollte er gelten lassen.

Damit hat der Sterbende in der Tat auf den wesentlichen Blickpunkt verwiesen. Er wollte nichts wissen von einem himmlischen »Milieu«, von Kulissen des Jenseits und von Zions Gassen, sondern es ging ihm darum, daß er beim Vater geborgen sein und an der Stätte Frieden finden würde, die ihm sein Herr und Heiland bereitet hatte.

Genau das ist die Art des Fragens und Betrachtens, die die Bibel uns einüben will: Es geht nur und allein um die Gewißheit, daß die Gemeinschaft, die wir mit Jesus Christus haben dürfen, durch niemanden und nichts, auch durch den Tod nicht, unterbrochen werden darf. Und man muß einmal die Worte großer Gewißheit an sich vorüberziehen lassen, die die gewaltige Sprache der Bibel hier auszusagen weiß: daß weder Tod noch Leben mich von der Liebe scheiden dürfen, die sich mir ein für allemal verbunden hat; daß wir im Leben und im Sterben des Herrn sind; daß wir einen Bau im Himmel haben, wenn die Hütte unseres Erdenleibes zerfällt.

»Lässet auch ein Haupt sein Glied, welches es nicht nach sich zieht?«, so heißt es in dem Triumphgesang der Christen wider den Tod.

Immer ist es der *eine* Trostgedanke, der ständig wiederkehrt: Die Treue Gottes, mit der er uns umfängt und an sich zieht, hört auf keinen Fall auf. Es gibt keinen Augenblick, *auch* nicht den des Todes, in dem sie unterbrochen werden könnte.

Unsere Unsterblichkeit liegt also nicht in uns selbst. Sie besteht nicht in der Unzerstörbarkeit eines Seelenfunkens, dem Tod und Verwesung nichts anhaben könnten – das alles wären nur Träume, durch die wir die harte Wirklichkeit des Todes verdrängten –, sondern unsere Unsterblichkeit und unsere Immunität, unsere Unverletzlichkeit gegenüber dem letzten Feinde besteht *nur in dieser Treue,* die uns nicht fallen läßt. »Mit wem Gott einmal begonnen hat zu reden, es sei im Zorn oder in der Gnade«, so kann Luther sagen, »der ist fürwahr unsterblich«, der bleibt also für immer Teilhaber dieser Geschichte; mit dem redet Gott weiter in alle Ewigkeit. Was wir im Glauben schon jetzt erfahren und geschenkt bekommen – diese Gemeinschaft mit Gott –, bleibt auch unser Erbteil, wenn die Todesnacht kommt. Das bleibt uns treu. Seine Hand reckt sich auch in *diesen* Abgrund. Und zwischen mir und jeder Finsternis wird Jesus Christus stehen.

Nur so kann die Frage nach der langen Todesnacht in einem höheren Sinne »uninteressant« werden. *Die Frage lautet nun nicht mehr, was mit mir los sein wird, sondern sie lautet, wer bei mir bleibt und mich als sein Eigentum festhält.*

[II,177–179]

Nur eine Lache

Gorch Fock, der Seemann des Ersten Weltkrieges, hat einmal nach Hause geschrieben: »Wenn Ihr hören solltet, ich sei gefallen, so weinet nicht. Denkt daran, daß auch der Ozean, in dem mein Leib sterbend versinkt, nur eine Lache ist in der Hand meines Heilandes.« Gorch Fock wußte, daß Sterben und Kummer nicht aufhören für die, die einen Heiland haben. Der Glaube dispensiert uns keineswegs von Schmerzen und Ängsten, die allem verordnet sind, was menschlich ist. Und wir Christen haben nicht die Verheißung, daß es uns leichter gemacht würde und daß Gott uns eine sturmfreie Etappe zur Verfügung stellte. Gorch Fock wußte, daß es schrecklich ist, mit einem torpedierten Schiff unterzugehen und von schwarzen, kalten Strudeln erwürgt zu werden. Aber er wußte noch mehr: Er glaubte daran, daß die bedrohenden und erwürgenden Elemente nur eine Lache in der Hand seines Heilandes seien. Und darum mochte er fallen, wohin immer, und mochte versinken wohinunter immer: diese Hand seines Herrn war das Umfangende, war das Bergende schlechthin; und sie umschließt nicht nur den Versinkenden, sondern auch die Elemente selbst, in die er versinkt. Solange er auf diese Hand blickte, konnte es ihm in einem höheren Sinne gleichgültig sein, ob es über die Wellen ging oder ob sie ihn verschlangen.

[I,85f]

Wie die Träumenden

Einer der größten Philosophen unserer Zeit, einer der letzten großen Idealisten, wurde vor seinem Tode von den schrecklichsten Zweifeln heimgesucht: von dem Zweifel an sich selbst, an seiner Weltanschauung und auch an dem, was er als christlichen Glauben verstand und das er nicht völlig preisgeben wollte. Er hatte kurz zuvor das schreckliche Krebssterben seiner Frau erlebt und meinte, auch die Individualität des Menschen werde im Tode zerstört, es gebe nichts, was durch den letzten Zerfall des Organismus hindurchgerissen werde. Er fragte mich (wirklich mit dem Blick eines wunden Tieres): »Was bleibt mir eigentlich, was bleibt überhaupt?« Da sagte ich ihm das Wort von den geistlich Armen, unter die auch die Geistesfürsten eingereiht seien, und von den leeren Händen, die allein gesegnet werden könnten. Ich sagte ihm, wir Menschen können *nicht* sehen, was uns bleibt und was von uns übrigbleibt. Unser menschliches Bild mag zerbrechen und ins Nichts verschwinden. Wir sind geborgen allein bei dem, der an uns denkt und uns durch jene Todesnacht führt, die unser Blick nicht mehr durchdringt. Wir leben alle das Leben dieses Einen mit, den Gott von den Toten erweckte. Wenn das nicht stimmt, ist alles zu Ende.

Aber es *ist* kein Traum, sondern *wir* »werden sein wie die Träumenden«, wenn das, was in seinem menschlichen Leben zeichenhaft aufblitzte, zum ewigen Licht geworden ist, das uns leuchtet. Unser zweifelndes Herz und unsere leeren Hände empfangen schon jetzt die segnende Berührung, die uns zu neuem Leben erweckt und uns die Gewißheit neuer Ufer und eines neuen Tages zuteil werden läßt.

Wieder denke ich an jenen großen, verehrten Mann, dessen Händen alles Eigene entsank und der als »geistlich Armer« dem entgegenging, der ihn in der Todesnacht als sein Heiland erwartete.

[II,200f]

Abschied

Manchmal, wenn wir von einem geliebten Menschen Abschied nehmen, weil er auf eine weite Reise geht – gerade im Kriege war es oft so, wenn ein Soldat an die Front mußte –, dann machen wir wohl miteinander aus, daß wir abends um eine bestimmte Stunde zu einem bestimmten Stern aufsehen, damit unsere Blicke sich im Unendlichen treffen und wir so durch den leuchtenden Punkt im Universum miteinander verbunden bleiben. So ist es auch bei der Verbindung mit unseren Toten. Wir wissen, wer der »Stern« ist, »auf den wir schauen« dürfen, wenn einer von uns seine letzte Reise antritt und aus dieser Zeitlichkeit scheidet. Wir wissen, in welchem Stern sich auch dann unsere Blicke kreuzen. Der eine schaut auf ihn aus *dieser* und der andere aus *jener* Welt. Denn dieser Stern leuchtet ja über beiden, weil Jesus Christus der Herr dieser und der zukünftigen Welt ist und weil er auch über dem »äußersten Meer« noch seine Wache hält.

Abgesehen davon gibt es *keine* Verbindung mit dem Entschlafenen. Doch dürfen wir ihm alles sagen, wozu unser Herz uns treibt: unsere Grüße und unsere bangen Fragen. Selbst unsere törichten Wünsche wird er nicht verschmähen. Und auch unser letzter Seufzer, den kein Mensch mehr versteht, wird an sein Herz dringen und von ihm angenommen werden.

[II,186]

Die letzte Heimkehr

Wer in Ewigkeit geborgen ist, braucht das, was die Zeit bringt, nicht mehr zu fürchten. Wer den Frieden hat, der höher ist als alle Vernunft, braucht keine Angst mehr zu haben vor dem, was seine Vernunft als schreckliche Möglichkeiten der Zukunft zusammenspekuliert und ihm einreden will. Wer sich geliebt weiß, stirbt nicht mehr am Haß der Menschen. Wer dem Fürsten des Lebens anhängt, ist kein Knecht des Todes mehr. Wer um den Lobgesang der Engel weiß, den schreckt das Feldgeschrei der Völker nicht mehr. Wer den kennt, der die Welt überwunden hat, ist den Gespenstern entronnen. Wer der Hand vertraut, die den »Enden der Erde« gebietet, der weiß, daß auch *sein* armes und schuldvolles Leben durch alle Wehen des Sterbens, durch Grab und Todesnacht sicher zum Jüngsten Tag und an des Vaters Thron geleitet wird, wo die Tränen aller Augen getrocknet werden und kein Leid mehr ist und kein Geschrei und wo der Tod nicht mehr sein wird, wo aber sein wird der Lobgesang der Verklärten: Gehe ein zu deines Herrn Freude!

Wenn wir im Namen dieser letzten Heimkehr leben, die uns Jesus Christus bereitet hat, und wenn wir im Namen dieser letzten Heimkehr alles, was uns treffen mag an Schmerz und Freude, als eine Heim-Suchung verstehen und als Bereitung auf diesen Tag – dann kann es nicht anders sein, als daß uns nun jeder Sturm zu diesem Hafen treiben muß und daß uns auch der finsterste Talweg nur vor die Pforte des Vaterhauses führen kann. Das heißt dann: jeden Sturm bestehen können, einfach, weil der uns trägt, der in Ewigkeit bleibt und der das A und O ist.

Er, Jesus Christus, ist der Fels, auf dem ich stehe, die Hand, die nicht läßt, die Ewigkeit, die bleibt, und der Friede, der allen Streit dieser Welt umschließt – so, wie ein Vater die Hand seines fiebernden Kindes umschlossen hält.

[IV,239f]

Sachregister

Quellenverzeichnis

Am Ende jeder ausgewählten Textstelle befinden sich eine römische (Angabe des Bandes) und eine bzw. mehrere arabische Zahlen (Seitenangabe im jeweiligen Band).
Die einzelnen Bände wurden wie folgt numeriert:

I Und wenn Gott wäre …
Reden über die Frage nach Gott
Stuttgart 1980 (Taschenbuchausgabe)

II Woran ich glaube
Der Grund christlicher Gewißheit
Stuttgart 1980 (Taschenbuchausgabe)

III Das Bilderbuch Gottes
Reden über die Gleichnisse Jesu
Stuttgart 1980 (Taschenbuchausgabe)

IV Das Leben kann noch einmal beginnen
Ein Gang durch die Bergpredigt
Stuttgart 1980 (Taschenbuchausgabe)

V Das Schweigen Gottes
Glauben im Ernstfall
Stuttgart 1988 (Taschenbuchausgabe)

VI Das Gebet, das die Welt umspannt
Reden über das Vaterunser aus den Jahren 1944/45
Stuttgart 1980 (Taschenbuchausgabe)

VII Das Lachen der Heiligen und Narren
Nachdenkliches über Witz und Humor
Stuttgart 1988 (Taschenbuchausgabe)

VIII So sah ich Afrika
Tagebuch einer Schiffsreise
Stuttgart 1986 (Taschenbuchausgabe)

IX Vom geistlichen Reden
Begegnung mit Spurgeon
Stuttgart o. J. (Taschenbuchausgabe)

X Auf dem Weg zur Kanzel
Sendschreiben an junge Theologen und ihre älteren Freunde
Stuttgart 1983 (Taschenbuchausgabe)

XI Wie die Welt begann
Der Mensch in der Urgeschichte der Bibel
Stuttgart 1980 (Taschenbuchausgabe)

XII Glauben als Abenteuer
Unsere Lebensfragen im Lichte biblischer Texte
Stuttgart 1980

XIII Vom Schiff aus gesehen
Tagebuch einer Ostasienreise
Stuttgart 1986 (Taschenbuchausgabe)

Lebensstationen Helmut Thielickes

Am 4. **Dezember 1908**
wird Helmut Thielicke in Wuppertal-Barmen geboren

1936	Dozent für Systematische Theologie in Erlangen, Professor in Heidelberg
1940	Gewaltsame Absetzung durch das NS-Regime wegen Zugehörigkeit zur Bekennenden Kirche
1941	Gemeindepfarrer in Ravensburg. Zeitweilig totales Rede- und Reiseverbot
1942–1945	Leiter des Theologischen Amtes der Württembergischen Landeskirche in Stuttgart
1945	Professor in Tübingen
1951	Rektor der Universität Tübingen
1954	Berufung an die Universität Hamburg
1960/61	Rektor der Universität Hamburg
1968	Gründung der »Projektgruppe Glaubensinformation« mit Hinrich C. G. Westphal
1974	Beginn des Ruhestands

Am 5. **März 1986** stirbt Helmut Thielicke in Hamburg

Martin Hauff

Theophil Askani

Prediger und Seelsorger aus Passion

390 Seiten mit zahlreichen Abbildungen

Gebunden mit Schutzumschlag

ISBN 3-7918-1722-1

Große Prediger sind selten geworden. Theophil Askani, der 1982 im Alter von knapp 59 Jahren gestorben ist, war einer von ihnen. Die Zahl derer, die ihn heute noch verehren ist groß. Für sie alle, die eine Vorstellung von einem »guten Hirten« gewinnen wollen, hat Martin Hauff die biographischen Stationen dieses Mannes nachgezeichnet. Predigt und Seelsorge standen im Mittelpunkt seines Wirkens. Hauff spürt ihren geistigen Wurzeln nach und arbeitet Askanis eigenes Profil heraus. Dieses wurde in den letzten Lebensjahren vor allem von der Auseinandersetzung mit seinem Krebsleiden geprägt, das ihn in besonderer Weise sensibel machte für den Trost biblischer Texte, der nicht trügt, sondern trägt.